Miederhosenmord

Klaudia Blasl ist süchtig nach gutem Essen. Kaum hat sie Hunger, kommt sie auf böse Gedanken. Kein Wunder also, dass die gebürtige Steirerin als Kolumnistin und Kulinarikjournalistin tätig ist. Wegen ihrer kalorischen Triebhaftigkeit hat sie bereits die halbe Welt bereist und lange Jahre in Italien verbracht, wo sie begann, die Zeit zwischen den Mahlzeiten mit »Auftragsmorden« totzuschlagen. Heute lebt die Germanistin in Graz, sofern sie nicht gerade auswärts isst oder unliebsame Zeitgenossen ins Jenseits befördert.

Alle Charaktere, Handlungen, Orte und bösen Unterstellungen sind frei erfunden und stimmen in keinem Fall mit der Wirklichkeit überein. Dort, wo Schilcher und Kernöl zu Hause sind, dort leben freundliche, friedliche und hilfsbereite Menschen, die bis heute niemandem etwas zuleide getan haben, weder gewollt noch ungewollt. Daher ist das Einzige, was der Besucher bei einem längeren Aufenthalt in dieser Gegend riskiert, seine schlanke Figur. Und dasselbe gilt für die Heimat der Lebzelterei.
Ein Glossar der Austriazismen und Dialekt-Ausdrücke befindet sich im Anhang.

*Es kann der Frömmste nicht in Frieden leben,
wenn es dem bösen Nachbarn nicht gefällt.*
Friedrich Schiller

Die Bewohner vom Damischtal

Balthasar Schragl
Fremdenverkehrsobmann von Plutzenberg, ambitionierter Bürgermeisteraspirant und Träger des goldenen Verdienstzeichens der heimischen Blasmusik.

Alois Feyertag
Bürgermeister von Gfrettgstätten, begabter Stimmenfänger und leidenschaftlicher Jäger.

Ferdinand Kapplhofer
Revierinspektor vom Damischtal, dessen einzige Bewegung darin besteht, jeder Bewegung aus dem Weg zu gehen – sofern er sich nicht gerade bei Muttern den Bauch vollschlägt.

Bartl Mostburger
Fleischer mit dubiosen Geschäftspraktiken und bedrohlichen Umgangsformen.

Bibiana Doppler
Feinstofflich veranlagte Schönheit, die stets auf der Suche nach potenziellen Besamern ist, um endlich in den Mutterstand zu treten.

Hermine Holzapfel
Moralischer Imperativ des Damischtals, altgediente Obfrau der katholischen Kernölkoalition und Vorsitzende des örtlichen Friedhofsblumenvereins.

Kilian Klöpfer
Walrossförmiger Schuldirektor mit entsprechend großem Resonanzvolumen und noch größerer verbaler Schlagkraft.

Sepp Böllinger
Verlustposten der Freiwilligen Feuerwehr, halbherziger Kürbiszüchter, stammtischerfahrener Kampfhahn und talentierter Rufmörder.

Hubert Ehrenhöfler
Damischtaler Umweltschutzreferent, einziger Gemeinderat der Grünen und Liebhaber von Vögeln aller Art.

Hochwürden Corolianus Hafernas
Rühriger Vertreter Gottes, der gern in weltlichen Sphären verkehrt.

Polizeihauptmann van Trott
Ergebnisorientierter Emotionsminimalist aus der Großstadt mit einer Vorliebe für Triebtätertheorien.

Familie Bartenstein
Deutsche Feriengäste, die während ihres mehr oder weniger freiwilligen Aufenthalts Kopf, Kragen und Ehekrisen riskieren. Sohn Kevin-Karl hingegen entpuppt sich als Held des ganzen Damischtals.

Prinz Rudolf
Ein zweijähriger Deutscher Drahthaar, der seine Jagdbefähigung verliert und zum Haus- und Hofhund degradiert wird.

Wallfahrts- und Pilgerwegnetzorganisationskomitee
Hohe geistliche Herren aus dem begnadeten St. Marienburg, die sich auf Gottes Spuren begeben und statt im Pilgerhimmel in der Hölle landen.

Prolog

Wir befinden uns im Jahre 2014 nach Christus. Ganz Österreich erbebt unter Steuerpaketen und Korruptionsaffären, Hypo-Rettungsversuchen und verloren gegangenen Vokalen. Nun ja, beinahe ganz Österreich. Denn in einem kleinen südweststeirischen Tal verläuft das Leben weiterhin in gewohnt gemächlichen Bahnen. Skandalös genug, dass der liederliche Bankert von der Strammelbock Xandi mit einer Zuagroastn liiert ist und der blade Bauernschädl von Bartl einen immer mit dem G'selchten bescheißt – wen soll da bitte noch die Volkswirtschaft bekümmern? Und während rundherum gewagte Tunnelbauten und gewitzte Bankenmanager bedrohliche Löcher ins Budget reißen, reißen die Menschen aus dem idyllischen Damischtal schlimmstenfalls das Maul auf, aber auch nicht immer und meist nur untereinand'. Etwa dann, wenn sie, je nach Alter und Geschlecht, am Wirtshaus- oder Küchentisch sitzen und die Lage der Nation kritisieren. Sofern es nichts Wichtigeres zu bereden gibt. Dass in Gfrettgstätten schon wieder eine Kuh in die Klärgrube gestürzt ist, ist selbst in Plutzenberg von lokaler Relevanz. Und das ernüchternde Überholverbot zwischen Buschenschank und Schrottfriedhof erscheint von nahezu weltpolitischer Brisanz. Zumindest, solange nichts Schlimmeres passiert. Aber das war bislang selten der Fall.

Zwar hauen die an Ackerland vermögenderen Plutzenberger bei den einwohnermäßig besser gestellten Gfrettgstättenern gern mal auf den Festzeltputz, und hin und wieder – vor allem in der Bärlauchzeit – fällt ein rüstiger Rentner in den Bach, aber das war's dann schon. Allein die motorsportliche Jugend sorgt mit ungebremster Lebenslust für sporadischen Polizeieinsatz und ein Umsatzplus beim Autohaus.

Davon abgesehen gleicht das Tal einem beschaulichen Bollwerk der Gemütlichkeit. Die Damisch windet sich sanft und träge zwischen Kürbisäckern, Kukuruzfeldern und Klapotetzen dahin, die Damischtaler – etwas weniger sanft und manchmal sogar rege – wenden sich derweil ihrem mehr oder weniger rechtschaffenen Tagwerk zu. Doch der Unterschied zwischen Gut und Böse fällt kaum ins Auge. Viel auffälliger sind die vielen Rehe, Rebstöcke und Rapunzeltürmchen, die der Landschaft einen beinahe bukolischen Reiz verleihen. In Plutzenberg, auf dem Schornstein vom alten Sägewerk, campieren sogar zwei Störche. Was aber weniger die Geburtenrate als das touristische Verkehrsaufkommen hebt.

Doch gerade als Plutzenberger und Gfrettgstättener die florale Aufrüstung um die Vorherrschaft im alljährlichen Blumenschmuckwettbewerb in Angriff nehmen, befleckt ein Mord die blütenreine Botanik. Und mit der Idylle vom Fremdenverkehrsprospekt ist es für einige Zeit vorüber.

Bescherung im Gemüsebeet

»Um Gottes willen, was werden denn da die Leut' sagen?«

Entsetzt starrte Hermine Holzapfel auf den toten Mann, der mitten in ihrem Gemüsebeet lag. Die Krachlederne stand ihm weit offen, links wie rechts von seinem Bierbauch ragten ein paar geknickte Salatsetzlinge hervor und auf dem zerdrückten Steirerhut lag der gusseiserne Wetterhahn. Über dreihundert Euro hatte sie dieses solide Werk der Damischtaler Schmiedekunst im Vorjahr gekostet. Und nun war der hübsche rote Kamm abgebrochen.

Eine himmelschreiende Sauerei war das!

Farblich abgestimmt auf dieses morgengräuliche Stillleben mit Hahn, Hut und totem Haderlump hatte auch Hermine einen leichenblassen Teint angenommen. Dieser ungeheuerliche Anblick hatte sie moralisch wie mageninhaltlich zutiefst erschüttert. Nun stand sie mit rauchendem Kopf und rumorenden Eingeweiden da und verstand die Welt nicht mehr. Dreimal griff sie nach ihrer Brille, nahm sie ab und setzte sie umständlich wieder auf, aber das Bild des Schreckens blieb. Außerdem zitterte sie, und zwar dermaßen stark, dass ihre graublauen Lockenwicklerlöckchen ganz undamenhaft auf und ab wippten, obwohl es vollkommen windstill war.

Wie gern hätte sie jetzt nach ihrem geschändeten Gockel gegriffen, um ihn zumindest anständig zu säubern. Es schien, als wäre dem armen Tier nun ein blutiger Gamsbart gewachsen. Pfui Teufel, wie das aussah! Aber die Angst vor dem nachbarschaftlichen Weitblick saß ihr dann doch zu sehr im vornüber gereckten Nacken. Es würde womöglich so aussehen, als wäre sie es gewesen, die die Hand – oder besser gesagt den Hahn – gegen diesen Idioten erhoben hatte. Was sie zwar einige Male gewollt, aber natürlich niemals getan hatte.

Der Schaden am Kopf des Mannes war unübersehbar, der am Kopfsalat leider auch. Den schlimmsten Verlust aber würde Hermine Holzapfels guter Ruf erleiden, denn der Tote hielt ganz offensichtlich ihre fleischfarbene Miederhose in der linken Hand. Was selbst für schlechte Augen gut zu erkennen war.

Nie würde die ältliche Anstandsdame der Gemeinde diesen

Anblick vergessen! Und die Leute bestimmt noch viel weniger. Davon war sie (durchaus zu Recht) überzeugt. Wer den Schaden hat, braucht für den Spott bekanntlich nicht zu sorgen. Schon gar nicht in einem Zweitausend-Seelen-Dorf, dessen gesellschaftliches Getriebe seit Generationen durch Klatsch, Tratsch und invasive Anteilnahme geschmiert wurde.

Beschwert von diesen zunehmend apokalyptischen Gedanken, sank das Holzapfel'sche Haupt immer weiter auf den platten Busen, während die Vögel unbeeindruckt von der ganzen Misere ihr fröhliches Morgenlob sangen. Aber an diesem denkwürdigen Tag hatte die rüstige Rentnerin natürlich kein Ohr für das vielstimmige Zwitschern, Pfeifen und Tirilieren, das sie umgab. Sie nahm nicht einmal die beharrlich brummende Hummel wahr, die sich hoffnungslos in den flauschigen Fasern ihres selbst gestrickten Trachtenjäckchens verheddert hatte. Auch dem Insekt stand ein schlimmes Ende bevor, wenngleich zumindest im Schonwaschgang.

In Hermines Kopf hingegen schleuderte es schwindelerregend.

Warum hatte dieser Pleampel ihr das antun müssen, fragte sie sich immerfort. Wo doch gerade sie sich jahrzehntelang als moralischer Imperativ des gesamten Damischtales bewährt hatte, unermüdlich bemüht, fleischlichen Lastern und anzüglichen Lästerern das Hand- beziehungsweise Mundwerk zu legen. Böse blickte sie auf den Boden, wo der Grund allen Übels reglos zwischen den Salatsetzlingen lag, doch der Beschuldigte schwieg.

An seiner statt würden sich bald Scharen an aufgeregten Anrainern das Maul über diese prickelnde Kombination von Liebestöter und getötetem Liebhaber zerreißen. Zweiteres entsprach zwar nicht der Wahrheit, aber selbst in einem Holzapfel konnte theoretisch durchaus ein Wurm drin stecken. Und genau das würden alle von ihr denken, boshaft, wie die lieben Mitmenschen halt so waren. Hätte der Mann nicht wenigstens seinen Hosenlatz zumachen können, bevor er starb? Nun stand sie da wie die sprichwörtliche Jungfrau mit Kind, allerdings ohne göttliche Fürsprache und väterliche Hilfe. Höllische Aussichten taten sich auf, bei denen es Hermine erneut die Brille beschlug.

Vor lauter imaginärer Schreckensvisionen sah die Hüterin der dörflichen Sittsamkeit ohnedies schon ebenso geknickt aus wie ihr verunstaltetes Grünzeug. Zeit ihres Lebens hatte kein Mannsbild es je gewagt, dem standhaften Fräulein ungefragt an die Wäsche zu gehen. Und nun, wo nur noch einer ganz leise danach fragte, war schlagartig die Schande über sie gekommen.

Als Vorsitzende des örtlichen Friedhofsblumenvereins und Obfrau der gemeindegrenzüberschreitenden katholischen Kernölkoalition lag Hermine sehr an ihrer sauberen Weste. Und die hatte dieser alte Depp nun aufs Schlüpfrigste beschmutzt.

So schnell würde sie sich von diesem Schandfleck nicht reinwaschen können, das war ihr mittlerweile klar geworden, weshalb sie gleich noch ein wenig tiefer in Selbstmitleid versank. Am liebsten hätte sie es ohnedies gesehen, wenn besagter Depp einfach ein Haus weiter in die biedere Botanik gebissen hätte. Bei der Doppler Bibiana etwa, die soeben lautstark und wild gestikulierend ihren Garten betrat.

»Na, da schau her! Wenn das nicht der Hummelbrunner Franz ist, dann fress ich doch glatt einen von deine verkrüppelte Krautköpf'.«

Bibiana, die zweifache Siegerin des regionalen Orchideenzuchtwettbewerbs, fühlte sich dem bodenständigen Gemüseproletariat topfhoch überlegen. Was sie durch entsprechendes Schuhwerk und aufrechte Haltung auch optisch unterstrich.

»Was hält er da eigentlich in der Hand? Ist das einer von deine Liebestöter?«

Die Orchideenmeisterin hatte ein scharfes Auge für verfängliche Details. Nur der athritische Arm des Gesetzes konnte eine zusätzliche Ausweitung der Kampfzone vermeiden.

Ferdinand Kapplhofer, der kurz nach Bibiana erschienen war, verrichtete seit über zwanzig Jahren seinen Dienst als Revierinspektor vom Damischtal. An den Anblick von stammtischgesättigten Schnapsleichen und wahlkampfbedingten Hirntoten war er ausreichend gewöhnt, aber einen Mord hatte er noch nie gesehen. Und dann ausgerechnet der Hummelbrunner Franz, der schon in jungen Jahren mehr Feindschaften gesät hatte als Hermine Selleriestauden.

Resigniert betrachtete er den mörderischen Wetterhahn, der

ihm jede Hoffnung auf ein altjungfräuliches Hirngespinst geraubt hatte.

»Herr Inspektor, kommen S' schnell, bei mir liegt ein Toter im Salat!«, hatte ihm die sonst so resolute Rentnerin vor zehn Minuten in sein wehrloses Ohr geflennt und dabei hörbar die Nase hochgezogen. Von »um'bracht habens ihn« und »kaputter Hahn« war ebenfalls die Red' gewesen, aber vor lauter Geschluchze und Geseufze hatte er einfach nicht kapiert, was der alten Schachtel nun wirklich widerfahren war. Deshalb hatte er instinktiv an einen Wasserschaden durch altersschwache Armaturen gedacht – eine Vorstellung, die ihn doppelt deprimierte. Erstens war er kein Installateur, und zweitens konnte er wegen der halluzinierenden Hermi jetzt nicht mehr in die frischen Wuchteln beißen, die ihm seine Mutter gerade fürsorglich hatte servieren wollen. Wo doch jeder wusste, wie gut so ein ofenwarmer Germteig war.

Kapplhofer war frustriert. Sein Magen fühlte sich so leer an wie sein Kopf. Wie sollte er da auf einen gescheiten Gedanken kommen?

»An Herzverfettung oder Hirnversagen ist er jedenfalls nicht krepiert«, konstatierte er schließlich recht einfallslos und blickte erneut auf den Wetterhahn, als hätte dieser soeben gekräht.

Über dem Garten lag eindeutig ein menschliches Tiefdruckgebiet. Die Stimmung war aufgeladen, die mittlerweile eingetroffenen Schaulustigen warfen immer längere Schatten, bald würde es von allen Seiten Hypothesen hageln. Zudem trampelten die Leute nicht nur auf Hermines millimetergenau zurechtgestutzten Zierrasen herum, sondern auch auf den Nerven des Inspektors, der sich sehnlichst an seinen Frühstückstisch zurückwünschte.

Immer mehr Menschen zwängten sich durch Hermines offenes Gartentürl und stapften achtlos über deren akribisch angelegte Vorzuchtbeete, um sich einen Logenplatz mit freier Sicht auf die Unglücksstelle zu erkämpfen.

»Jetzt gehts doch bitte weg hier, das ist schließlich ein Tatort!«, brüllte er letztendlich in die Menge, doch abgesehen von einem altersschwachen Dackel, der kurz in seine Richtung sah, stieß sein Appell auf taube Ohren. Die Aufruhr war zu groß, seine Autorität zu klein.

Dabei war Kapplhofer eine durchaus stattliche Erscheinung, die bei Wirtshausraufereien einst durchschlagende Erfolge erzielt hatte. Sogar eine gewisse Bildung besaß er. Immerhin war er aufs Gymnasium gegangen und hatte drei Semester lang Jurisprudenz studiert, bevor es ihn mit vorzeitig erlahmten Energien zurück ins Damischtal gezogen hatte. Den geistigen Herausforderungen wäre er ja einigermaßen gewachsen gewesen, aber den körperlichen Anstrengungen eines großstädtischen Studentendaseins hatte er nicht standgehalten. Der strapaziöse Reigen von Waschen, Putzen, Bügeln, Kochen, Kampftrinken und geballter Geselligkeit war seinem fundierten Trägheitsmoment sehr schnell zuwider gewesen. Daheim ging es um einiges beschaulicher zu, fand er, so direkt am Busen von Mutter und Natur. Für seine naturnahen Gefühle hatten die Damischtaler auch vollstes Verständnis gezeigt, aber die Nähe zur Mutter, an deren Tischtuchzipfel er bis heute hing, die untergrub sein Ansehen mit jedem Tag mehr. Dagegen half selbst das uniformierteste Auftreten nichts. Vor allem dann nicht, wenn man von seinem Faustrecht so gar keinen Gebrauch mehr machte. Aber Kapplhofers Angst, sich durch einen schlecht gezielten Schlag um sein Fingerspitzengefühl zu bringen, hatte im Laufe der Jahrzehnte zu einer veritablen Berührungsphobie geführt. Für seine minimalistischen Modellbauaktivitäten war maximale Sensibilität bis unters Nagelbett erforderlich. Und die wollte er wegen eines dienstlich verabreichten Kinnhakens keinesfalls riskieren.

Wenig verwunderlich also, dass Kapplhofers halbherziger Ordnungsruf nicht mehr als einen müden Dackelblick zur Folge hatte. Die Zweibeiner ließen sich in ihrer angeregten Unterhaltung durch den Revierinspektor nicht im Geringsten stören und diskutierten angeregt weiter.

»Was hat so ein g'standenes Mannsbild überhaupt in deinem Garten verloren? Der ist ja bestimmt net herkommen, um zwischen die Salatstaudn zu liegn«, sprach der Böllinger Sepp nun endlich aus, was allen längst auf ihren spitzen Zungen lag. Seit er nicht mehr bei der Feuerwehr war, übte er sich erfolgreich im verbalen Zündeln.

»'pinkelt wird er halt haben, ist ja ein weiter Weg heim«, stellte der Umweltreferent lakonisch fest. »Außerdem kann er liegen, wo er will. Steht er mir wenigstens nicht mehr im Weg herum.«

Hubert Ehrenhöfler hatte sich jahrzehntelang in den dreckigen Angelegenheiten des jüngst verblichenen Hendlbarons gesuhlt. Dessen Aktenberge hatten ebenso zum Himmel gestunken wie die Jauchegrube des Ermordeten.

»Jetzt hat ihm doch glatt ein Hahn zum letzten Gericht 'kräht.«

Auch Gustl, der Wirt vom »Goldenen Kürbis«, weinte dem Toten keine Träne nach. Der Gestank und das Gegacker des nachbarschaftlichen Hühnerhofs hatten seinen gediegenen Ausflugsgasthof zu einer Einkehr für Berufsalkoholiker und Brunztouristen degradiert. Ganze Reisebusse machten oft bei ihm halt, um in geschlossener Formation aufs Klo zu stürmen, während der Fahrer gelangweilt ein Mineralwasser trank.

»G'schieht eam nur recht«, meinte er daher mitleidslos und blickte den Toten rachsüchtig an. Unter den Umstehenden erhob sich allgemein zustimmendes Gemurmel, denn fast jeder der Anwesenden wusste etwas Schlechtes über den Hummelbrunner zu sagen.

Nur Hermine schwieg. Statt wie gewohnt mit bösen Worten, warf sie allein mit giftigen Blicken um sich. Doch die blieben wirkungslos. Der Leichnam zeigte ihr die kalte Schulter, die Lästermäuler sahen über sie hinweg.

»Der hat ein echtes Morgengrauen erlebt«, meldete sich jetzt auch noch der Gfrettgstättener Doktor zu Wort, während er widerwillig zwischen den Salatpflanzen kauerte und die Leiche zaghaft befingerte. »Ist noch gar nicht richtig kalt. Länger als drei, vier Stunden liegt er vermutlich nicht da.«

Sein zerknittertes Aussehen ließ darauf schließen, dass auch der frisch vermählte Arzt ganz gern noch liegen würde, wenngleich nicht reglos und in der Öffentlichkeit.

Nach nicht einmal einer Minute war die Untersuchung bereits beendet. Vorsichtig stieg der Doktor aus dem malträtierten Anzuchtbeet, um den Schaden an seinem sommerlichen Schuhwerk so gering wie möglich zu halten. Dennoch hatte der Morgentau bereits sichtbare Spuren auf dem Leder hinterlassen. Wegen diesem verunstalteten Gockel musste er nun auch noch mit nassen Füßen herumlaufen. Der sicherste Weg, sich eine ordentliche Verkühlung einzufangen. Dr. Seidenbart war sehr um seine Gesundheit besorgt, weitaus mehr als um die seiner Patienten. Daher stapfte er nun sichtlich vergrämt Richtung Gartentor, das nach wie vor einladend offen stand.

»Den Totenschein stell ich morgen aus«, rief er dem Revierinspektor auf den letzten paar Metern zu, die ihn noch von seinem mitten auf dem Trottoir geparkten Wagen trennten, »die Todesursache steht ohnedies außer Zweifel.«

Und weg war er.

Dennoch nahm das Gedränge auf Hermines Grund und Boden spürbar zu. So einen Auflauf gab es sonst höchstens beim alkoholischen Saisonauftakt, dem Schilchersturm, doch der fand erst im Frühherbst auf der Festzeltwiese statt. Überall wurde heftig gestikuliert und wild getuschelt, die Gemüter waren erhitzt, auch wenn das Thermometer spärliche zehn Grad anzeigte. Es fehlte nur noch die Blasmusik, dann wäre das Volksfest perfekt gewesen.

Allein der unglücklichen Finderin der Leiche standen nach wie vor Tränen in den Augen. Zur Scham über ihr profaniertes Wäschestück gesellte sich nun auch noch die Wut über den Saustall, den die sensationsgierigen Dorfbewohner rund um den verblichenen Hendlbaron verursachten. Sie hatte genau gesehen, wie der kettenrauchende Böllerer einen Tschick nach dem anderen in der Regenwassertonne versenkt hatte, während die Doppler Bibiana gedankenverloren die Kapuzinerkresse kahl rupfte.

Als dann auch noch der räudige Köter von der Schober Gerli am Pfingstrosenstrauch die Pfote hob, verlor Hermine die Beherrschung.

»Raus hier! Alle miteinand! So schleichts euch doch endlich. Ihr … ihr … ihr stört's ja die Leichenruh!«

Eigentlich hätte sie ja lieber »depperte Bagage« gesagt, aber dem stand ihr eingefleischtes Standesbewusstsein im Weg. Ihrer Ansicht nach durfte man derartige Kraftausdrücke nur Bauern, Berufskraftfahrern und betrunkenen Proleten nachsehen. Aber keinesfalls einer ehrbaren Frau. Stattdessen versuchte sie, ihren Worten mehr Nachdruck zu verleihen, indem sie mit einer glänzend gelben Rosenkugel nach den Leuten warf.

»Is ja gut, wir gehen schon.« Überraschenderweise war es ausgerechnet Bibiana, die als Erste reagierte und sich Richtung Straße begab. »Mit alten Jungfern ist nicht zu scherzen«, flüsterte sie dem mittlerweile arg transpirierenden Postenkommandanten noch leise zu, bevor sie erhobenen Hauptes von dannen schritt.

Dass das Durcheinander sich auf einmal merklich lichtete, war allerdings weder Bibianas Abgang noch den ersten Sonnenstrahlen zu verdanken, sondern der Ankunft des langjährigen Schuldirektors. Kilian Klöpfer verkörperte eine imposante Personalunion aus Berg und Prophet, verteilt auf gute hundertfünfzig Kilo Resonanzvolumen. Klöpfers korpulenter Auftritt verhinderte seit Jahren erfolgreich die von der Obrigkeit längst beschlossene Anhebung der Klassenschülerhöchstzahlen, denn allein seine Masse füllte bereits den halben Unterrichtsraum. Daher war es auch wenig ratsam, sich gegen diese wandelnde Walze aufzulehnen. Meist genügte seine bloße Anwesenheit, und jeder Protestmarsch mutierte zur Friedenskundgebung.

Auch jetzt kommandierte Klöpfer die dorfbekannten Meinungsmacher ohne große Worte zurück auf die Straße. Die Mitläufer kamen sowieso von selbst nach. »Gemma, gemma!«, war alles, was er sagte. Das allerdings in einer Lautstärke, bei der sogar den Krauthäupteln der Kopf brummte. Und weil keiner der Anwesenden einen akustischen Schlaganfall riskieren wollte, verließ die Menge unverzüglich den Garten.

Zurück blieben nur Hermine und der Gesetzeshüter. Der ließ sich die Chance nicht entgehen, endlich seines Amtes zu walten, und nahm die immer noch vor sich hin Zitternde sanft zur Seite.

»Hermine, jetzt ganz unter uns g'sagt, wo bist du denn heut' in aller Herrgottsfrüh schon her'kommen? Es war ja nicht einmal halb sieben, als du die Leiche g'funden hast.«

Die Morgenzeitung, die sie vor Schreck über den grauslichen Fund hatte fallen lassen, lag wie ein stummer Beweis ihrer frühzeitigen Umtriebigkeit ungelesen im Gras.

Hermine wurde röter als das kommunistische Manifest, bevor sie Farbe bekannte. »Ich bin dem Herrn Pfarrer bis gegen sechs ein wenig zur Hand 'gangen.«

Wobei, das wollte Kapplhofer gar nicht genauer wissen. Was unter dem schützenden Mantel der Kirche geschah, ging ihn besser nichts an. Die Wege des Herren waren halt immer wieder unergründlich.

»Aber der Wetterhahn, und die … äh, sagen wir mal, deine …«
Wie zum Teufel hieß eine Gattihosn auf Amtsdeutsch? »Also, deine Intimkleidung, wo war denn die? Ich mein, vor dem Delikt.«

»Na ja, der Wetterhahn is vorm Kohlrabibeet g'standn. Und meine …« Auch Hermine kam nicht gern auf die Großmutterstrapse zu sprechen. »Also, das mit der Wäsch', das versteh ich selbst nicht. Die hab ich erst gestern am Nachmittag, wo ich allein war, aufg'hängt. Auf'm Balkon. Auf'm hinteren.«

Wo sie keiner sehen konnte, das verstand auch der Inspektor. Was er nicht verstand, war der weitere Verlauf der Dinge. Wie war die Miederhose zum Wetterhahn gekommen? Und was hatte der unselige Hummelbrunner überhaupt in Hermines Garten gewollt? Kapplhofer glaubte weder an fliegende Unterhosen noch an umstürzende Wetterhähne. Dennoch hatte der Täter mit diesem unaussprechlichen Ding den Hahn umwickelt, bevor er dem Opfer damit den Schädel eingeschlagen hatte. Vermutlich aus Vorsicht, um sich nicht an den scharfen Kanten des schmiedeeisernen Mordinstruments zu schneiden.

Die ganze Angelegenheit ging über Kapplhofers Verstand. Und weil sein Magen schon seit Stunden gesundheitsbedrohlich knurrte, fehlte ihm jegliche Energie, sich weiterhin den Kopf über diesen mysteriösen Vorfall zu zerbrechen. Sonst riskierte er noch einen Migräneanfall wegen Überhitzung des Denkapparats.

Ein Blick auf die Uhr gab ihm recht. Es war fünf vor zwölf, und damit höchste Zeit für eine deftige Kernöleierspeis mit viel Schnittlauch und einem guten Schluck Schilcher. Die Wuchteln waren mittlerweile eh schon zu kalt für seinen Geschmack.

»Am besten, du gehst jetzt mal ins Haus und legst dich hin. Die Kollegen aus der Stadt werden später bestimmt bei dir vorbeischaun«, trieb er die schreckensstarre Hermine zur Eile an, indem er entschlossen nach ihrem Arm griff und sie sicherheitshalber bis vor die Haustür zog, wo sie eine schier unendliche Zeit in den Tiefen ihres gehäkelten Einkaufsbeutels nach dem Schlüsselbund kramte. Seine Mutter besaß auch so ein Exemplar. Mit großen runden Holzgriffen, die stets einen roten Abdruck an den Unterarmen hinterließen. »Hey, is ja cool, Oida«, hatte Elvira, das verzogene Gör seiner Schwester, vor gar nicht langer Zeit begeistert ausgerufen, als sie dieses Relikt aus einer Zeit, in der die Frauen noch häkeln und stricken konnten, in seinem Fahrradkorb gesehen hatte. Die seien jetzt wieder ganz modern, hatte sie ihm dann besserwisserisch erklärt. Da sie im kosmopolitischen Graz wohnte, blickte sie auf die Damischtaler herab, als würden die Menschen hier noch im Lendenschurz gehen. Dabei konnte sie nicht einmal einen Knopf annähen.

Aber egal. Kapplhofer kam mittlerweile beinahe um vor Hunger. Um nicht zu sagen: Er hatte einen Mordsappetit.

Blunznfette Stammtischberichte

Als der Inspektor kurz nach zwölf den Kirchenwirt betrat, fand er halb Gfrettgstätten dicht gedrängt in der Gaststube vor. Nicht nur, weil am Samstag kein anderes Wirtshaus offen hatte, sondern vor allem, weil an diesem denkwürdigen Tag auch die Hausfrauen lieber in der Gerüchteküche statt im Bratentopf rührten. Und so musste man halt auswärts essen, denn das Mittagsmahl gehörte zum Landleben wie der Gamsbart zum Steirerhut. Da konnte sterben, wer wollte.

Die dezibellastige Leichenschmaus-Atmosphäre, die von den alten Wänden des Gewölbekellers widerhallte, war zwar gar nicht nach Kapplhofers Geschmack, der seine Eierspeis lieber in Totenstille verputzt hätte, aber bevor er kehrtmachen konnte, hatte ihn der Wirt schon erblickt und geleitete ihn mit großem Getue in Richtung Stammtisch.

Sogar die sonst so distanzierte Bibiana saß schon dort. Offenbar hatte sie ihre Berührungsängste mit der dörflichen Grobstofflichkeit zugunsten einer ungekürzten Liveberichterstattung vorübergehend überwunden. Allein das Proseccoglas, an dem ihre grell geschminkten Lippen klebten, zeugte von ihrem Standesdünkel.

»So, machts Platz für den Herrn Kommandanten«, frotzelte der Wirt unüberhörbar und schob den Ehrenhöfler mitsamt Schilcherspritzer und Breinwurst einen Meter weiter, weshalb dem Böllinger, der auf der alten Holzbank bereits rechts außen saß, sein heiß geliebtes Verhackertbrot zu Boden fiel.

»Kruzitirkn, alle miteinand! Habts ihr keine Augen im Schädl?«, polterte der empört los und fuchtelte dabei so wild mit den Armen, dass er beinahe das Hirschgeweih hinter sich von der Wand gerissen hätte. Das Verhackert, eine bodenständige Spezialität aus fettem Speck, galt bei den Damischtalern als kalorischer Verbundstoff Nummer eins. Und der wurde in Ehren beziehungsweise im Schmalztopf gehalten und nicht mit Füßen getreten.

»Reg di ab, kriegst a neues«, polterte der Wirt zurück und nahm dem Sepp zur Strafe das Weinglas weg, obwohl noch gute zwei Schluck drin waren.

Ohne Verhackertbrot und blauen Wildbacher kam sich der

Böllinger auf einmal recht unterbeschäftigt vor. Zwar hatte die einst als Rabiatperle berüchtigte Schilchertraube dank moderner Kellertechnik sowohl ihren schlechten Ruf als auch ihr magenschädigendes Aggressionspotenzial eingebüßt, in ländlichen Gebieten jedoch führte ein sonntäglicher Schilcher-Entzug durchaus noch zu g'sunden Watschen und weniger g'sunden Handgreiflichkeiten. Außer, der Herr Inspektor saß mit bei Tisch. Da beließ es selbst der hitzige Böllinger bei einem verbalen Schlagabtausch.

»Das wirst mir büßen, du wamperter Fetznschädl!«, fauchte er nun, um zumindest das letzte Wort zu behalten.

Doch wen sollte ein Mundraub kümmern, wenn es einen Mord zu diskutieren gab? In der gesamten Gaststube stand kein einziger Tisch, an dem nicht lautstark alle nur erdenklichen Mordszenarien durchgekaut wurden. Nur Kapplhofer nahm nicht am geschäftigen Getratsche teil. Eine frische Eierspeis durfte man wirklich nicht warten lassen. Schon gar nicht, wenn man bereits einen morgendlichen Wuchtel-Verlust erlitten hatte. Und mit vollem Munde sprach man sowieso nicht, zumindest nicht bei ihm zu Hause. Aber da hatte eh nur seine Mutter das Sagen. Daher war das einzige Geräusch, das man von polizeilicher Seite vernahm, das leise Schaben der Brotrinde auf dem Boden der gusseisernen Pfanne.

»A bissl mehr Schnittlauch hätt er schon raufgeben können, der alte Knauser.« Dem Kürbiswirt, der sein Blunzngröstl bereits verdrückt hatte, konnte es die Konkurrenz natürlich nie recht machen. Er fand in jeder fremden Suppe ein Haar.

»Apropos Grünzeug. Ob man der Hermi ihre Salatstauden jetzt noch essen kann?« Bibiana schien allen Ernstes darüber nachzudenken.

»Dort, wo der Hummelbrunner in den Salat 'bissen hat, da ist jetzt garantiert kontaminierter Boden«, befand der Umweltreferent, während er sich freizügig aus Kapplhofers Brotkorb bediente.

»Kontaminierter Boden. Wie der schon wieder g'scheit daherred«, brummte der Kirchenwirt und schob den mittlerweile geleerten Brotkorb zurück zum Inspektor.

»Was anderes kann er halt nicht, unser grüner Gemeinderat«, ätzte der Böllinger Sepp.

Als leidenschaftlicher Jäger und lahmarschiger Landwirt sah er politisch ausnahmslos schwarz. Dieses ganze neumodische Naturschutz-Blabla kam ihm vor wie ein Abszess am Allerwertesten der Parteilandschaft. Schmerzhaft und völlig fehl am Platz.

Nicht viel anders fühlte sich der Herr Inspektor. Er wusste, dass er sich nicht ewig hinter der Eierspeispfanne verschanzen und schweigen konnte, so gern er das auch getan hätte. Irgendwann musste er diesen leidigen Mord einfach zur Sprache bringen, Fakten sammeln, ein Protokoll verfassen, seinen Vorgesetzten Rede und Antwort stehen, kurz gesagt »Ermittlungsarbeit« leisten. Wovon er praktisch ebenso wenig Ahnung hatte wie der Böllinger von der Weltklimakonferenz.

Zögernd griff er nach einem Rechnungsblock, der wie in allen Landgasthäusern zwischen den schmierigen Schnapskarten steckte. Unter einer dümmlichen Brauerei-Reklame, die mehr als ein Drittel der Seite einnahm, hatte jemand 47, 16 und 31 addiert. 103 als Ergebnis kam Kapplhofer zwar etwas hoch gegriffen vor, aber er sollte ja keinem Falschspieler, sondern einem Mörder auf die Spur kommen.

»Eine wirklich schlimme Sache, das mit dem Hummelbrunner«, ergriff er endlich das Wort, während er die falsche Summe durchstrich und 96 darunterschrieb. Mit Ausrufezeichen. Er hielt viel auf Recht und Ordnung, vor allem bei Tisch. »Nicht, dass ich sein Ableben als großen Verlust für die Gemeinde betrachte, aber es war halt kein Verkehrsunfall, den man so einfach zu den Akten legen kann.«

»Na, ein Verkehrsunfall kann's aber durchaus gewesen sein«, bemerkte der Kürbiswirt mit süffisantem Grinsen und fasste sich in den Schritt.

»Jetzt sei doch nicht immer so ottonär, Gustl!«, fiel ihm Bibiana lautstark ins Wort. »Hast doch g'sehen, wohin solche Schweinereien am Ende führen.«

»Habt's sonst vielleicht auch noch was g'sehen?«, fragte Kapplhofer voller Hoffnung auf irgendeine verwertbare Antwort.

»Was hättn mir denn sehen sollen?« Der Böllinger war zwar schnell beim Reden, aber etwas langsam beim Denken.

»Na, irgendwas Verdächtiges, nehm ich an. Eine finstere G'stalt, die so ausschaut wie du.« Bartl, der blade Fleischhauer, gab nur selten ganze Sätze von sich, sofern es nicht um seinen beruflichen Schweinkram ging. Meist beschränkte er sich auf Grunzlaute, weil er gerade beim Essen war oder den Mund voller Wurstdarm hatte.

»Im Finstern kann man a finstere G'stalt ja gar nicht sehen«, gab Bibiana mit unerwarteter Geistesschärfe zu bedenken.

»Den Franz hättn mir auch nicht sehen müssen, den hättn mir g'hört, so b'soffen wie der gestern war.« Der Mostburger Bartl hatte offenbar seinen redseligen Tag.

»A so a Schas! Du warst ja selber so blunzenfett, dass du zum Herrn Pfarrer ›gnädiges Fräulein‹ g'sagt hast.«

Weil das der Wahrheit entsprach, beschloss Bartl, bis auf Weiteres wieder zu schweigen.

»Was war denn gestern eigentlich los?« Kapplhofer war mittlerweile etwas genervt. Irgendwas musste er schließlich zu Papier bringen, das sich annähernd wie ein Verhör las.

»Gestern war doch die Auszahlung vom Sparverein«, erklärte der Böllinger und wunderte sich einmal mehr über die Ahnungslosigkeit des Inspektors, was die fundamentalen Pflichten der Gemeindemitglieder betraf.

»Und ihr seid's alle dabei g'wesen?«

»Ja, freilich. Bis weit nach Sperrstund samma alle z'samm im ›B'soffenen Blutzer‹ g'sessen. Also ich, der Franz, der Hubert, der Gustl, die Gerti, die Bibiana – und dann noch die Hermi, die Resi, der alte Poldl, Hochwürden und …« Da der Böllinger nur zehn Finger hatte, kam er bei seiner Aufzählung nun ins Stocken.

»… und der Pfnatschbacher Willibald.«

Dass ausgerechnet der Plutzenberger Sparkassendirektor zum Sparverein ging, fand der Inspektor etwas seltsam. Er konnte ja nicht ahnen, dass es dem professionellen Pfennigfuchser dabei allein um gewerbsmäßige Spionage und den Verkauf von Bauspar-Policen ging. Daher versah er den Namen Pfnatschbacher auf seinem Block mit einem großen Fragezeichen. »Und wann genau ist ›weit nach Sperrstund'‹?« Die Frage nach dem exakten zeitlichen Verlauf des Abends schien ihm als einzige wirklich relevant.

»Na, so zwei, drei in der Früh wird's schon g'wesen sein«, meinte der Böllinger Sepp mit gerunzelter Stirn.

»Geh, red doch kan Topfn z'samm«, mischte sich der Kürbiswirt ein. »Des kannst ja gar nicht sagen, weil du ja als Erster abg'rissn bist. Hast wohl Angst g'habt, dass't gach noch a Runde zahln musst.«

»Ich hab mi net vor die Bier g'fürcht, ich hab mi in Sicherheit 'bracht, weil der Franz und der Hubert sich fast die Schädl eing'schlogn habn.«

»Stimmt jo gar net.« Jetzt geriet auch der Ehrenhöfler in Erklärungsnotstand. »Ich hab überhaupt nix g'macht. A bissl g'strittn habn mir halt, der Franz und i.«

»Streitn nennst des? Du hast g'sagt, wenn der Franz no a moi seine Hendln mit dem chemischen Zeugs vollstopft, dann reißt eam die Eier aus.«

»Na. Des hat der Hubert nicht g'sagt.« Bibiana schlug sich standesgemäß auf Ehrenhöflers Seite. »Er hat nur g'sagt, dass der Franz dann ein Problem kriegt.«

»Und das hat er ja auch 'kriegt, oder?«, legte der Böllinger noch ein Schauferl nach.

»Schau, dass du kein Problem kriegst wegen über Nachrede«, griff nun der Kürbiswirt wieder ein.

»Wer red denn schlecht? Hab i vielleicht was g'sagt, wia du gestern der Resi nachg'stiegn bist?«

»Also, jetzt haltst aber des Maul! Ich bin nirgends wohin g'stiegn, ich hab die Resi mitg'nommen, weil mir denselben Weg g'habt haben. Das is ja wohl net verboten, oder?« Dem Kürbiswirt schwoll die Zunge gefährlich an. Er mochte diese Unterstellungen nicht, vor allem dann nicht, wenn sie auf wahren Begebenheiten beruhten. Aber Angriff war ja bekanntlich die beste Verteidigung. »Also, damit das ein für alle Mal klar ist. Ich hab der Frau Oberkofler gestern das Kernöl 'bracht und wie versprochn das Siphon repariert. Und weils dann eh schon recht spät war, sind mir gleich z'samm zum Sparverein.«

»Zustelldienst, Abholservice, Haustechnik – alle Achtung«, bemerkte Bibiana und blickte herablassend in die Runde. »Ich muss mein Öl immer selbst holen. Und die kaputte Waschmaschin hat auch niemand g'schert.«

»Traut sich ja keiner heim zu dir«, grinste der Sepp.

»Zwafoche Witwe wird ma sicher net umsonst.«

»Was fällt dir eigentlich ein?« Bibianas Gesicht hatte eine tiefrote Farbe angenommen, die wenig Gutes verhieß und außerdem schlecht zu ihrer lila Bluse passte.

Über kurz oder lang wird hier eine weitere Leiche in der Landschaft liegen, dachte Kapplhofer betrübt und verging sich missmutig an einer verschrumpelten Käferbohne. Vor lauter Gezänk dröhnte ihm inzwischen der Kopf, während der Rauch die Augen tränen ließ. Er beschloss, seiner Pflicht zur Genüge nachgekommen zu sein und etwas frische und vor allem friedliche Luft zu schnappen. Im Grunde hatte er ohnedies genug gehört und ganze vier Seiten auf dem Rechnungsblock mitgeschrieben.

Fazit: Niemand hatte ein Alibi, jeder eine Gelegenheit, der Gustl und der Hubert sogar triftige Gründe. Doch Zutritt zu Hermines frisch gewaschenem Großraumslip, den hatte vermutlich nur der Herr Pfarrer gehabt, aber der verlor schon das Gleichgewicht, wenn er bei der Messe den Weihwasserkessel schwang. Für einen gusseisernen Wetterhahn, der gut und gern an die zehn Kilo wog, fehlte ihm hundertprozentig die Standfestigkeit. Und für einiges andere wahrscheinlich auch. Aber das war schlimmstenfalls Hermines Problem.

Saumäßige Zustände

Ganz im Zeichen der sonntäglichen Geruhsamkeit quälte sich der doppelstöckige Reisebus die schmale, kurvige Straße Richtung Plutzenberg hinauf, während die genervt seufzenden Einheimischen hinter ihm herzockelten. Die Damischtaler hielten nur wenig von Entschleunigung, denn für so was fehlte ihnen besonders am Wochenende die Zeit. Vieh, Felder und Weinberge mussten versorgt, Kirche, Buschenschank und Schwiegermutter besucht werden, und stets wurde man dabei von irgendwelchen Touristen ausgebremst. Wobei es keinen Unterschied machte, ob die Sonntagsinvasion aus der Landeshauptstadt, dem Salzkammergut oder gar aus Amerika kam. Die halbe Welt schien zu glauben, dass hier, am Rande der historischen Untersteiermark – nomen ist halt nicht immer omen – alles in einer Tiefebene lag, während allein die Hochsteiermark schwindelerregende Aussichten bot. Dabei reichten ihre Weinberge bis auf über sechshundert Meter. Und wenn die Ausflügler ihren Fehler dann eingesehen hatten, war es für eine Umkehr meist schon zu spät. Aus zeitlichen, aber auch verkehrstechnischen Gründen.

»Himmel Arsch noch amoi!«, fluchte der Mostburger Bartl daher los, als ihm einer dieser fahrbahnfüllenden Doppeldeckerbusse kurz vor dem Wadlpass den Weg versperrte. Gerade noch ein halber Meter lag zwischen Bartls altem Steyr-Traktor und dem Luxusliner der »K. & K.-Tours«. Auf der linken Seite fielen steile Weinterrassen in beängstigende Tiefen ab, rechter Hand versperrten ein paar riesige Pappeln die Sicht. Aber die Touristen hatten ohnedies nur Augen für den Bartl und seine borstige Fracht. Ganz aufgeregt drückten sie ihre Nasen an den getönten Scheiben platt und sahen dabei aus wie die Schweine eines Schlachttiertransports. Die vier rosaroten Sauen, die beim Fleischer auf dem Hänger standen und tatsächlich auf dem Weg ins Würstlnirwana waren, wirkten um einiges ruhiger.

Nur Bartl war ziemlich nervös. Vorwärts ging nichts, denn der »Kultur&Kulinarik«-Schlepper blockierte beide Fahrspuren, und rückwärts war lebensgefährlich, immerhin hatten die vier Schinkenlieferanten ein Lebendgewicht von fast einer halben Tonne.

Blieb er allzu lange stehen, riskierte er aufgrund seiner betrügerischen Fracht gleichfalls Kopf und Kragen oder zumindest einen unerfreulichen Gefängnisaufenthalt. »So a Schas. Schleicht's eich, ihr Wabbler, weg do, weg do!« Während er vor sich hin maulte, fuchtelte der Bartl mit den Armen herum, als würde er von einer Schar Flugsaurier bedroht.

Die Businsassen winkten begeistert zurück. Diese Mischung aus Urtümlichkeit und Ausdruckstanz war genau nach ihrem Geschmack. Und weitaus spannender als alle Vorträge ihrer bemühten Reiseleiterin.

Dem Fleischer hingegen brach zunehmend der Angstschweiß aus. Seit 1989 der Eiserne Vorhang gefallen war und die Grenzposten nach und nach abgezogen wurden, hatte Bartl einen Teil seines Rohmaterials aus Slowenien importiert und rassemäßig aufpoliert, indem er die Tiere mit falschen Papieren versah. Auf diese Art und Weise mutierten billige Mastschweine ohne großen züchterischen Aufwand zu kostbaren Mangalitzas. Die damit verbundene fleischliche Metamorphose fiel nach fachgerechter Häutung und Zerlegung aber nur noch echten Kennern ins Auge, und die drückten gegen bare Münze und ein paar Selchstelzen gern eins zu. Daher durfte er seit einigen Jahren für seine weithin bekannten und biologisch zertifizierten Klapotetzkeulen von glücklichen Freilaufferkeln sogar ein stattliches Sümmchen an Fördergeldern kassieren. Die sattsam geschmierten Kontrollinstanzen ließen ihn mitsamt seinen falschen Mangalitzaschinken schon lange in Ruhe. Und die Polizei war sowieso ungefährlich, solange Kapplhofer nur brav Dienst nach Vorschrift machte. Dieser behördliche Verlustposten würde selbst ein Flusspferd für ein Edelschwein halten, sofern man ihm ein rosa Ringelschwänzchen umband.

Aber die Touristen, die waren gefährlich. Ständig drückten sie auf ihren Kameras und Fotohandys herum. Nicht auszudenken, wenn irgendwann ein Bild vom ihm und seiner betrügerischen Fracht in die falschen Hände geriet. Jeder durchschnittliche Bauernschädel konnte eine nackerte Yorkshiresau von einem Wollschwein unterscheiden. Ganz zu schweigen von den Tierschützern. Die fand Bartl noch viel beängstigender als den gaffenden Haufen im Bus. Diese militanten Idioten schreckten ja offenbar vor nichts mehr zurück.

Zigmal hatten sie sich mit dem Hummelbrunner Franz wegen seiner Hendln angelegt, aber der hatte von »artgerecht« so wenig wissen wollen wie eine Kuh von der Straßenverkehrsordnung. Und jetzt war er tot. Auge um Auge, Hahn um Hahn! Bartl, der Schweinefleisch-Alchimist, hatte keinen Zweifel, dass dem Hummelbrunner sein harter Schädel von einem fanatischen Tierrechtler zertrümmert worden war. Der Schlag mit dem Gockel konnte symbolischer nicht sein. Unglücklicherweise stammten auch Bartls eigene Fadln aus einer grausamen Massentierhaltung. Folglich würden die Rächer ihn abstechen, mit Brühharz übergießen und ihm das Fell über die Ohren ziehen, sollten sie jemals erfahren, woher er den Großteil seiner Borstenviecher bezog. Und je länger er hier stand, desto gefährlicher wurde die Lage.

Zumindest brachte der Buschauffeur jetzt Bewegung in die seltsame Szenerie, indem er die Türen öffnete. Umgehend ergoss sich ein Strom aus Schaulustigen über Bartl und sein Vieh.

»Boooahhh, sind die fett! Jetzt guck doch mal, Mami.« Knips.

»Mensch, Egon, da könnte man die ganze Sippschaft von nähren!« Knips.

»Sagn Se mal, guter Mann, wie viele Buletten kommen da raus?« Knips.

»Papi, was is dat denn?« Knips.

»Hände weg, Kevin-Karl, die beißen bestimmt.« Knips.

»Leute, Zeit für Barbecue! Und eine feine Schorle dazu.« Knips.

»Igitt, wie die stinken! Mann oh Mann.« Knips.

Das Kommentieren und Fokussieren nahm kein Ende, nur Bartls Beherrschung.

Nun trat auch noch die Reiseleiterin, adrett im Pseudodirndl, mit Gretlfrisur und Haferlschuhen, an die Gruppe heran und begann ihr touristisches Belehrungswerk. »Die Damischtaler Panoramaweinstraße biegt nach dem Wadlpass südwärts und führt in steilen Kehren durch die Weingärten, welche die zum Fluss geneigten Hügelflanken einnehmen. Von hier blicken wir landeinwärts über weitläufige Kürbisfelder der Gattung ›Cucurbita pepo var. Styriaca‹, deren dunkles Kernöl nicht nur unter Feinschmeckern beliebt ist, sondern auch als Hausmittel zur Vorbeugung von Prostataleiden sowie als potenzsteigerndes Präparat wertvolle Dienste leistet.«

»Mami, was ist ein Popschtataleiden?«
»Nichts für kleine Mädchen, Michelle.«
»Pssst, Ruhe!«

Nachdem die Horde brav dem Fingerzeig ihrer Führerin landeinwärts gefolgt war, wartete sie nun auf weitere Weisungen.

»Die sumpfige Ebene zwischen Plutzenberger Platte und Klachlkapelle hingegen ist berühmt für ihre saftigen Mangalitzaschweine«, wusste die Reiseleiterin weiter zu erzählen.

Wie auf Kommando schauten nun alle Bartls rosige Borstenviecher an, die erstaunlicherweise wie ganz normale Hausschweine aussahen. Zumindest im Großen und Ganzen. Nur wer genauer hinsah, hätte die angebissenen Ohren und den Stummelschwanzstumpf bemerkt, ein untrügliches Zeichen für saumäßig schlechte Haltungsbedingungen.

»Das sind doch Mangalitzas, oder?« Mit besten Absichten trat die Flachlandheidi auf den erregten Fleischer zu.

»Draht di, du Sumpfwachtel, sonst reiß i dir den Oasch auf, dass dir des Bluat bei di Lauscher aussi spritzt!«

Entsetzt sprang das Sprachrohr des Fremdenverkehrsverbands ein paar Schritte nach hinten. Sie hatte zwar nicht alles verstanden, aber Bartls Tonfall war aussagekräftig genug. Und das rostige Schlachtbeil, das auf seinen riesigen Schenkeln lag, sah auch nicht nach Friedenspfeife aus.

Nachdem sie die Völkerverständigung auf eindeutig lebensbedrohliches Terrain geführt hatte, flohen die Umherstehenden eilig Richtung Bus, dem mittlerweile ein waghalsiges Umkehrmanöver gelungen war. Die Straße war wieder frei.

Bartl ließ grunzend den Motor an und tuckerte mit der vollen Kraft seines dreißigjährigen Steyrs los. Hundertdrei fassungslose Gesichter starrten ihm mit platt gedrückten Nasen und gezückten Kameras hinterher.

Wenn das nur kein böses Nachspiel hat, dachte Bartl besorgt. Sein linker Gichtzeh hatte schon zu zwicken und zu zwacken begonnen, was stets ein schlechtes Zeichen war.

Blindgängerische Leidenschaften

»Kommt ein Vogel geflogen, lässt sich nieder auf mein Fuß, hat ein ...«

Bibiana zwitscherte in hellsten Tönen, während sie ihr unbekleidetes Bein über die Holzbrüstung streckte. Sie fand sich unwiderstehlich. Und Hubert fand das beruhigenderweise auch.

»Ich werd dir den Vogel gleich zeigen«, stöhnte er zum Beweis und verging sich erregt an den schier tausend Knöpfen ihrer dünnen Bluse, während sich die sonst so steife Bibiana äußerst gelenkig an seiner Gürtelschnalle zu schaffen machte.

Aufgrund langjähriger Praxis gelangte sie auch weitaus schneller an ihr erstes Etappenziel als er. Aber nun stand ihr noch Huberts meist recht unbefriedigender Endspurt bevor. Und danach erst das lange Warten auf das Ergebnis.

Denn Bibiana war nicht verliebt in den Umweltschutzreferenten, der bei ihr, ganz entgegen seiner beruflichen Gewohnheit, keinerlei Schutzmaßnahmen ergreifen durfte – sie war sozusagen hormongesteuert. Oder betriebswirtschaftlich gesprochen: effizienzoptimierend. Sie wollte ein Kind, keinen Mann.

Zwei kurze Ehen hatten ihr gereicht. Ihr erster Gatte war ausnehmend attraktiv gewesen. Als Chauffeur der staatlichen Fremdenverkehrsbehörde hatte er leider zu grenzüberschreitend verkehrt. Seine Leiche war genau an ihrem dritten Hochzeitstag aus einer Felskluft des dinarischen Gebirges geborgen worden. Was er dort verloren gehabt hatte, wurde niemals geklärt.

Ihren zweiten offiziellen Versuch Richtung Mutterschaft startete sie mit einem biederen, weitaus weniger attraktiven Lokführer. Doch ihre Ansichten der geschlechtlichen Verkehrsführung klafften zu weit auseinander. Sie strebte nach zielführendem Nahverkehr, er zog großräumige Umfahrungen vor. Aber bevor sie die heimischen Weichen der beidseitigen Annäherung umstellen konnte, verstarb auch er. Netterweise während der Dienstzeit, was ihr bis heute eine ordentliche Witwenpension einbrachte. Seitdem hatte sie zwar genügend Männer verführt, nur hatten ihre horizontalen Bestrebungen im wahrsten Sinn des Wortes nie gefruchtet.

Nun hatte sie also Hubert für einen Vorstoß Richtung Schwangerschaft gewählt. Er sah gut aus, war einigermaßen intelligent und stand spürbar seinen Mann.

»Spürst du den Specht, wie er pocht?«, raunte er und rammelte dann los, dass Bibiana Hören und Sehen verging.

Das Pochen spürte sie wohl, aber ihrer Ansicht nach stammte es von einem Ast, der sich schmerzhaft in ihren halbnackten Rücken bohrte. In gewisser Hinsicht entsprach ihr gestammeltes »Ahhhhh!« also durchaus wahren Gegebenheiten. Ihre Lage war nicht sonderlich bequem, aber im tratschsüchtig verleumderischen Damischtal musste man schon gut aufpassen, wo Liebe und Lust hinfielen, wollte man nicht zum Gespött der Leute werden. Also war Tarnen und Täuschen erste Bürgerpflicht.

Hubert und Bibiana betrachteten ihre Liebschaft jedenfalls als reine Privatangelegenheit. Daher hatten sie aus Gründen des guten Rufs und der noch besseren Rundumsicht einen der zahlreichen Ansitze auf der weitläufigen Plutzenberger Platte für ihren erotischen Zusammenstoß gewählt. Zu vogelkundlichen Zwecken bestieg der Umweltschutzreferent sowieso recht oft so einen Hochstand, am liebsten jedoch den vom Böllinger Sepp, denn der schlief um diese Uhrzeit noch seinen samstäglichen Rausch aus.

★★★

»So, wenn Sie jetzt alle mal zu mir herkommen, ja, gut, noch etwas näher. Hier sehen Sie ein wunderschönes, sehr seltenes Exemplar eines ausgewachsenen Reisseronia gertrudae. Dieser sogenannte Sackträger-Schmetterling steht streng unter Naturschutz, also bitte nicht berühren, nur schauen!«

Die Reiseführerin kniete so dekorativ in einer bunten Blumenwiese, dass die Männer der Gruppe ein Sehproblem bekamen, weil sie bis zu diesem Moment lieber dem Dirndl in den Ausschnitt als der Dotterblume auf die Blüte geschaut hatten.

»Was für ein reizender Anblick.« Ein pensionierter Oberlehrer wagte sogar einen diesbezüglichen Kommentar, denn seine Frau trug ein schlecht eingestelltes Hörgerät.

Die weiblichen Sonntagsausflügler hingegen schlugen sittsam

die Augen nieder und fragten sich insgeheim, worin der Reiz dieses fadenscheinigen, blassbeige gefärbten Falters liegen sollte.

Den kommunikativen Zusammenstoß mit dem rabiaten Fleischer hatten sie offenbar alle gut verdrängt. Jetzt strahlten sie wieder wie frisch lackierte Gartenzwerge.

»Holger, guck mal, dort hinten! Dieses plumpe, klobige braune Ding, das aussieht wie ein prähistorisches Windrad. Was das wohl sein soll?«

Sofort stand das wandelnde Tourismuslexikon mit der Gretlfrisur neben der weitsichtigen Frau. »Das dort hinten, schauen Sie bitte mal alle rüber, dahin, gleich neben den Kirchturm, das ist ein Klapotetz. Diese riesigen Vogelscheuchen haben hier, im Gegensatz zu Slowenien, meist acht Flügel, wobei das Schlagbrett aus Kirschholz ist, die Flügel meist aus Fichte, der Block eher Kastanie und die Klöppeln bevorzugt aus Buche. Sie klappern sehr laut, daher übrigens der lautmalerische Name. Sie werden aufgestellt, um die Vögel aus den Weinbergen zu vertreiben, und gelten als das eigentliche Wahrzeichen dieser Gegend«, dozierte die Führerin.

Genau genommen durften diese Dinger ja erst ab Jakobi aufgestellt werden, aber viele Exemplare standen das ganze Jahr über herum. Vielleicht aus Gründen der Landschaftsdekoration, vielleicht aber auch nur wegen der umständlichen Auf- und Abbauarbeiten, die Jahr für Jahr damit verbunden waren. So ein ordentlicher Klapotetz konnte immerhin einige Tonnen wiegen und stand oftmals sogar auf einem Sockel aus Beton, weshalb es während der Winterzeit einfacher war, ihn auf mechanischem Weg zum Schweigen zu bringen. Deshalb drang den Ausflüglern auch jetzt kein noch so idyllisches Klappern an die erwartungsfroh lauschenden Ohren. Stattdessen war ständig ein rhythmisches Poltern und Rumpeln zu hören, auf das sich selbst die umfassend instruierte Reiseleitung keinen Reim zu machen wusste.

Aber es war ohnedies an der Zeit für den nächsten Programmpunkt. Die Aushilfsgretl scharte ihren Anhang um sich. »So, meine Damen und Herren, jetzt werden wir langsam Richtung Wald weiterziehen, wo der Plutzenberger Vogelstimmenweg beginnt. Dieser fünf Kilometer lange Pfad führt uns an den Brutstätten von bis zu zwanzig unterschiedlichen Singvögeln vorüber.«

Erwartungsvoll stellte die Horde ihre Ohren auf und trabte los. Ein wichtigtuerischer Hobbyornithologe, dessen Storchenbeine in Lederhosen und Tennissocken steckten, wies bereits nach wenigen Metern auf den melodischen Gesang einer Amsel hin. »Ein wahrer Sangeskünstler und echter Experte der Improvisation«, konstatierte er voller Inbrunst. »Dieses Lied erinnert mich irgendwie an die Arie im zweiten Aufzug der Zauberflöte, als die Königin der Nacht erscheint. Dieser grandiose Koloratursopran, der über zwei Oktaven geht, dieser unvergleichliche Auftakt zum Mord an Sarastro —«

Weiter kam er mit seinen musikalisch beflügelnden Worten allerdings nicht, denn am Waldesrand trat laut Anordnung der Reiseleitung die allgemeine Schweigepflicht in Kraft.

Um nur ja keinen Piepmatz zu verschrecken, tasteten sich die Vogelfreunde vorschriftsmäßig auf Zehenspitzen voran, was im dichten Gestrüpp aus Brombeerstauden und Haselbüschen gar nicht so einfach war. Schon bald gerieten sie auf Kriegsfuß mit dem eigenen Gleichgewicht. Äste knirschten, Knöchel knacksten, doch die Vogelstimmenfans bissen tapfer die Zähne zusammen und tapsten angestrengt voran.

»Pssst, Ruhe, ein Zilp-Zalp«, flüsterte jemand ehrfurchtsvoll.

»Ohhhhh!«

Sofort durchzog andächtiges Schweigen den Wald, die Gruppe hielt kollektiv den Atem an.

»Ahhhh!« Bibianas anrüchiges Gestöhne klang eher nach Brunftgeschrei. Wenig melodiös, dafür aber sehr dezibellastig.

»… ja, ja, jaaaa …!«

Der Zilp-Zalp hielt abrupt den Schnabel, die Touristen rissen Augen und Ohren auf.

Doch alles, was sie hörten, waren die Geräusche des Waldes.

Ein rhythmisches Knarzen.

Ein frivoles Jauchzen. Und dann …

Ein Schuss!

Ganz in der Nähe.

Die Reiseleiterin, die eben noch in den Anblick eines rundblättrigen Knabenkrauts vertieft gewesen war, stürzte lautlos zu Boden.

Kurz darauf knallte es erneut.

Nun schlug auch der Umweltschutzreferent auf der Erde auf, direkt vor den Füßen der entsetzten Vogelfreunde. Ihm stand die Hose weit offen, den Zuschauern der Mund.

Über allen Gipfeln war jetzt Ruh'.

Dafür brach im Unterholz panisches Geschrei aus.

»Die Polizei, man muss die Polizei rufen!«

»In Deckung, schnell! Das war bestimmt ein Heckenschütze.«

»Vater unser, der du bist im Himmel …«

»Ein Arzt, ist denn kein Arzt unter uns?«

»Papi, wird dem Piephahn von dem Mann da nicht kalt?«

»Mensch, Joachim, so tu doch was!«

Hände wurden gerungen, Köpfe geschüttelt, Handys gezückt und Tränen vergossen, aber kein hilfreicher Plan fand sich. Alle redeten geschockt durcheinander, der vom Himmel Gefallene ächzte, die Reiseführerin stöhnte, und Joachim tat immer noch nichts. Irgendwo bellte aufgeregt ein Hund, aber der gesunde Hausverstand schwieg.

Nur ein kleiner Junge hatte sich von der Gruppe entfernt und kletterte vorsichtig die Leiter zum Ansitz hoch. Doch er kam nicht weit. Kaum hatte er die dritte Stufe auf dem Weg zur Erleuchtung der Umstände erreicht, brüllten seine Eltern im Duett los. »Kevin-Karl, herunter mit dir, und zwar auf der Stelle!«

»Aber der Mann kam von dort oben geflogen«, maulte der Junge, »da muss doch wer gucken, was da passiert ist.« Trotzig starrte er in die Höhe.

Seine Eltern befanden jedoch, dass in den Tiefen des Damischtals bereits genug passiert war, und zogen ihn vierhändig zur Gruppe zurück. Die stand immer noch tatenlos und schreckensstarr herum.

Von wegen sanfter südsteirischer Tourismus! Diese Gegend machte jedem Katastrophengebiet Konkurrenz. Zumindest die deutschen Touristen waren ausnahmslos dieser Meinung. Statt auf Schmankerl- und Wohlfühlwegen zu wandern, wurden sie tief in die Abgründe menschlicher Fehl(t)ritte gestürzt. Statt gelebter Gastfreundschaft schlug ihnen beinahe ein Kugelhagel aus Hass entgegen. Kein Blick fiel mehr auf die idyllische Landschaft, denn vor dem inneren Auge der Gruppe zogen schaurige Bilder vorüber.

Hatte ihnen nicht schon der furchterregende Fleischer mit der Hacke gedroht? Hatte der Busfahrer sie vielleicht mit voller Absicht in diese brenzlige Lage manövriert? Steckte hinter all dem womöglich ein politischer Komplott? Bei diesem wilden Bergvolk hinter dem Semmering herrschten offenbar noch rauere Sitten, als bislang angenommen. Geografisch gesehen war diese Annahme zwar völlig aus der Luft gegriffen, aber wer dachte schon in Längen- beziehungsweise Breitengraden, wenn man im Vorhof der Hölle schmorte?

Wer bei der weinseligen Führung durch die Heimat des blauen (oder doch eher rauen?) Wildbachers am Vortag gut aufgepasst hatte, dem kam jetzt jener kurze literarische Exkurs darüber in den Sinn.

War da nicht von Steirerblut, das kein Himbeersaft ist, die Rede gewesen? Hätte man das als Andeutung verstehen müssen, dass die ansässigen Menschen ein blutrünstiges Volk waren? Oder trieben sich hier, in diesem Grenzgebiet zum ehemaligen Jugoslawien, gar noch ein paar rachsüchtige Fundamentalkommunisten herum? Die apokalyptischen Ideen wurden immer röter, die beiden Verletzten immer blasser.

Endlich raffte sich Joachim, ein Düsseldorfer Kleintierarzt, wenngleich mehr auf wiederholten Zuruf seiner Gattin denn aus innerer Berufung, auf und trabte gemächlich zu den beiden Verletzten. Zuerst verband er die ohnmächtige Reiseleiterin mit deren blassblauer Dirndlschürze. Die verirrte Kugel hatte sich knapp über ihrem hübschen Schlüsselbein ins Fleisch gebohrt. Mit geringem Blutaustritt, aber großer Durchschlagkraft, steckte sie im Fleisch fest.

Der verletzte Umweltreferent stellte den komplizierteren Fall dar, selbst wenn er augenscheinlich keine Schussverletzung aufwies. Die Lage des Mannes war dennoch kritisch. Zum einen bestand nach einem Fall aus dieser Höhe das Risiko einer Wirbelverletzung, zum anderen gefährdete der Anblick von dessen selbst in erschlafftem Zustand überaus ansehnlichen Glieds den Gesundheitszustand der weiblichen Anwesenden. Die Gattin des Veterinärs etwa litt bereits hörbar unter schwerer Kurzatmigkeit und die schmalbrüstigen Damen zu seiner Linken zeigten erste

Anzeichen einer akuten Linsentrübung. Er musste endlich etwas tun, um weitere Kollateralschäden zu vermeiden.

So gern der ältliche Tierarzt jungen Damen ans Dekolleté griff, so ungern machte er sich an den Intimteilen seiner Geschlechtsgenossen zu schaffen. Aber solange diese Hose offen stand, konnte nicht einmal er sich konzentrieren. Ohne jedes Feingefühl wickelte er das übel zerkratzte Ding in ein blütenweißes, mit einer Häkelspitze verziertes Taschentuch, das ihm seine Frau fürsorglich gereicht hatte. Danach schob er das Objekt der Begierde dorthin, wo es seiner Ansicht nach hingehörte, und zog erleichtert den Reißverschluss zu. Der am Boden Liegende stöhnte derweil kurz auf, bevor er erneut in absolute Reglosigkeit verfiel.

Beim offenen Schienbein des Verletzten indes war die Erstversorgung um einiges diffiziler. Weder passte der Bruch in ein normales Taschentuch, noch konnte der Arzt dieses Teil wieder dorthin stecken, wo es seine anatomischen Kenntnisse vermuteten. Um zumindest irgendetwas zu tun, entfernte er mit einem weiteren Taschentuch – seine Frau trug immer ein ganzes Dutzend davon mit sich – zwei Ameisen aus der Wunde. Dann fühlte er dem Mann den Puls.

Der hatte die Augen geschlossen und ließ alles kommentarlos über sich ergehen. Seine Schmerzen waren groß, aber nicht einmal annähernd so groß wie der Erklärungsbedarf, der sich bestimmt ergeben würde, sobald die Sanitäter am Schauplatz des bewegten Geschehens eintrafen.

Allein Bibiana bewahrte nach wie vor den Überblick. Von ihrer Höhenlage aus konnte sie alles sehen, ohne selbst gesehen zu werden, nur der wachsende Druck auf ihre Blase fühlte sich ziemlich unangenehm an. Letztlich schien ihr die Aussicht auf blöde Blicke und noch blödere Fragen aber um einiges unangenehmer. Also blieb sie, wo sie war, voller – und im Idealfall guter – Hoffnung, dass der Umweltreferent bei seinem überstürzten Abgang nicht auf den Kopf gefallen war und in geistiger Umnachtung womöglich verfängliche Details über diesen morgensportlichen Ausflug verriet.

★★★

Zur selben Zeit spielte sich tief drinnen im Wald bereits die nächste menschliche Tragödie ab.

»Jessas Maria! Ja, bist du denn ganz deppert wurdn?«

Entsetzt entriss Willibald Pfnatschbacher seinem Sohn das Gewehr. Gleichzeitig trat er nach dem Hund, der wie verrückt bellte.

»Ich wollt's ja nur in der Hand halten«, greinte der kleine Pfnatschbacher los, während der Köter weiterhin keifte.

»Maul halten, alle zwei!« Der Hund erhielt einen weiteren Tritt, der Sohn eine Ohrfeige. »Jetzt stell dir mal vor, was da passieren kann! Mein Sohn, ein Mörder.«

Was genau ein Mörder war, das wusste der kleine Bub zwar nicht so wirklich, aber dafür wusste er, wann sein Vater die Geduld mit ihm verlor. Und das war stets eine schmerzhafte Angelegenheit. Aus Angst vor weiteren Züchtigungen begann er, prophylaktisch Rotz und Wasser zu heulen.

Als leidgeprüftem Vater stieg in Willibald wie so oft die Wut auf, als leidenschaftlichem Jäger allerdings primär die Grausbirn. Unvorstellbar, wenn jemand von diesem Vorfall erfuhr. Waidmanns Unheil ließ grüßen. Man nahm einen achtjährigen Buben eben nicht mit auf die Jagd, auch dann nicht, wenn man Sparkassendirektor war. Und man setzte sein Kind auch nicht mit einer geladenen Waffe im Wald ab, nur weil man dringend pinkeln musste. Ein unverzeihlicher Fehler. Noch dazu vor der Gemeinderatswahl. Wenn das die Sozis wüssten.

Nur gut, dass noch keine Schwammerlsaison war, wo die Leute schon vor dem Frühstück scharenweise durchs Unterholz zogen. An einem Sonntagmorgen im März hatte er noch nie jemanden getroffen. Er konnte nur hoffen, dass das auch heute bei seinem Sohn der Fall war.

»Schwamm drüber.« Der Sparkassendirektor zog den Jungen an sich und fuhr ihm mit seiner Schneuzfahne ein paarmal übers Gesicht. »Jetzt vergessen wir die ganze G'schicht und fahren heim. Aber der Mutti darfst kein Wort von unserem Ausflug erzählen! Und sonst auch niemand. Verstanden?«

Erleichtert zog Willibald junior ein letztes Mal die Nase hoch und nickte. »Großes Jägerehrenwort, Papa!«

Dann verließen sie mit Riesenschritten den Wald. Die ganze

Rückfahrt hindurch verlief in schweigendem Einverständnis. Erst daheim, als Willibald senior seinen mächtigen SUV umständlich in die Garage lenkte, fand der Bub wieder ein paar Worte. »Papa, deine Hose ist offen.«

Beschwafelung am Krankenbett

»Mein liebes gnädiges Fräulein, wir, und damit meine ich nicht nur mich, sondern jeden Bewohner von Plutzenberg, also wir sind zutiefst getroffen von diesem überaus unangenehmen Vorfall.«

Balthasar Schragl, langjähriger Fremdenverkehrsobmann, ambitionierter Bürgermeisteraspirant und Träger des goldenen Verdienstabzeichens der heimischen Blasmusikkapelle, stand vor dem Krankenbett der angeschossenen Reiseleiterin und dröhnte die Patientin mit engelsgleichen Wahlkampfmelodien zu, wobei er für seine hymnische Darbietung Luft holte, als würde er Flügelhorn spielen.

Anita Auerspach zuckte schmerzlich zusammen. Ihr gefielen weder der joviale Tourismusheini noch dessen Wortwahl, aber genau genommen gab es überhaupt nichts, was ihr an diesem Kaff noch gefiel. Außer der Aussicht auf einen baldigen Abschied.

»Nichts liegt uns, also der Gemeinde Plutzenberg im schönen Damischtal, mehr am Herzen als das Wohl unserer geschätzten Gäste. Umso beklagenswerter ist dieser Vorfall, dessen Opfer Sie, liebes Fräulein Auerspach, gestern geworden sind. Eine unverzeihliche Tat. Wir alle sind zutiefst erschüttert.«

Seit zwanzig Jahren in Amt und Würden, zählte der erfahrene Provinzpolitiker längst zu den Routiniers, was Beschwichtigungsgehabe und Schuldfragenmanagement betraf. Ihm fehlte nur noch der Bürgermeistersessel als persönliches Accessoire seiner Macht.

»Als Mensch, als Fremdenverkehrsobmann und als Gemeinderat von Plutzenberg versichere ich Ihnen, liebes Fräulein Auerspach, persönlich dafür Sorge zu tragen, dass ein derart verwerflicher Anschlag auf die Gesundheit unserer Gäste nie wieder vorkommen wird.«

In Wahrheit fürchtete Balthasar Schragl mehr um die Gesundheit der Tourismuswirtschaft als um die von Anita Auerspach – aber das behielt er natürlich für sich.

Die Nächtigungszahlen im Damischtal kränkelten seit einiger Zeit vor sich hin, da weder Plutzenberg noch Gfrettgstätten mit besonderen Attraktionen aufwarten konnten. Es gab weit und breit keine Therme, in die Massen an Touristen und Fördergeldern strömten, es gab keinerlei Anzeichen literarisch bemerkenswerter Auswüchse, wie sie etwa das Auseerland zu bieten hatte, wo selbst der Regen noch einen prosaischen Beigeschmack hatte, es gab nicht genug Geld zum Verspekulieren, und ihre Pferde glichen den edlen Lipizzanern vom Nachbarbezirk allein beim Misten. Nicht einmal über erwähnenswerte Rohstoffvorkommen verfügte die Region, sah man von sauberem Wasser, süffigem Wein, g'schmackigem G'selchten und g'sunder Luft einmal ab. Wobei Letzteres auch nicht mehr ganz sicher schien.

»Natürlich, und das dürfen Sie mir glauben, liebes Fräulein Auerspach, natürlich werden wir auch diesen Unglücksschützen seiner verdienten Strafe zuführen. Ich, und das ist meine ganz persönliche Ansicht als Privatmensch, bin allerdings zutiefst davon überzeugt, dass es kein Plutzenberger war, der seinen Finger am Abzug hatte. Dieser verabscheuungswürdige Unfall geht gewiss auf das Konto eines schießwütigen Gfrettgstätteners. Eine unfassbar infame Tat, für die mir noch immer die Worte fehlen.«

Diesen Eindruck hatte die verletzte Fremdenführerin allerdings nicht.

»Aber, und das meine ich, wie ich es sage, aber wir tragen selbstverständlich die Konsequenzen dieses betrüblichen Vorfalls. Wo bliebe denn sonst unsere Glaubwürdigkeit? Wir, also die Gemeinde Plutzenberg, wir möchten Sie, liebes Fräulein Auerspach, auf Lebenszeit als unseren Gast begrüßen dürfen. Wann immer Ihnen der Sinn nach einer Auszeit vom Alltag steht, sind Sie, und natürlich Ihre Angehörigen, jederzeit herzlichst eingeladen, diese bei und mit uns zu verbringen. Unentgeltlich und mit allem Komfort, versteht sich.«

Wieder zuckte Anita Auerspach schmerzlich zusammen. Die Aussicht auf einen erneuten Aufenthalt in dieser Hochburg des Wahnsinns erschien ihr so attraktiv wie eine Sommerfrische in Nowosibirsk. Wenngleich sie in Sibirien vermutlich nur aus Temperaturgründen um ihr Leben zittern müsste.

»Liebes Fräulein Auerspach ...«

Der Tourismusprofi stockte, rang nach Luft und blinzelte ein paarmal, weil ihm der Schweiß bereits in die Augen troff. Er hätte seinen altgedienten Steireranzug doch besser im Schrank lassen sollen. Ein echter Lodenjanker war zwar ideal für Grabreden, Bockbieranstiche oder Frischluftansprachen, an einem Krankenbett jedoch ziemlich schweißtreibend. Schnaufend zupfte er an seinem Hemdkragen herum. Wenn er doch wenigstens auf das Mascherl verzichtet hätte. Das nächste Mal würde er besser die Krachlederne anziehen. Aber was, wenn seine Autorität von so viel behaarter Beinfreiheit untergraben würde? Entsetzt schüttelte er den Kopf. Wie kam er nur auf einen derart abwegigen Gedanken? Und überhaupt, ein nächstes Mal durfte es unter gar keinen Umständen geben. Zumindest nicht vor den kurz bevorstehenden Bürgermeisterwahlen. Verlegen räusperte er sich. Es wurde wirklich Zeit, seinen strategischen Aufenthalt in diesen ungemütlichen Räumlichkeiten zu beenden. So ein Krankenhausbesuch schwächte stets sein nervliches Immunsystem.

»Also, wie gesagt, mein liebes Fräulein Auerspach, ganz Plutzenberg ist getroffen von Ihrem Schicksal. Wir leiden mit Ihnen, wir fühlen mit Ihnen, und wir werden den Schaden, den Sie auf unserem Gemeindegebiet erlitten haben, mit all unseren Mitteln wiedergutmachen. Das verspreche ich Ihnen bei meiner Ehre als Fremdenverkehrsobmann und Familienvater.«

Anita Auerspach sah mittlerweile aus, als würde sie bereits in den letzten Zuckungen liegen. Offenbar hatte ein böses Schicksal, das mit dem Tourismusamt gemeinsame Sache machte, sie dazu verdammt, diese Propagandareden wehrlos über sich ergehen lassen zu müssen. Hätte sie ihr Bett verlassen können, wäre sie diesem aufdringlichen Schleimscheißer nämlich geradewegs an die Gurgel gegangen, statt nur hilflos herumzuliegen. Was der da rhetorisch verbrach, grenzte an akustische Nötigung. Und dieses unsägliche Wort hatte er auch wieder gebraucht. »Betroffen« musste es heißen, das wusste sie mit Bestimmtheit, immerhin hatte sie zwei Jahre lang Germanistik studiert. »*Ge*troffen« worden war nur sie, und zwar von der Kugel eines Geisteskranken. Aber seit dem schrecklichen Erlebnis mit diesem Saubauern auf dem Wadlpass war die Reiseführerin felsenfest davon überzeugt, dass die Damischtaler ihren Verstand per Gemeindeerlass tiefergelegt hatten.

»Und weil ich kein Freund langer Reden bin«, Balthasar Schragl wedelte galant mit seinem Patientenbesuchsblumenstrauß, »darf ich mir jetzt erlauben, mein liebes Fräulein Auerspach, Ihnen diesen Strauß im Namen aller Bürger von Plutzenberg zu überreichen. Und natürlich auch in meinem.«

Mit diesen Worten legte er dem »lieben Fräulein Auerspach« einen riesigen Strauß weißer Rosen auf die bandagierte Brust. Sein Wiedergutmachungswerk war vollbracht, erleichtert trat er den Rückzug an. Diese blöde Angelegenheit hatte ihn bereits den ganzen Vormittag gekostet, die teuren Blumen nicht mitgerechnet. Drei enervierende Stunden lang war im halben Gemeinderat die Frage begrübelt worden, welches Bukett bei einem so heiklen Fall angebracht sei. Zuerst war die Option aus praktischen Gründen auf einen bunten Wiesenblumenstrauß gefallen, aber der Einwand, damit unliebsame Erinnerungen an den Schauplatz der Schießerei zu beschwören, hatte durchaus seine Berechtigung gehabt. Danach hatten abwechselnd Lilien, Dahlien und ein opulenter Blumenstock im adretten Keramiktopf zur Wahl gestanden.

Gegen Lilien sprach letztlich nur deren Verfügbarkeit. Weder die »Blumen-Christl« in Plutzenberg noch die »Pflanz-Kathi« in Gfrettgstätten hatten weiße Lilien auf Lager gehabt. Die Kathi hatte ihnen sehr bedauernd und ebenso überrascht erklärt, dass sie alle vorrätigen Exemplare (immerhin einundzwanzig an der Zahl) kurz zuvor bereits verkauft habe. Und zwar an die Doppler Bibiana, die angeblich etwas ganz Besonderes feiern musste. Aber was, hatte sie nicht gesagt. Die Christl hatte exakt das Gleiche berichtet. Was ausgerechnet die Orchideenpäpstin mit so vielen Lilien im Sinn hatte, wusste zwar niemand zu sagen, aber Schragl kannte die akuten Anfälle dringlicher Wohnraumbehübschung durch seine eigene Frau nur allzu gut. Ihn hatten die weiblichen Hormonkurven oft genug aus seiner alltagsrituellen Bahn geschleudert. »Da is ihr der Eisprung wohl bis ins Hirn g'hupft«, war deshalb sein einziger Kommentar gewesen.

Dahlien waren zwar auf Lager, machten sich aber, so wurde ihm gesagt, besser auf dem Friedhof als im Krankenhaus. »Balthasar, das kannst nicht machen! Die Frau erfreut sich übermorgen schon wieder bester Gesundheit. Wie tät denn das ausschauen, wenn du mit einem halben Grabgesteck antanzt?«

Auch das sah Schragl durchaus ein.

»Einer Frau schenkt man keinen Blumenstock, immer nur Schnittblumen. Ein Blumenstock, das ist sozusagen das Bügeleisen der Botanik«, machte Fritz Rothschädl, Kunstschmied und Frauenkenner, auch der angedachten Topfpflanze ein rasches Ende.

Aber weiß mussten die Blumen sein, da waren sich alle einig. Die Symbolik der Unschuld, die würde hoffentlich auch die Reiseführerin verstehen. Nicht, weil irgendjemand die hübsche Blondine noch für eine Jungfrau hielt, dazu war sie dann doch ein wenig zu hübsch und ein wenig zu alt, aber man wollte so subtil wie möglich darauf anspielen, dass Plutzenberg an dem ganzen Vorfall keine Schuld traf. Nur weil sich der weitaus längere Teil des Vogelstimmenwegs ausgerechnet auf ihrem Gemeindegebiet befand, konnte man dem Ort diesen dummen Vorfall noch lange nicht anlasten. Zumindest nicht offiziell.

Insgeheim wussten natürlich alle Anwesenden, und bestimmt auch die meisten der Abwesenden, von der zweifelhaften Treffsicherheit der einheimischen Jägerschaft. Erst vor zwei Wochen hatte der alte Ploderer dem Kruseć Horstl die beste Milchkuh erschossen. Und die war sogar gescheckt gewesen. Aber auf dem Ansitz, da hatten halt viele schon einen sitzen, und Schießwut mit Schilcherrausch, das war eine gefährliche Kombination.

Sogar er selbst hatte vor Jahren einen Streifschuss abgekriegt. Vor lauter Freude über seinen Fund hatte er zwei Gemeine Riesenschirmlinge hoch über den Kopf gehalten, um sie seinen Kindern zu zeigen – und »peng!«, weg waren die Pilze mitsamt einer Fingerkuppe.

Er hätt halt wie ein brünftiger Hirsch ausg'sehen, hatte sich der blindwütige Schütze damals zu rechtfertigen versucht. Aber einem Balthasar Schragl setzte man ungestraft keine Hörner auf, weshalb den geständigen Sonntagsjäger sein promillebedingter Sehfehler letztlich recht teuer zu stehen gekommen war.

Seit dieser ruchbaren Begebenheit war in Schragl jedenfalls die Überzeugung gewachsen, dass die alte Redensart »A Jaga, zehn Deppen« sehr wohl ihre Berechtigung hatte. Aber das durfte der Fremdenverkehrsobmann natürlich nicht laut sagen. Immerhin stellten die Freizeitjäger hier auf dem Land nahezu ein Viertel aller männlichen Wahlberechtigten. Derartige Einbußen bei seinen zukünftigen Wählerstimmen konnte er nicht riskieren. Dennoch, irgendwelche Schritte mussten unternommen werden, sonst könnten die Schwammerlsucher und Vogelstimmenwanderer bald nur noch mit schusssicherer Weste und in Signalfarben ihrem Vergnügen nachgehen; das bekäme weder dem Fremdenverkehr noch der Gastwirtschaft gut. Und seiner politischen Karriere schon gar nicht.

Aber egal, der Ziehvater des heimischen Fremdenverkehrs hatte an mehr zu denken als an unerfreuliche Reminiszenzen und strategische Fallstricke. Seiner Pflicht als Patientenbeschwichtiger war er ausreichend nachgekommen, jetzt stand die weitaus erfreulichere Kür auf dem Besuchsprogramm. Nun würde er den gefallenen Grünschnabel von Umweltreferenten wenigstens gedanklich ein wenig auf Trab bringen. Irgendwas musste der doch gesehen haben von seiner Aussichtslage aus. Dass sich da einer auf Hochsitzen herumtrieb, nur der Vögel wegen, das kam dem zutiefst bodenständigen Schragl einfach abartig vor. Er konnte sich beim besten Willen nicht vorstellen, was am Balzgesang von irgendeiner Schnepfe so bewegend sein könnte, dass man dafür Kopf und Kragen riskierte. Und wenn ihm der Sinn schon so nach Vögeln gestanden hatte, hätte er zumindest einen anderen Hochsitz wählen müssen. Der Anstand vom Böllinger Sepp war halt ebenso morsch und gebrechlich wie die Knochen des Besitzers.

»Da liegt er ja, der Hubert, wie er leibt und leidet«, grinste er den eingegipsten Ehrenhöfler nun spöttisch an und ließ sich auf einem der sperrigen Besucherstühle nieder. »Schaust ja richtig krank aus in dein Gipsanzug.«

Tatsächlich sah der Umweltreferent bedeutend schlechter aus als nötig. Der Sturz hatte ihm zwei böse Brüche und einen äußerst amüsierten Blick von Schwester Hannelore eingebracht, während sie sein bestes Stück vorsichtig aus dem Taschentuch gewickelt hatte. »Aber einwickeln tu ich Ihnen den nimmer«, hatte sie ihn dabei angegrinst, »bei uns verkühlt er sich schon nicht. Und die paar Schrammen machen einem harten Kerl wie dem wohl auch nichts aus.«

Schon bald würde das ganze Krankenhaus über Ehrenhöflers Glied im Häkelspitzenkleid Bescheid wissen. Und dann war es nur noch eine Frage der Zeit, bis diese blamable Geschichte die

Runde durchs Damischtal gemacht hatte. Was die Leute dazu sagen würden, das wollte er sich nicht einmal vorstellen.

Genau genommen waren es also diese Folgeschäden, die ihm weitaus mehr Sorgen bereiteten als seine körperlichen Gebrechen. Frakturierte Glieder heilten, aber ein derart lädierter Ruf hinterließ lebenslange Narben. Wenn schon nicht auf der Haut, dann zumindest in der Gemeindechronik.

»Is halt schon ein Gfrett mit euch Gfrettgstättener«, hob der nichtsahnende Balthasar derweil zu seinen Sondierungsgesprächen an, »jetzt habts eh schon an Toten g'habt, aber offenbar reicht euch das nicht. Der eine erschlagen, der andre fast zu Tode g'stürzt. Sag mal, was hast denn überhaupt g'macht dort oben? Außer blöd über die Wiesn g'schaut?«

»Ich hab eine Waldohreule beobachtet.«

»Also deinen Adlerblick hätt ich auch gern! Du hast ja nicht einmal ein Fernglas dabei g'habt.«

»Woher willst denn du das wissen?«

»Von die Sanitäter halt. Ich hab sie ja fragen müssen, ob du bewaffnet warst. Und die haben g'schworn, dass du nicht einmal einen Rucksack 'tragen hast.«

»Meine Ausrüstung ist auf dem Ansitz 'blieben.«

»Da hat der Inspektor später nachg'schaut, aber er hat rein gar nix g'funden außer den zwei 'brochenen Holzplanken.«

»Wird's halt wer mitg'nommen haben. Ich wollt ja nicht Fallschirmspringen, dass ich mir mein ganzes Zeugs umschnall' und vorsätzlich nach unten hupf'.«

»Als Tourismuschef krieg ich ja einiges zu hören, aber die G'schicht mit dem g'stohlenen Rucksack, die kannst wem andern erzählen!« Etwa dem Kapplhofer, dessen ermittlerischer Ehrgeiz nicht einmal in Spurenelementen vorhanden schien, fügte Schragl in Gedanken dazu. »Weißt, Hubert, im Grunde is' es mir eh völlig blunzen, was du dort oben 'trieben hast. Ich will wissen, was du g'sehen hast. Oder wenigstens g'hört. Und zwar abg'sehen von die Vögeln.«

»Nichts, ich hab echt nichts g'sehen!«

Was auch stimmte, denn der Hubert hatte die meiste Zeit verzückt auf Bibianas prächtiges Hinterteil gestarrt.

»Aber irgendwer hat g'schossen. Zum Glück nicht allzu gut, sonst hätten wir jetzt auch eine Leiche im Grünland. Aber leider auch nicht ganz daneben. Und diesem Irgendwer g'hört umgehend das Handwerk g'legt. Die Leut kommen schließlich nicht nach Plutzenberg, damit sie ang'schossen werden. So einen Schuss haben nicht mal die Amis.«

»Ich tät dir ja wirklich gern helfen, aber da war nichts. Bis der Schuss g'fallen ist. Und dann halt i.«

»Mein lieber Hubert, aufn Kopf bist ja nicht g'fallen! Also wirst du jetzt schön dein Gedächtnis anstrengen, sonst streng ich eine Untersuchung über deine Rostlauben an. Die haben bestimmt Abgaswerte, die zum Himmel stinken. Und so was macht sich gar nicht gut, wenn man als ›Grüner‹ im Gemeinderat sitzt.«

Ehrenhöfler hatte eine einzige Leidenschaft im Leben, und die galt Vögeln aller Art. Den meisten davon musste er über Stock und Stein nachjagen, um sich an ihnen zu erfreuen, aber seine alten Enten, die hielt er daheim im Stall. Drei perfekt restaurierte CVs besaß er insgesamt, eine sogar mit Fetzndachl. Es gab nichts Schöneres für ihn, als im Sommer damit über die Weinberge zu rumpeln. Was er laut Gesetz schon längst nicht mehr tun dürfte, denn die Abgaswerte von diesen Gefährten lagen kilometerweit über der erlaubten Norm. Doch der Schwager vom Schragl führte eine Autowerkstatt, in der die Dreckschleudern des Umweltreferenten im Handumdrehen und mit viel Augenzudrücken zu emissionsarmen Mittelklassemodellen mutierten.

Da Hubert also auf keinen Fall seine Spritztouren riskieren wollte, dachte er gleich angestrengter nach. Und tatsächlich fiel ihm etwas ein. »G'sehen hab ich wirklich nichts, aber einen Hund hab ich g'hört. Einen bellenden Hund. Und ein Kind hat auch 'plärrt.«

Das Sprachrohr des guten touristischen Tons seufzte. An kläffenden Kötern und greinenden Gschrappen litt das Damischtal wahrlich keinen Mangel. »Die Touristengruppe hatte auch Kinder dabei. Bist sicher, dass es nicht eins von denen war?«

»Na ja, es hat sich weiter weg ang'hört. Aber sicher bin ich natürlich nicht.«

Balthasar Schragl erhob sich. Mit diesem Menschen verlor er nur Zeit und Geduld. Der Umweltreferent mochte durchaus tiefgrüner Gesinnung sein, auf einen entsprechenden Zweig kam er mit ihm dennoch nicht. Zumindest nicht in dieser dringlichen Angelegenheit. Wenigstens einen kleinen verwertbaren Hinweis auf die Identität des Heckenschützen hatte er sich erhofft, aber der Öko-Apostel war offensichtlich nicht nur in marktwirtschaftlichen Belangen mit umfassender Blindheit geschlagen. Jetzt musste der Hüter des heimischen Tourismus nach effizienteren Methoden suchen, um diesem fremdenverkehrsschädigenden Übeltäter auf die Schliche zu kommen.

Gleich am nächsten Morgen würde er sich auf die Jagd nach ihm machen, denn in Zeiten wie diesen durfte nicht der geringste Schatten auf das Gemeindegebiet von Plutzenberg fallen. Das Dorf konnte sich keinen Touristenverlust leisten, er keinen Stimmverlust. Der verirrte Schuss aus dem Hinterhalt war schlimm genug.

Er war sowieso seit Monaten nervös, weil dieses Gerede von Gemeindefusionierungen auch vor dem Damischtal nicht haltmachte. Bei den hohen Tieren dort oben wusste man ja nie, was in ihren aufgeblasenen Köpfen so vor sich ging. Nur eins wusste er leider heute schon: Wenn aus zwei Ortschaften eine wurde, dann brauchte es auch keine zwei Gemeindevorsteher mehr. Natürlich wäre so eine baldige gebietsübergreifende Zwangsheirat eine echte Gemeinheit ihm gegenüber. Gerade jetzt, wo der offiziell noch amtierende Bürgermeister von Plutzenberg seine Hoffnung auf Wiederwahl durch ein unglückliches Aufeinandertreffen mit einem Telegrafenmasten zwar nicht in den Sand, aber zumindest in den Rollstuhl gesetzt hatte, standen Schragls Chancen so gut wie nie zuvor.

»Na dann, gute Besserung. Pass auf und fall net wieder!« Resolut ergriff Schragl seinen Lodenjanker und machte sich auf den Weg an die gesunde Frischluft. Fast zwei Stunden hatte er an diesem jammervollen Ort zugebracht, nun fühlte er sich selbst schon leicht kränkelnd. Mit raschen Schritten eilte er dem Ausgang zu.

Als er die Treppe ins Foyer erreichte, kam ihm der Gfrettgstättener Schuldirektor entgegen. Mit einem großen Strauß weißer Tulpen in der Hand.

★★★

Auch Kilian Klöpfer war kein Freund von Krankenbesuchen, aber da Alois Feyertag, der Bürgermeister von Gfrettgstätten, bereits seit einigen Tagen auf Wildschweinjagd in Slowenien weilte – worüber man angesichts der pikanten Umstände aber kein Wort verlor – und eine Beileidsbekundung vonseiten der Nachbargemeinde ein diplomatisches Gebot der Stunde war, musste halt der Schuldirektor herhalten und im Namen aller Gfrettgstättener blumigste Genesungsworte aussprechen. Verbunden mit mehr oder weniger subtilen Anspielungen auf die urlauberische Unbedenklichkeit ihrer idyllischen Ortschaft. Sofern man es nicht gerade mit einem Wetterhahn zu tun bekam. Aber auch davon würde die Patientin natürlich nichts erfahren. Zudem, und davon war nicht nur der Schuldirektor überzeugt, mussten sie sich für den abgekratzten Hendlbaron ohnedies bei den Tierschützern bedanken.

»Gnädiges Fräulein Auerspach.« Klöpfer verbeugte sich galant, während er der Krankenschwester die Blumenvase aus der Hand nahm, in die sie gerade die Plutzenberger Rosen stellen wollte, um sein eigenes Gebinde darin zu platzieren. »Gnädiges Fräulein Auerspach, eine schwere Zeit ist wie ein dunkles Tor, gehst du hindurch, kommst du gestärkt hervor«, dozierte er salbungsvoll und bedankte sich in Gedanken bei Marie von Ebner-Eschenbach für diese erbaulichen Worte.

Die Reiseleiterin, die mittlerweile in eine Art meditatives Wachkoma gefallen war, fixierte derweil einen äußerst fernen Punkt am Horizont, der offensichtlich nicht im Damischtal lag. Dafür sah sie zu friedlich aus.

»Betrüblicherweise hat es sich ergeben, dass ein tragisches Schicksal geradewegs durch das dunkle Tor der Plutzenberger Platte Einzug in Ihr Leben gehalten hat. Plutzenberg ist nicht der Nabel der Welt, keineswegs. Plutzenberg ist noch nicht einmal das Zentrum unseres schönen Tals.«

Kilian Klöpfer genoss den Klang seiner Worte, Anita Auerspach die rhetorischen Pausen, die er immer wieder einlegte.

»Daher wird die Dunkelheit, in die Sie ein hinterhältiger Schuss von einer finsteren Gestalt gestürzt hat, wobei ich anmerken möchte, dass es gewiss keiner von den unsrigen war, der geschossen hat, also diese Dunkelheit wird schon bald einem gleißenden Sonnenschein weichen. Davon bin ich zutiefst überzeugt.«

Das hoffte die Patientin auch, durch deren Gehirn immer dichtere Nebelschwaden zogen. Selbst die Krankenschwester sah inzwischen ziemlich schwarz, was die Genesung des Fräulein Auerspach betraf, solange man dieses mit derart schweren rhetorischen Geschützen bombardierte. Schlussendlich strebten alle hier drinnen nur nach Ruhe, Frieden und Schmerzfreiheit. Aber Schwester Hannelore durfte sich allein um Letzteres bemühen. Gern hätte sie die bedauernswerte Blondine einfach auf die Quarantänestation verlegt, aber so was gab es in diesem Krankenhaus gar nicht. Und derart gewichtigen Persönlichkeiten, deren Besuche eher als Heimsuchungen daherkamen, die Tür zu weisen oder gar den Mund zu verbieten, das war ihr von oberster Stelle untersagt worden. Also musste sie ihre Nächstenliebe darauf beschränken, diesem gepeinigten Geschöpf die Dosis an Beruhigungsmitteln ein wenig zu erhöhen.

»Der große Schmerz, der Sie derzeit an ein Krankenbett fesselt, dieser Schmerz wird bald schon einer neuen Lebenskraft weichen, so wie der Winter dem Frühling weicht.«

Als »Vertreter der alten Schule« – so wurde Klöpfer von seinen Kollegen genannt, weil ihm zeitgemäße Unterrichtsgestaltung so fern lag wie die Andromedagalaxie – hielt der Schuldirektor viel auf die Wirksamkeit von Wiederholungen. Es genügte seiner Ansicht nach, der freiwilligen oder auch unfreiwilligen Zuhörerschaft so lange mit der kommunikativen Keule eins über den Kopf zu ziehen, bis sich ein Schlupfloch in deren Gehirnwindungen auftat. Dann konnte die Botschaft widerstandslos einsickern und im Gedächtnis Wurzeln schlagen.

Die Patientin indes hätte es lieber gesehen, wenn dieses Walross, das aussah wie eine Skulptur aus rosarotem Schweinefett, aus ihrem Zimmer gewichen wäre, aber auch sie konnte Dinge für sich behalten. Verglichen mit der Korpulenz des Pädagogen ging der Bulle von Tölz jedenfalls glatt als anorektisch durch.

»Wie sprach schon Albert Schweitzer? Glück ist gute Gesundheit und ein schlechtes Gedächtnis.«

Jetzt setzte das Walross zum strategischen Finale an.

»Und noch bevor das erste laue Mailüfterl weht, werden auch Sie sich wieder bester Gesundheit erfreuen. Das Unglück, das Ihnen auf dem Territorium unserer Nachbargemeinde widerfahren ist, wird alsbald der Vergangenheit anheimfallen, das Leben wird Sie wieder lustvoll in seine Arme schließen.« Noch einmal holte er tief Luft. »Wir, also die Bewohner von Gfrettgstätten, möchten Sie an diesem Tag inniglich willkommen heißen und zur Ehrenbürgerin unserer Gemeinde ernennen. Auf Lebenszeit, versteht sich, und mit allen damit verbundenen Annehmlichkeiten.«

Eine schmerzhafte Vorstellung, die die Patientin lieber ganz schnell verdrängen wollte. Und weil sie der akustische Dauerbeschuss bis an den Rand eines mittleren Nervenzusammenbruchs getrieben hatte, fiel sie nun umgehend in einen tiefen, unruhigen Schlaf.

Sie träumte von Holunderbüschen und Kastanienbäumen, denen anstelle von Ästen und Zweigen fette Blutwürste aus den Stämmen wuchsen. Damit schlugen die wild gewordenen Gewächse immer wieder nach ihr. Sie wollte weglaufen, hatte statt Schuhen aber auf einmal Schweinsklauen an den Füßen, weshalb sie kaum vorwärts kam und ständig stürzte. Plötzlich traten der Plutzenberger Fremdenverkehrsheini und das Gfrettgstättener Walross aus dem Wald, eilten auf sie zu, ergriffen je einen Arm und begannen, daran zu zerren. Leider jeder in eine andere Richtung. Ein brennender Schmerz riss sie abrupt aus den Träumen, während Schwester Hannelore die Infusionsnadel aus Anitas Oberarm zog und beschwichtigend meinte: »Bald haben S' es g'schafft.«

Die Kelten und der Kohlrabiknöchel

»Nach hundert Metern bitte links abbiegen.«

Pflichtbewusst hielt Rüdiger nach einer Abzweigung Ausschau, aber er fand nichts, das diesen Namen auch nur annäherungsweise verdient hätte.

»Links abbiegen. Jetzt bitte links abbiegen.«

»Jetzt mach doch, Rüdiger!«

Nun erhob auch Rüdigers Frau ihre Stimme, die sich um einige Nuancen weniger verführerisch anhörte als das einschmeichelnde Organ der elektronischen Routendiktatorin.

»Ich würde ja gerne, aber da ist weit und breit keine Abzweigung zu sehen.«

»Da, da hinter diesem Bildstock, da führt doch ein Weg hinein.«

Rüdiger blickte kurz in die angezeigte Richtung, wo eine Abfolge an Schlaglöchern hinter einer bunt bemalten Schrumpfkapelle in den nahen Wald führte.

»Aber Hilda, das ist ein Feldweg, keine Landstraße.«

»Du bist doch derjenige, der dieser Blondschleiche immer aufs Wort glaubt.«

Als angetraute Ehefrau hatte Hildegund nach wie vor ein Problem damit, dass diese Stimme aus dem Nichts auf all ihren Fahrten jetzt den Ton angab. Und ihr Mann dieser Stimme auch noch kommentarlos Folge leistete, was bei ihren Aufforderungen nur selten der Fall war.

Heute schien jedoch selbst Rüdiger seine Zweifel zu haben. Er fuhr zur Seite und stellte den Motor seines schicken Straßenkreuzers ab. Dann zog er genervt die Karte aus dem Handschuhfach, während Hildegund die Gelegenheit nutzte, um sich die Lippen nachzuziehen.

Rüdiger verstand nichts mehr, am wenigsten seine ihm angetraute Beifahrerin. Noch keine vierundzwanzig Stunden war es her, da hatten sie auf dem Damischtaler Vogelstimmenwanderweg Kopf und Kragen riskiert. Zuvor waren sie auf dem kurvenreichen Wadlpass bereits von einem gemeingefährlichen Metzger bedroht worden, und dennoch hatte sein Weib auf einem neuerlichen Ausflug zu diesen Wahnsinnigen bestanden. Offenbar besaß Hildegund die seltene Gabe des selektiven Vergessens. Oder sie hatte zu oft die »Fledermaus« gehört. In dieser schnulzig-seichten Operette hieß es doch irgendwann: »Glücklich ist, wer vergisst, was doch nicht zu ändern ist.« Nur stimmte das in ihrem konkreten Fall gar nicht, befand er. Einer Änderung der sonntäglichen Ausflugsroute hatte allein seine Gattin im Wege gestanden, sonst nichts.

»Papa, Mama, guckt doch mal! Auf dem Acker steht ein Pavian.«

Rüdigers Sohn riss den Vater aus seinen zunehmend ehekritischen Gedanken.

»Also, Kevin-Karl, du hast sie doch nicht alle! Wir sind in Österreich und nicht in Afrika, das hier ist das Damischtaler Hügelland und kein kongolesisches Dschungelgebiet.«

Rüdiger hasste Unterbrechungen, wenn er einem Rätsel auf der Spur war. Und die Wegbeschreibung zum Kraxnhof vulgo Klescherkurtl, auf dem heute eins dieser cholesterinlastigen, rundum fetttriefenden Schmankerlfeste stattfinden sollte, grenzte schon beinahe an ein Mysterium.

»Aber nur Paviane haben einen roten Arsch.«

»Du hältst jetzt auf der Stelle den Mund! Ich will kein Wort mehr hören, und ›Arsch‹ sagt man überhaupt nicht, das hab ich dir schon hundertmal gesagt!«

»Du hast es jetzt aber auch grad gesagt.«

Kevin-Karl war ein aufgeweckter Junge, der sich von seinen Eltern nicht sonderlich einschüchtern ließ.

»Klappe!«, motzte Rüdiger seinen Sohn nun unmissverständlich an. Und zur Sicherheit wies er auch seine Frau zurecht. »Sag deinem Sohnemann, dass er endlich den Mund halten soll. Wie soll ich mich da konzentrieren?«

Der entnervte Vater konnte keinen Zweifrontenkrieg führen, wo er doch bereits mit der Straßenkarte im Clinch lag. Diese ganzen Linien, punktiert, gestreift, dick und in allen Regenbogenfarben, aus denen er in Wahrheit nicht schlau wurde, die brachten ihn noch um den Verstand. Aber als Mann durfte er keinesfalls zugeben, dass ihn die kartografische Sicht der Dinge vor allem an einen Schnittmusterbogen erinnerte.

»Und? Wirst du uns heute noch auf den richtigen Weg bringen?«

Das war die Rache seiner Frau für die haltlose Unterstellung, nur sie hätte an ihrem gemeinsamen Sohn mitgewirkt.

»Es war deine Idee, auf dieses Hoffest zu fahren. Ich persönlich lege nicht den geringsten Wert darauf, meinen Urlaub in einer Gegend zu verbringen, wo einem die Kugeln um die Ohren fliegen!«

»Rüdiger, nun sei doch nicht so! Du musst den Menschen eine zweite Chance geben. Das haben die doch nicht mit Absicht gemacht. Außerdem schlägt ein Blitz nie zweimal am selben Ort ein. Und ich liebe Schmankerlfeste. Angeblich wird dort sogar ein Kürbisbürgermeister gekürt.«

Was Rüdiger so brennend interessierte wie chronische Viruserkrankungen bei skandinavischen Hochstammgewächsen.

»Papa, Mama, jetzt hat der Pavian ein Messer in der Hand.«

»Ruhe!«

»Also, worauf warten wir?«

Rüdiger sah keinen Ausweg mehr. Ohne fremde Hilfe würde er diesen Sterzkogel niemals finden, der da angeblich irgendwo zwischen Plutzenberg, Gfrettgstätten und Slowenien lag. So idyllisch diese Landschaft mit all ihren Mugeln, Kogeln, Hügeln und sonstigen Erhebungen auch scheinen mochte, man fand sich einfach nicht darin zurecht. Überall nur Maisäcker, Streuobstwiesen, Weinterrassen, Kirchtürme, vereinzelte Gehöfte und dekorativ gruppiertes Nutzvieh. Dazwischen standen Tafeln herum, die offenbar allein den Zweck hatten, Ortsunkundige in tiefste Verwirrung zu stürzen. Darauf waren dann Dinge zu lesen wie »Zur Heckenklescherhuabm links« oder »Fotzhoblmuseum 300 Meter«. Sogar Hinweise auf die Staatsgrenze fanden sich relativ oft, aber kein brauchbares Straßenschild, sah man vom endlosen Wildwechsel einmal ab. Dass sich der Damischtaler Wildbestand bester Gesundheit erfreute, daran hatte Rüdiger ohnedies keinen Zweifel. Wenn die Schützen hier alle so treffsicher waren wie der vom Vogelstimmenwanderweg, dann konnten die Wildschweine ganz sorglos die Sau rauslassen.

Aber all diese Überlegungen halfen ihm derzeit kaum weiter. Er hatte keine Wahl, es blieb ihm nur die Qual, nämlich die, seine Männlichkeit zu Grabe zu tragen, indem er einen Einheimischen zu Rate zog. Eine Vorstellung, die ihm mehr auf den Magen schlug, als alle diätetischen Küchenexperimente seiner Frau es je vermocht hätten.

»Wo genau hast du eigentlich diesen Affen gesehen?«, wandte sich der betrübte Vater nun an seinen beleidigten Sohn.

»Da, da hinten auf dem Feld. Er ist immer noch da. Ich zeig ihn dir.« Beide stiegen aus. »Aber wir müssen vorsichtig sein, wegen dem Messer.« Kevin-Karl war fürchterlich aufgeregt. Er liebte Abenteuer in der freien Natur. Sein Vater zwar auch, aber nur, wenn auch ein Busen Teil davon war.

»Komm schon, Papa!« Kevin-Karl hatte seinen Vater bei der Hand ergriffen und zog ihn Richtung Acker.

Rüdiger zögerte. Der Geruch, der ihm vom Feld entgegenschlug, war schlichtweg bestialisch. Das war keine Landluft mehr, das war ein klarer Verstoß gegen das Betäubungsmittelgesetz. Warum in aller Welt hatte er sich auf dieses Höllenfahrtskommando nur eingelassen? Mit angehaltenem Atem folgte er seinem Sohn. Und tatsächlich, mitten auf dem bräunlichen Acker bewegte sich etwas. Auf allen vieren und mit einem weithin sichtbaren roten Hinterteil. Langsam robbte das Wesen voran, während es mit einem Messer immer wieder in den Boden stach.

Auf einmal verstand Rüdiger, dass man selbst bei strahlendem Sonnenschein vom Regen in die Traufe kommen konnte. So wie er jetzt. Vom rechten Weg abzukommen war schlimm. Kein intelligentes Lebewesen weit und breit, das man fragen konnte, war noch schlimmer. Und was blieb, war der schlimmste Fall überhaupt, nämlich sich an diesen eigenartigen messerstechenden Menschenaffen zu wenden. Die derzeit leider einzige praktikable Option.

»Hallo, Sie!«

Keine Reaktion. Dieser Hinterwäldler war vermutlich völlig bekloppt. Ganz langsam wagte sich Rüdiger ein paar Schritte näher an den hochgereckten Hintern.

»Hallo! Sie da drüben!«

Keine Reaktion. Der Typ musste komplett bescheuert sein. Wahrscheinlich ein Produkt jahrhundertelanger hemmungsloser Inzucht. Allein Rüdigers Wildlederschuhe reagierten mit der feuchten Jauche, über die er vorsichtig schritt.

Kevin-Karl, dessen Neugierde durch kein Schuhwerk der Welt gebremst werden konnte, rannte auf den Pseudopavian zu. Die seltsame Kreatur hob verwundert den Kopf.

»Guten Tag. Ich bin der Kevin-Karl. Was machen Sie denn da?«

»Rearlsalat stechn, Bua.«

»Nee, wirklich?« Der Bub trat zweifelnd einen Schritt zurück und beschloss, das Reden doch besser seinem Vater zu überlassen.

Rüdiger hielt das Wesen zwar eher für eine endemische Primatenmutation, schalt sich dann aber gleich wegen seiner Vorurteile. Das war bestimmt nur ein gehbehinderter Einheimischer mit genetisch verkümmerter Hirnfunktion, der irgendwelche Fruchtbarkeitsrituale vollzog. Der Mann trug eine blaue ausgewaschene Montur, dreckige Gummistiefel und einen unvorstellbar speckigen Hut, unter dem er nun fragend hervorblinzelte. Mit dem roten Sitzkissen, das er sich um den Allerwertesten gebunden hatte, und der gebückten Haltung, in der er sich immer noch befand, besaß er wirklich nur eine vage Ähnlichkeit mit einem höher entwickelten Wesen.

»Entschuldigen Sie die Störung, aber sind Sie von hier?«

»Oiwi do g'lebt.«

»Schön, schön. Also, wir müssten dringend auf den Sterzkogel. Können Sie uns den Weg dorthin zeigen?« Rüdiger hatte ganz langsam und deutlich gesprochen, in der vagen Hoffnung, eine ähnlich formulierte Antwort zu erhalten.

»Wuits eppa goa zum Kleschakurtl?«

Klescher klang gut, sehr gut sogar, richtiggehend vielversprechend. Offenbar hatte ihn der alte Mann wirklich verstanden.

»Ja, ja, zum Klescherkurt.«

Mühevoll erhob sich der Unterkofler Poldl zur vollen Größe, die gar nicht so gering war. Sorgfältig wischte er sein Messer am linken Ärmel ab, blies anschließend jeden einzelnen Erdkrümel von der Schneide und steckte es erst nach einer beidseitigen Endkontrolle behutsam in die Hosentasche. Dann nahm er zur Sicherheit noch den Sack mit dem frisch gestochenen Löwenzahn an sich. Man konnte nie vorsichtig genug sein, das hatten ihn zwei Weltkriege und sein Großvater gelehrt. Dass Fremde eigens ins Damischtal fuhren, um ihm seinen Gesundheitssalat zu stehlen, das glaubte er zwar selbst nicht, aber wenn sie nun schon einmal da waren, da konnte die Gelegenheit ja durchaus Diebe machen. Misstrauisch folge er dem Mann auf die Straße.

»Also, wie kommen wir jetzt am besten zum Klescher?«

Inzwischen hatte auch Hildegund den Wagen verlassen, um sich ein wenig die Beine zu vertreten. Aber ihr Schuhwerk war nicht wirklich zum Gehen geeignet, daher beschränkte sie sich darauf, ein wenig über den Asphalt zu stöckeln.

»Schreams umi, afoch schreams umi.« Mit diesen Worten zeigte Poldl mit dem Arm nach links, wo außer einer Wiese nichts zu sehen war.

»Dort hinüber, meint er«, wurde Rüdiger von seiner Frau belehrt. Sie schien ein gewisses Talent für Fremdsprachen zu besitzen.

»Dort drüben ist aber nichts.« Langsam begann Rüdiger, an eine landesumfassende Verschwörung gegen ihn zu glauben, und in diese schien seine Frau ebenso involviert wie die GPS-Tussi, die einheimischen Straßenverkehrsbeauftragten und dieses Damischtaler Urviech. Sie alle wollten ihn offensichtlich nicht nur auf geografische Abwege, sondern in letzter Konsequenz auch in den Wahnsinn treiben.

Er war eindeutig nicht mehr Herr der Lage. Völlig verloren stand er da und blickte sich suchend um, während seine Gattin derweil, so schwungvoll ihre knallroten Stilettos es zuließen, bis zu dem Bildstock gestakst war, wo sie andächtig die mit Plastikblüten geschmückte Mariendarstellung studierte.

»Rüdiger, so komm doch mal, schnell!«

Mach schon, komm doch, tu endlich – manchmal hatte der genervte Mann den Eindruck, seine Frau hätte besser einen Hund geheiratet. Der würde ihr aufs Wort gehorchen und dazu auch noch freundlich mit dem Schwanz wedeln. Aber er war kein Hund, selbst wenn er hin und wieder ganz gern zugebissen hätte.

Betont gemächlich schlenderte er auf das Marterl zu, blieb nach ein paar Schritten aber erneut stehen, um sich in aller Seelenruhe erst den einen und dann den anderen Schnürsenkel zu binden.

»Rüdiger. Du treibst mich noch in den Wahnsinn!«

Das sagte ausgerechnet sie.

Beide Hände tief in den Taschen vergraben, hatte nun auch er den Bildstock erreicht. In seinen Augen sah diese sakrale Wald- und Wiesenkunst nicht anders aus als überall sonst auf dem Land. Die architektonisch geschrumpfte Sparvariante einer kleinen Kapelle, blassgelb getüncht, mit einer leidvoll dreinblickenden, leicht verstaubten Statue der Madonna auf dem Sockel. Und natürlich ganz vielen Blumen, die täuschend echt aussahen. Aber vielleicht waren sie es auch. Er verstand dennoch nicht, was an diesem Anblick so aufregend sein sollte.

Fragend blickte er Hildegund an. »Na und?«

»Da, da, guck doch. Da!«

Doch so angestrengt er auch hinsah, ihm fiel nichts auf außer einem wirklich sehr hübschen Schmetterling, der sich auf einer Mantelfalte der Muttergottes niedergelassen hatte.

»Die Inschrift, du musst die Inschrift lesen!«

Vom Lesen war keine Rede gewesen. Rüdiger warf dennoch einen raschen Blick auf die bläulichen Buchstaben, aber deren Sinn offenbarte sich ihm nicht. Der vierzeilige Text war offenbar noch in Kurrent geschrieben.

»Da steht was von Morden an Fronleichnam, siehst du, hier.«

Hildegunds tiefrot lackierter Finger schabte hart über die abblätternde Farbe.

Rüdiger sah genauer hin. Sie könnte durchaus recht haben. Eines der Worte hatte eine gewisse Ähnlichkeit mit »Morden«, aber was »anno 1730« geschehen war, das verursachte ihm heute kein Kopfzerbrechen mehr. Mittlerweile hätte er sogar lieber bei einem Mord assistiert, als die Fahrt zu diesem unauffindbaren Schmankerlfest fortzusetzen.

»Wann ist denn eigentlich Fronleichnam?«

Das Kind stellte seine Fragen stets im unpassendsten Moment.

Der Vater zuckte nur mit den Schultern, die Mutter hingegen wurde dadurch auf noch abstrusere Gedanken gebracht.

»Fronleichnam, natürlich, das ist es. Mord, Leiche …« Sie legte die Stirn in Falten. »Mensch, Rüdiger, wie gruselig!«

»Frondienst … Gab's so was nicht im Mittelalter?« Rüdiger bemühte sich stets, die oftmals recht unnachvollziehbaren Gedankengänge seiner Gattin in eine bildungsbürgerliche Richtung zu bürsten. Derart krause Überlegungen vor den Augen und Ohren ihres Kindes anzustellen, hielt er für pädagogisch besonders kontraproduktiv. Der Junge phantasierte ohnedies schon viel zu oft, was seinem Mathelehrer gar nicht gefiel. Und ihm auch nicht.

Aber er kam nicht mehr dazu, die Frage nach dem Zusammenhang von kirchlichen Festen und kryptischen Leichen ausreichend zu erörtern, denn ganz in ihrer Nähe erhob sich ein spürbarer Schotterflug.

Der Mann mit dem Pavianhintern radelte schwankend vorüber. »Ihr müssts eich tummeln, sonst kummt's z'spat zum Klescherkurtl!«, rief er ihnen schnaufend zu und trat dabei schwerfällig in die Pedale seines alten Waffenrads.

Die drei winkten ihm nach. Nun verstanden sie auch, weshalb er ein gepolstertes Sitzkissen auf sein Hinterteil geschnallt hatte. Ihm war der Fahrradsattel wohl einfach zu hart. Und der Steinschlag auf diesen befahrbaren Geröllhalden war bestimmt auch nicht zu unterschätzen.

»Mama, ich hab Hunger.« Kevin-Karl hatte das Interesse an schwer leserlichen Inschriften längst verloren. Seiner Ansicht nach stand dort ohnedies »Morgen« und nicht »Morden«, aber sein Kohldampf war zu groß für kräftezehrende Diskussionen. Stattdessen sah er dem seltsamen Alten nach, bis dieser mitsamt dem vorsintflutlichen Fortbewegungsmittel zwischen den Bäumen verschwunden war.

»Der Mann hat recht. Es ist bald Essenszeit, und wir stehen hier immer noch herum.« Auch Hildegund hatte sich inzwischen an den ursprünglichen Zweck ihres Ausflugs erinnert.

Rüdiger warf einen letzten Blick auf den wenig einladenden Feldweg, der hinter dem Marterl Richtung Wald führte, und schlenderte antriebslos zurück zum Wagen.

Auf Wegen wie diesem hätte man zumindest Allrad gebraucht und keinen Lexus, wie er einen fuhr, aber diese Einsicht kam zu spät. Vorsichtig rumpelte er auf dem schmalen Traktorpfad dahin, während er sich das Gehirn zermarterte, an welcher Stelle sie von der richtigen Zufahrtsstraße abgekommen waren. Womöglich hatten sie beim Kreisverkehr die falsche Ausfahrt genommen. Da hatte Hildegund gerade mit Kevin-Karl geschimpft, weil der Lausebengel ihr eine Heuschrecke ins Haar gesetzt hatte, und er hatte währenddessen mit einem Kollegen telefoniert.

Am Ende der Rumpelpiste, die sie ohne Achsbruch überstanden, erwartete sie tatsächlich ein Hinweisschild.

»Wir haben es geschafft, wir haben es geschafft!« Voller Vorfreude gab Hildegund ihrem Mann einen Kuss auf die Wange.

Doch die Begeisterung währte nicht lang, denn auf dem Schild stand nicht »Klescherkurtl«, sondern »Keltische Kultstätte«.

Niemand sprach ein Wort.

Nach einigen Metern wurde der Weg etwas breiter, teilweise sogar gepflastert. Eine große Schautafel informierte sie darüber, dass es hier bereits vor zweitausendfünfhundert Jahren keltische Siedlungen, Kult- und Grabstätten gegeben hatte. Und dass man bei deren Besichtigung bitte Rücksicht auf die umliegende Flora und Fauna nehmen möge.

Kein Wort von Buschenschanken.

Auf einer idyllischen Lichtung stellten sie den Wagen ab. Rüdiger wollte noch einmal die Karte konsultieren, da die GPS-Lady nach wie vor damit beschäftigt war, die Route neu zu berechnen. Kevin-Karl und seine Mutter stiegen aus, um sich auf heidnische Spurensuche zu begeben. Außer einem windschiefen, recht ungewohnt anmutenden Gebäude, das bei näherem Hinsehen eher neuzeitlichen Ursprungs war, sahen sie auf den ersten Blick allerdings gar nichts.

Nach einiger Zeit stieß Kevin-Karl auf einen kleinen hölzernen Wegweiser, der von den ausladenden Ästen einer mächtigen Tanne beinahe verdeckt wurde. »Urgeschichtlicher Wanderweg« stand drauf. Ein dunkelroter Pfeil wies nach links, direkt in den Wald hinein. Hildegund war immer wieder aufs Neue begeistert über die Vielzahl an pädagogisch wertvollen Wegen, die seit einigen Jahren halb Europa durchzogen. Sternzeichenstraßen und Waldschratpfade, Hummelsteige und Wiedehopfrouten, stets verliehen findige Menschen der altbekannten Natur einen gänzlich neuen Reiz. Ein paar Schritte Richtung Urzeit würde sie jedenfalls riskieren.

Kevin-Karl rannte voraus, sie balancierte vorsichtig hinterher. Aber plötzlich drang ein Schrei durch den Wald, der Hildegund gewaltig aus dem Gleichgewicht brachte: »Maaaamaaa!« Das Gebrüll des Jungen klang, als wäre er mit einem Grizzly kollidiert.

Sie zog ihre High Heels aus und rannte barfüßig los. Als echte Mutter spürte sie keinen Schmerz, wenn es um das Leben ihres Kindes ging. Hinter einer Biegung, gar nicht weit entfernt von der Lichtung, wo das Auto parkte, stieß sie endlich auf Kevin-Karl. Und beruhigenderweise nur auf ihn.

»Mama! Da unten, da ist ein Keltengrab.« Sein euphorischer Entdeckergeist hatte ihm ganz rote Wangen verliehen, während seine Mutter noch etwas blass um die Nasenflügel schien. »Stell dir vor, die haben gerade ihre Lampen montiert, und dabei sind sie alle gestorben.« Er schien aufrichtig betrübt bei diesem Gedanken.

Nicht einmal zwei Wochen war es her, da hatte auch sein Papi eine Küchenlampe montiert. Aber Gott sei Dank lebte der noch immer.

»Aber Kevin-Karl, wie kommst du denn auf so eine Idee? Die Kelten haben vor mehr als zweitausend Jahren gelebt, da gab es doch noch keine Lampen.« Manchmal staunte selbst Hildegund über die Phantasie ihres Jungen.

Kevin-Karl dachte einen Moment lang angestrengt nach. Dann schüttelte er entschieden den Kopf. »Nein, Mama, das kann nicht stimmen! Auf den Grabtüchern in der Höhle« – er war ungemein stolz, sich an dieses Wort aus ihrem letzten Italienurlaub zu erinnern – »steht ›Lampenstudio Plutzenberg‹ drauf.«

Jetzt war Hildegund ernsthaft alarmiert. Sie nahm ihren Sohn an die Hand, und gemeinsam kletterten sie den kleinen Abhang hinunter.

In der lauschigen Senke blühte ein Meer aus Sumpfdotterblumen, die Bienen summten und das frühlingshaft grüne Laub ringsum raschelte leise im Wind. Ein idealer Ort für eine ewige Ruhestätte.

»Hier, Mama, schau!«

Kevin-Karl war vor einem gut getarnten Erdloch stehen geblieben. Die morschen Äste, die den Eingang verdeckten, hatte er bereits zur Seite geräumt, nun bückte er sich und kroch mit dem gesamten Oberkörper hinein, bevor ihn seine Mutter zurückhalten konnte.

»Da, siehste!« Schon war er wieder draußen und hielt seiner Mutter mit strahlenden Augen einen Totenkopf vors Gesicht.

»Wirf das weg, wirf das auf der Stelle weg!« Da Hildegund bereits mit harmlosen Halloween-Masken ein Problem hatte, versetzte sie der Anblick eines authentischen Schädels in einen hochgradig hysterischen Schwingungszustand.

Kevin-Karl hingegen fürchtete sich kein bisschen vor dem kahlen Objekt, er fürchtete vielmehr, gleich seiner einzigartigen Beute beraubt zu werden. »Nein, Mama, bitte nicht«, flehte er und drückte den knochigen Fund fester an sich.

»Weg damit!« Hildegund versuchte, ihrem Sohn dieses eklige Ding zu entreißen.

Doch er hielt tapfer dagegen. Im Zuge des Gerangels musste die Mutter erst beide Schuhe opfern, die sie bislang in der linken Hand gehalten hatte, etwas später auch ihre Standfestigkeit, denn unvermittelt ließ Kevin-Karl das Ding los. Er hatte sich daran erinnert, noch mindestens weitere zwanzig Trophäen im Erdloch gesehen zu haben.

Seine Mutter verlor das Gleichgewicht und stürzte rücklings zu Boden, während sie den Totenschädel weit von sich warf. Beide landeten auf dem Hinterkopf, allerdings tat sich der Schädel nicht dabei weh. Hildegund hingegen schlug sich nicht nur böse an einem möglicherweise sogar historischen Stein, es bohrte sich auch noch einer ihrer High Heels tief ins Fleisch hinter dem Ohr.

»Mama!« Das hatte Kevin-Karl nie und nimmer gewollt. Mit seiner ganzen kindlichen Kraft half er der Verletzten wieder auf die Beine.

Die Mutter blutete am Kopf, schleppte sich aber dennoch ein paar Schritte voran. Dabei übersah sie eine Wurzel und stürzte erneut zu Boden. Diesmal musste der Knöchel dran glauben. »Kevin-Karl, lauf und hol deinen Vater!«

»Mama, komm, ich helf' dir.«

»Kevin-Karl, bitte tu, was ich dir sage! Lauf und hol deinen Vater.«

Der Knöchel tat höllisch weh.

»Mama.« Unbeholfen streichelte der Junge seiner Mutter die Hand. Jetzt hatte auch er Angst bekommen. Weder wollte er die Verletzte auf dem Waldboden zurücklassen, noch wollte er allein den Weg zurück zum Auto gehen. Die dicken Bäume mit ihren knorrigen Ästen, das dichte Gestrüpp voller Dornen und selbst der Gesang der Vögel kamen ihm nun ernsthaft bedrohlich vor.

»Kind, ich bitte dich, hilf mir und geh deinen Vater holen!«
Hildegunds linker Knöchel war in den letzten Minuten auf die Größe eines stattlichen Kohlrabis angeschwollen und fühlte sich an, als würde er soeben die Bekanntschaft mit einem Pürierstab machen. Dagegen nahm sich das dumpfe Pochen hinter dem Ohr schon fast wie eine Streicheleinheit aus.

Kevin-Karl stand unschlüssig neben ihr und bestaunte den unglaublichen Wachstumsprozess des Kohlrabiknöchels. Erst als im Hintergrund eine Hupe zu hören war, rannte er los.

Sein Vater saß im Auto, drückte in unregelmäßigen Intervallen aufs Lenkrad und verfluchte seine Gattin zum hundertsten Mal. Er wäre niemals auf diese schwachsinnige Idee gekommen, ausgerechnet in einer Gegend, in der auf unschuldige Wanderer geschossen wurde, auch noch freiwillig so ein primitives Fressfest zu besuchen. Ein derartiges zivilisatorisches Entwicklungsgebiet hätte er im Interesse seiner körperlichen Unversehrtheit auf Lebenszeit gemieden. Stattdessen hatte er den halben Sonntagvormittag, den richtigen Weg und offenbar auch Frau und Kind verloren.

»Papa, Papa, komm schnell, die Mama ...«
Rüdiger erstarrte. Im Bruchteil einer Sekunde sah er seine Frau tödlich getroffen im Unterholz liegen. Bestimmt hatte der Heckenschütze wieder zugeschlagen. Oder musste es in diesem Fall zugeschossen heißen?

»Papa, bitte, schnell!«
Der entsetzte Vater schalt sich innerlich einen Idioten und sprang aus dem Wagen. Wie kam er in so einer Situation überhaupt auf derart dumme Gedanken? Er hatte wohl selbst einen Schuss.

Sein Sohn rannte schon wieder in den Wald hinein, und Rüdiger hatte Mühe, mit ihm Schritt zu halten. Zudem redete der Junge die ganze Zeit von Totenköpfen, Kohlrabiknöcheln, Stöckelschuhen und Blut aus den Ohren.

»Kevin-Karl, nun sag schon, was bitte ist denn eigentlich passiert?«

Der Bub konnte sich nicht erinnern, jemals in seinem Leben so oft um etwas gebeten worden zu sein. Er gab sich auch wirklich

Mühe mit seinem Bericht, aber für einen Zwölfjährigen war eine derartige Erlebnisdichte einfach nicht mehr in chronologische Zusammenhänge zu kriegen.

»Also, ich war im Wald und bin da so einen Graben runter gestiegen, und dort hab ich in einem Erdloch lauter tote Kelten gefunden, na ja, nicht ganz, es sind nämlich nur die Köpfe tot gewesen, weil die haben vorher noch Lampen montiert, und dann ist der doofe Schuh geflogen …« Er schluchzte laut auf. »Papa, wenn die Mama jetzt stirbt?«

»Nur keine Panik! Mamas sterben nicht, ganz bestimmt nicht. Und deine Mama sowieso nicht, da verlass dich mal drauf.«

Rüdigers rhetorischer Baldrian zeigte Wirkung, Kevin-Karl stellte das Schluchzen wieder ein.

»Aber das Ohr von der Mama ist ganz blutig wegen dem Stöckelschuh, und gehen kann sie auch nicht mehr, weil ihr der Fuß wächst.«

Der Vater sah ein, dass das, was immer auch geschehen sein mochte, von einer ungeheuerlichen Komplexität sein musste. Dennoch fühlte er sich ein klein wenig beruhigt, denn wenigstens hatte der Junge nicht von einem Schuss gesprochen.

Endlich kamen sie an den kleinen Abhang. Rüdiger ergriff die Hand seines Sohnes, und gemeinsam schlitterten sie den Hang hinunter.

»Hildegund!«

»Rüdiger!«

Da nur einer von beiden stand, konnten sie sich natürlich nicht in die Arme fallen, aber die gefühlte Intensität der innerlichen Annäherung war ähnlich hoch. Im tief verborgenen Grunde hatten sie einander doch sehr gern. Rüdiger war derart gerührt, dass er seine Frau sogar beim vollen Namen genannt hatte, wofür er sich normalerweise kaum die Zeit nahm. Und meistens verspürte er auch keine Lust, drei Silben für jemanden aufzuwenden, der ihm derartig auf die Nerven ging, was bei seiner Liebsten oft genug der Fall war. Da genügte das zweisilbige Hilda voll und ganz. Aber nicht in Momenten wie jetzt, da war sie ihm jeden Buchstaben wert.

Schnell überblickte er die Situation. »Hildegund, dein Knöchel ist wahrscheinlich gebrochen. Der darf auf keinen Fall mehr belastet werden.«

Eine Auferstehung hätte sie zwar ohnedies nicht geschafft, aber nun ließ sie sich umso beruhigter auf die Erde zurücksinken.

Ihr besorgter Gatte zog sich derweil das Hemd aus, riss es in Streifen und verband damit den Kopf seiner Frau. Zum Glück sah es nach keiner lebensbedrohlichen Verletzung aus, aber man konnte nie wissen. Der Stiletto hatte ein kleines, aber recht tiefes Loch hinter Hildegunds linkes Ohr gebohrt, offensichtlich war sie irgendwie auf ihren eigenen Schuh gefallen. Eine andere Erklärung hatte er fürs Erste nicht. Insgeheim war er ja immer schon der Ansicht gewesen, dass diese Dinger lebensgefährlich waren, aber dabei hatte er eher an gebrochene Beine und gezerrte Bänder gedacht. Dass etwas, das man am Fuß trug, eine Kopfverletzung hervorrufen konnte, schien ihm nahezu unvorstellbar. Und doch war genau das passiert.

Nachdem Rüdiger seine Frau notdürftig verarztet hatte, rief er die Rettung. Eine Fahrt im eigenen Auto wollte er nicht riskieren. Er konnte nicht nur die medizinischen Risiken schlecht abschätzen, womöglich hatte Hildegund obendrein eine Gehirnerschütterung erlitten oder der zweite Schuh hatte einen Rückenwirbel perforiert. Er konnte auch nicht garantieren, auf dem schnellsten Weg das Plutzenberger Krankenhaus zu finden. Die Rettungsfahrer kannten zumindest das einheimische Irrwegenetz.

Mit einer halben Stunde Wartezeit müsse er allerdings rechnen, hatte ihn die Dame am Telefon wissen lassen. Und ihn eindringlich aufgefordert, keinesfalls die Lage der Patientin zu verändern. Sie werde die Sanitäter umgehend losschicken. Zumindest schien sie verstanden zu haben, wohin.

»Der Krankenwagen ist bereits unterwegs.« Aufmunternd drückte er seiner Frau die Hand. Dann wandte er sich an seinen Sohn. »Kevin-Karl, du gehst jetzt zurück zum Auto, nimmst deinen Rucksack, Mamas Tasche und meine Jacke heraus, versperrst den Wagen und kommst wieder her. Hast du das verstanden?«

Jetzt, wo Rettung in Aussicht war und Mama doch nicht sterben musste, fühlte sich der Junge wieder etwas mutiger. »Ja, Papa, Mamas Tasche, deine Jacke und meinen Rucksack.«

Schon rannte er los.

»Zusperren nicht vergessen!«, rief ihm der Vater noch nach, aber mehr aus Gewohnheit denn aus Notwendigkeit. Es war wenig wahrscheinlich, dass ein ortskundiger und fahrtauglicher Mensch gerade um die Mittagszeit das Verlangen nach keltischer Kultur verspürte. Die Leute hier saßen garantiert schon alle im Wirtshaus oder bei diesem unglückseligen Schmankerlfest. Und evolutionsbiologische Nischenmodelle wie dieser Halbaffe vorhin auf dem Acker würden schlimmstenfalls ein Dreirad stehlen.

Langsam kam Rüdigers Gemüt wieder einigermaßen zur Ruhe. Er begann, sich ein wenig umzusehen. Die vielen gelben Blumen fielen ihm auf, die waren recht hübsch anzusehen. Dann erblickte er etwas Grellrotes, das durch das hohe Gras schimmerte. Ein Schuh, das war einer von Hildegunds Stilettos. Rüdiger hob gerade den verlorenen Pumps auf, der sich mit der Spitze des Absatzes in die weiche Erde gebohrt hatte, als er den Totenkopf sah. Jetzt fiel ihm auch das Gerede seines Sohnes wieder ein. Aber hatte der nicht von ganz vielen Toten gesprochen, und von einem Erdloch? Der Schädel hier, der lag ja ganz friedlich in der Wiese. Irgendwo mussten die anderen stecken. Mit dem Schuh in der Hand schritt Rüdiger vorsichtig über den Boden und stieß schon bald darauf auf die verborgene Grube.

Er kniete sich auf den Boden und wühlte mit dem Stiletto ein wenig in der kleinen Höhle herum. Dabei kam als Erstes ein Jutesack zum Vorschein, auf dem »Lampenstudio Plutzenberg« stand, danach kullerten noch ein paar blank polierte Schädel ins Freie.

Was immer das war, es waren bestimmt keine Menschenköpfe, davon war Rüdiger überzeugt. Es könnten Bären sein oder Bernhardinerhunde, aber für eine exakte Bestimmung reichten seine anatomischen Kenntnisse dann doch nicht aus. Aber ob Hund oder Bär, das war ihm letztlich auch egal, denn es interessierte ihn mehr, aus welchem Grund man eine derartige Menge an Tierschädeln unter der Erde verbarg. Womöglich handelte es sich um Relikte von professionellen Wilderern? Oder um eine illegale Hundezucht? Selbst satanische Umtriebe mit teuflischen Totenkopfritualen konnte man nicht ausschließen.

Rüdiger beschloss, die Polizei von diesem mysteriösen Fund zu unterrichten, sobald seine Frau in hoffentlich besten ärztlichen Händen sein würde. Dass diese Hände schon bald nicht mehr wissen sollten, wo ihnen überhaupt der Kopf stand, das konnte der Mann zu diesem Zeitpunkt natürlich nicht ahnen. Noch weniger wusste er allein von den zahlreichen Opfern, die das Schmankerlfest die steirischen Krankenkassen letztendlich kosten sollte.

Der steirische Brauch

Gar nicht weit entfernt von der Waldlichtung, wo die Bartensteins Opfer der unerwartet tiefgründigen Damischtaler Underground-Szene geworden waren, rissen sich derweil auch die widerwilligen Helfer des Schmankerlfests nahezu die Haxen aus, um dem schönen Anschein zu genügen.

»Weida auffi, Herrgottnochamoi! Jetzt hängt's es endlich weida auffi, die hinige Sau«, brüllte der Böllinger Sepp quer über den hübsch dekorierten Kraxnhof.

Empört sah der Herr Pfarrer von seiner Brettljause auf, in die er gerade noch andächtig vertieft gewesen war. Eine derartige Blasphemie konnte einem wirklich den Appetit verderben. Nicht, dass diese gotteslästerliche Rede gar dem hochheiligen Kruzifix galt.

»Na, na.« Auch der Sepp hatte die Schrecksekunde von Hochwürden Hafernas bemerkt. »Gott bewahr, ich mein ja nicht Ihr'n Chef, sondern die oide Wildsau.«

Aber weil der Gottesdiener nun beinahe noch entrüsteter aussah, fühlte Sepp sich bemüßigt, die Sache weniger missverständlich zu formulieren, als Zeichen seiner fast schon friedlichen Absichten sozusagen. Immerhin war heute Schmankerlfest, da sollte man sich weder Magen noch Laune verderben.

»Buam, wenns das Schwein so knapp überm Eingang hinhängts, dann schlagen sich die Leut ja den Schädel an. Also müssts das tote Viech mehr hinauf tun.«

Fluchend stiegen die zwei Feuerwehrnovizen erneut auf den üppig beblumten Giebel des alten Kellerstöckls und zerrten an den dicken Ledergurten, mit denen das borstensträubende Schauobjekt fixiert war. Lieber hätten die beiden Florianijünger ihr akrobatisches Brandwerk ja bei bedrohlichem Feuer und Rauch gelernt, aber im Damischtal standen bestenfalls mal ein paar Herzen in Flammen. Und deshalb rief man nicht gleich nach der Feuerwehr.

Nur harmlose Brandherde für den Hausgebrauch kamen regelmäßig vor, aber da stand üblicherweise die Köchin daneben und eine Sterzpfanne drauf. Leicht angebrannt, also mit knuspriger Kruste, durfte der traditionelle Heidensterz durchaus sein.

Zudem wurde in diesen Fällen eher mit Schilcher als mit Wasser gelöscht. Daher blieb den beiden Spritzenmännern in spe zu ihrem Missfallen meist nur das Trockentraining zugunsten des Gemein- oder besser gesagt Gemeindewohls. Wo sie dann, was in ihren Augen schon mit einem Katastropheneinsatz vergleichbar war, auch noch den Anweisungen des ehemaligen Zugführers gehorchen mussten, denn der Böllinger Sepp war nach wie vor Ehrenmitglied der Damischtaler Feuerwehr, nur vom praktischen Dienst hatte man ihn vor einigen Jahren auf Lebenszeit freigestellt. Genau genommen seit dem Tag, als er den gesamten Weinkeller des Heumosers geflutet hatte, nur weil der versucht hatte, ein altes Barriquefass zu toasten. Den unliebsamen Zuwachs an Freizeit hatte der ruheständige Feuerwehrmann anschließend darauf verwendet, die beiden Jünglinge hinter Schloss und Riegel zu bringen. Dreimal insgesamt hatten sie wochenlang einsitzen müssen, weil der Böllinger sie ausspioniert hatte. Als wäre ein Huhn weniger im unzureichend gesicherten Stall oder eine Delle mehr im ungefragt geliehenen Auto ein Verbrechen. Seitdem waren Felix und Fabian als Kleinkriminelle gebrandmarkt, auch wenn sie sich nie wieder bei ihren Untaten erwischen ließen. Nur der brennende Hass auf diesen Verräter stand ihnen seit damals in die pickeligen Gesichter geschrieben. Und kein Tankzug der Welt würde diesen mehr löschen.

»Rotzbuam, habts ihr denn keine Augen im Kopf? Ihr tretets mir ja die ganzen Geranien z'samm!« Nicht einmal die Bäuerin vom Kraxnhof wusste den Einsatz der zwei Feuerwehraspiranten zu schätzen. Sie galt als Favoritin für den jährlichen Blumenschmuckwettbewerb und sah ihre Chancen auf einen Bestplatz durch diese zwei Gfraster nun beträchtlich schwinden.

»Is halt a Gfrett mit di Bersch, aber i werd denen schon noch Beine machen.« Der Feuerwehrler a.D. tat nichts lieber als mit seiner längst verflossenen Autorität zu prahlen. »Steigts net so bled umadum dort obm, die Blumen san zum Anschaun da, net zum Draufsteign. Jetzt richtets endlich die Sau grad, und dann kommts wieda oba, sapperlott noch amoi!« Dabei haute er noch einmal ordentlich mit der Faust auf den Tisch, um sozusagen ein akustisches Ausrufezeichen zu setzen, das selbst an den hinteren

Tischen zu hören war und jeden bewog, in seine Richtung zu blicken.

Die Bäuerin sah dankbar für seine Machtworte zu ihm auf.

Die Buben sahen wegen seines unfairen Verhaltens ihnen gegenüber böse zu ihm runter.

Und der Herr Pfarrer sah erneut erschrocken von seiner Brettljause rüber.

Zumindest sah es nicht nach Regen aus, was alle anderen Problemchen mehr als aufwog. Das Schmankerlfest am Kraxnhof vulgo Klescherkurtl, wobei der Kurtl in Wahrheit schon seit zwei Generationen Konrad hieß – aber das war halt so eine ursteirische Tradition mit den alten Häusernamen –, würde mit strahlendem Sonnenschein und steirischen Pauken und Trompeten beginnen. Bis vor drei Jahren hatten die Einheimischen ja noch zum rituellen »Schlachtfest« geladen, aber die behördlichen Auflagen der EU hatten Hausschlachtungen einen bürokratischen Riegel vorgeschoben. Bestenfalls Hühnern durfte man seitdem noch eigenhändig an den Kragen gehen, aber drei Hennen machten keine Hundertschaft von Einheimischen satt. Außerdem fanden sich in letzter Zeit immer mehr Ausflügler aus nah und fern zu diesen urtümlichen Veranstaltungen ein, weshalb die politisch korrekte und pädagogisch geschulte Tourismusbehörde fand, man müsse das Wort »Schlachtung« aus dem Fremdenverkehr ziehen. Dieser Ausdruck könne in einem Gebiet der ehemaligen Grenzkonflikte möglicherweise mit unappetitlichen Erinnerungen verbunden sein, ließ man die Damischtaler in einem hochoffiziellen Rundschreiben wissen. Und weil die heimische Landwirtschaft ohnedies mehr zu bieten habe als Saumägen, Bluttommerl oder Kübelfleisch, müsse man auch Köstlichkeiten wie Kernölguglhupf, Kernöleierspeis, Kernölpesto oder Kernöleis genügend Platz in Bauernläden und Buschenschanken einräumen.

Was fortan auch geschah. Die Katholische Kernölkoalition verhalf dem bodenständigen Plutzer in kurzer Zeit zu höheren Weihen und einer flächendeckenden Präsenz. Allerdings ging so ein ausgewachsener Kürbisplutzer, im Gegensatz zu Käferbohnen oder Kukuruzkolben, nicht mehr als dekorativer bäuerlicher Nippes durch, den man einfach auf einer polierten Milchkanne oder in einem hölzernen Buttermodel zur Schau stellte. So ein Gewächs konnte bis zu dreißig Kilo wiegen und eine ganze Hundehütte ausfüllen, was aber weder der Ästhetik noch der Tierschutzverordnung entsprach. Daher standen diese grün-gelb gefleckten Dinger meist zwischen Pflanzkübeln oder Blumentrögen herum, sofern sie nicht den Weg zur Toilette flankierten oder als großflächige Staubfänger eine Wirtshausszene zierten.

Die Bäuerin vom Kraxnhof hatte sich für die bodenständig-anstößige Variante entschieden. Ihre Kürbisse standen in beachtlicher Zahl um das alte, kunstvoll renovierte Kellerstöckl herum. Jeder, der den filigranen Spitzgiebel, an dem normalerweise ja kein totes Schwein hing, näher in Augenschein nehmen wollte, stieß sich mit großer Wahrscheinlichkeit das Wadenbein an einer dieser Öko-Skulpturen.

»Verdammt, blödes Glumpert!« Auch Benjamin, der jüngste der drei Musikanten, die für eine ordentliche Beschallung mit authentischem Heimatklang zuständig waren, hatte den Platzbedarf des Plutzers unter- oder aber seine eigene Elastizität überschätzt. Jedenfalls war er beim Versuch, über einen der Dekokürbisse einfach hinwegzusteigen, ins Stolpern geraten und seinem Vordermann schwer in den Rücken gefallen.

»Aua, mei Fuß!« Der Bertl, der einen Meter vor ihm ging, war zu alt, um einem derartigen Aufprall unbewegt standzuhalten. Deshalb war ihm der Sauzechn, wie im hiesigen Volksmund die Klarinette hieß, beschwingt auf sein Hühnerauge gefallen.

Benjamin hingegen hatte sich ein wenig das Wadl geschrammt, weil er zu seiner Krachledernen natürlich nur Wollstutzen trug. Ein Ölkürbis hatte zwar zart behäutete Kerne, aber eine sehr harte Schale. Was der Flügelhornspieler aus Gfrettgstätten eigentlich wissen sollte.

Nur der Rudi hatte mit seiner Ziehharmonika bereits unversehrt Stellung bezogen und sah den beiden amüsiert zu. Für ihn stellten weder tief hängende Schweine noch hoch aufragende Kürbisse ein Hindernis dar, er hatte seine Quetschen überall im Griff.

»Was is jetzt?«, rief er den zwei Hinkebeinen zu. »Soll ich den Krankenwagen rufn, oder spielen mir endlich was?«

Auf den Gitarristen zu warten, schien dem Chef der steirischen

Schilchercombo sinnlos, denn der war erst am Vortag glücklicher Vater geworden, mit allen alkoholischen Konsequenzen, die eine schwere Geburt halt so mit sich brachte.

Es war höchste Zeit, endlich für ein paar berauschend volksdümmliche Klänge zu sorgen, sonst würden die Leut' noch auf dumme Gedanken kommen. Immerhin lag im Damischtal derzeit so einiges im Argen. Einer hatte den Hendlbaron umgebracht, einer die Reiseleiterin angeschossen. Und das Schlimmste daran: Es hätte einer von ihnen sein können. Bislang gab es weder verwertbare Hinweise auf den Täter noch brauchbare Theorien. Der gewerbsmäßige Tierquäler und die freiberufliche Blumenliebhaberin hatten so wenig gemein wie ein Kürbisplutzer mit einem Granatapfel. Vermutlich waren die beiden nicht einmal miteinander bekannt gewesen, denn das adrette Fräulein Auerspach war überzeugte Vegetarierin. Also musste ein Irrer am Werk sein, der jederzeit wieder zuschlagen konnte. Nicht auszudenken, wenn …

Aber bevor die wartende Menge diese bedrohlichen Überlegungen zu Ende denken konnte, erklangen bereits die ersten Töne des »Steirischen Brauchs«, wo die Red' von Sterz und Schwammsuppn war. Stolz streckten die Einheimischen ihren ebenso steirischen Bauch hervor, schalteten das Hirn ab und sangen inbrünstig mit. Hätte man die offizielle Landeshymne gespielt, die, wo es um Aare auf dem Dachstein und irgendein Wendenland am Bett der Sav' ging, von dessen Existenz niemand auch nur die leiseste Ahnung hatte, dann hätte jeder peinlich geschwiegen. Aber den »Steirischen Brauch«, den konnte selbst ein Kindergartenkind fehlerlos vor sich hin brabbeln.

Sogar die unsteirischen Gäste entspannten sich. Die Musik floss ins Ohr, der Wein die Kehle hinunter, die Welt war wieder in Ordnung. Auf den klobigen Buschenschanktischen standen kleine Holztöpfchen mit Bratlfett und Verhackert bereit, in den Brotkörben dampfte das frisch gebackene Bauernbrot, für den Nachwuchs hatte man Krüge mit Apfelsaft und Himbeerkracherl hingestellt.

Nur hinter den Kulissen wurden noch eifrig letzte Vorbereitungen für das spannende Rahmenprogramm getroffen. Der Klescherkurtl stiefelte mit großen Schritten über die frisch gemähte

Wiese hinter dem Stadl, um zum vierten Mal zu kontrollieren, ob Schubkarren, Weinfässer, Melkeimer und Heuraufen wohl wirklich richtig platziert waren. Er leitete das Damischtaler Bauerngolf-Turnier, das sich Jahr für Jahr größerer Beliebtheit erfreute. Dabei schleuderten die Teilnehmer ihre Gummistiefel mit einer Begeisterung von sich, die nicht einmal von matschigen Bodenverhältnissen oder eisigen Windböen gebremst werden konnte. Ziel war, damit in die strategisch angeordneten Weinfässer, Melkeimer oder Buttermodeln zu treffen. Die Zuschauer trainierten derweil ihre Lachmuskeln. Es war auch wirklich recht kurios anzusehen, wie erwachsene Männer ihre Treffsicherheit durch den Weitwurf dreckiger Gummistiefel zu beweisen suchten.

Der Fotograf vom Fremdenverkehrsbüro hingegen nutzte die Ruhe vor dem allgemeinen Sturm auf den Tanzboden für ein paar werbewirksame Aufnahmen vom Kellerstöckl, das vorläufig nur von Kürbissen, Kübelpflanzen und drei Musikanten flankiert wurde. Diese für Weingegenden typischen, meist schräg in den Hang gebauten kleinen Gebäude mit dem spitzen Dach und den tiefen Kellern machten sich nicht nur in der Landschaft sehr gut, sondern bestimmt auch auf dem nächsten Urlaubsprospekt. Das zwischen den Geranien hängende Schwein verlieh dem Ganzen eine besonders appetitliche Note.

Balthasar Schragl und Alois Feyertag, Letzterer hatte seine Wildschweinjagd aufgrund der bedenklichen Vorfälle vorzeitig abgebrochen, standen auch noch abseits von Jubel, Trubel und Heiterkeit, um ihre jeweiligen Willkommensworte einzustudieren. Da der Kraxnhof gebietsmäßig zweigeteilt war, befanden sich die Weinstöcke vom Hof eindeutig auf Plutzenberg'schem Terrain, während die Hühner und Gänse in Gfrettstätten nach Würmern suchten. Daher mussten sich die beiden Platzhirsche hier stets das Revier streitig machen, was nicht immer sehr harmonisch anzusehen – und erst recht nicht anzuhören war.

Selbst in der kühlen Kuchl des Kraxnhofs ging es noch recht hitzig zu. Da stand der Fleischer Bartl mit umgekrempelten Ärmeln und hochrotem Kopf im hintersten Winkel der stickigen Küche und säbelte an seinem G'selchten herum. Der Schweiß stand ihm auf der Stirn, während neben ihm die jungfräuliche Tochter der

Bäuerin anmutig für eine gleichmäßige Verteilung der fleischlichen Genüsse sorgte. Auf jeden Teller drapierte sie exakt die selbe Anzahl von Speckstücken, Wursträdern, Schinkenscheiben und Selchfleischbrocken. Weil das Dirndldekolleté der holden Magd aber derart tiefe Einblicke in unerreichbar ferne Hügelgebiete bot, tat sich der Bartl ziemlich schwer mit dem Schneiden. Immer wieder rutschte ihm das Messer ab und hinterließ große Kerben im Holzbrett.

Hermine hingegen waltete im Stadl ihres ehrwürdigen Amtes. Bei der aus strategischen Gründen vorgezogenen Wahl des neuen Kürbisbürgermeisters durfte sie als Vorsitzende der katholischen Kernölkoalition natürlich keinesfalls fehlen. Deshalb lehnte sie nun an der historischen Weinpresse, die mitten im neuen Verkostungsraum aufgestellt war, und begutachtete mit fachmännischem Auge die Aufstellung des Kürbisbataillons. Der Schock über den Leichenfund in ihrem Garten saß ihr zwar noch arg in den Knochen und noch ärger im Kopf, aber die Organisation einer derart bedeutsamen Prozedur wie dieser Wahl, die ohnedies nur jedes zweite Jahr stattfand, die konnte sie unmöglich weniger routinierten Händen überlassen. Außerdem nahm sie durch ihre Anwesenheit allen ansässigen Lästermäulern die Gelegenheit, hinter ihrem Rücken Klatsch und Tratsch zu verbreiten. Wenn die Leute ihrem verleumderischen Gerede schon freien Lauf lassen wollten, dann mussten sie es wohl oder übel vor ihren Augen und Ohren tun. Aber dazu fehlte den meisten dann doch der Mut.

»Der dritte von links, der könnte passen. Bringt's den einmal her zu mir!«

»Sofort, Frau Holzapfel.«

Die beiden Mädchen in blassblauen Rüschenkleidern griffen mit vereinten Kräften nach dem gewünschten Riesenplutzer, um das übergewichtige Ding mit zusammengebissenen Zähnen auf den runden Tisch neben der Weinpresse zu hieven. Klara und Kathi zählten zur treuen Gefolgsschar der Kürbiskongregation und leisteten jeglichen Hilfsdienst mit großem Pflichtbewusstsein. Ihre Mutter hätte es zwar lieber gesehen, wenn die beiden sich als Ministrantinnen beim Herrn Pfarrer engagiert hätten, aber das hatten die zwei Schwestern nach eingehender Überlegung kategorisch abgelehnt. In der Kirche war weitaus weniger los als bei den zahlreichen Dorffesten, fanden sie. Jedes Maibaumaufstellen barg mehr Aufklärungspotenzial als ein Kirchenaltar. Und weil die Vereinigung der Ölkürbis-Lobby ja auch unter katholischem Vorzeichen stand, hatte die Mutter den blonden Trotzköpfen letztlich ihren Segen erteilt.

Nun sahen die adretten Assistentinnen also gebannt auf Hermine, die mit Winkelmesser, Maßband und verkniffenen Mundwinkeln herumhantierte. Wer die ältere Dame so sah, gewann unweigerlich den Eindruck, dass ihr Lebensinhalt allein in der Vermessung von Kürbissen lag. Was aber nicht ganz stimmte. Hermine vermaß auch Kartoffeln, Karotten und Kopfsalat mit derselben unbestechlichen Präzision. »Fünfundachtzig zu fünfundzwanzig, hm, das schaut gut aus«, murmelte sie dabei in vollster Konzentration.

So ein Wahlkampfkürbis hatte weitaus mehr Kriterien zu erfüllen als seine Verwandten in der Ölproduktion, bei denen eher die inneren Werte zählten. Ein Plutzer im politischen Einsatz musste eine gleichmäßige Rundlichkeit sowie eine ausgewogene Krümmung aufweisen, sonst fiel er schlecht. Zudem brauchte er ein gewisses Gewicht, um bei seinem beabsichtigten Plumpser in die Polentapampe möglichst viel Maisbrei aufzuwirbeln, weshalb sein Durchmesser natürlich den der eisernen Sterzpfanne nicht übertreffen durfte. Erst dann konnte anhand der breiigen Spritzer auf den dunkelbraunen Kutten der Wahlsieger bestimmt werden. Es gewann immer der mit den meisten Gatschflecken.

Obwohl diese Prozedur für den Laien recht einfach erscheinen mochte, war sie in Wirklichkeit mit zahlreichen Risiken verbunden, die üblicherweise mit einem fallenden Kürbis, einem Sterzkoch und zehn Damischtalern einhergingen.

Der Wettergott konnte ihnen einen bösartigen Streich spielen und unvermittelt eine Sturmböe schicken, was den Kürbis aus der rechten Flugbahn warf. Das war in den neunziger Jahren einmal der Fall gewesen und hatte zu komplizierten Neuwahlen geführt. Seitdem spielte sich das ganze Zeremoniell nur noch in Innenräumen ab. Vor zwei Jahren hingegen war die Polentapampe zu fest geraten, und niemand hatte auch nur den geringsten Spritzer abbekommen. Und weil der Kürbisbürgermeister von allen Damischtalern, also Plutzenbergern und Gfrettgstättenern, gemeinsam gestellt wurde, war stets damit zu rechnen, dass irgendwer im letzten Moment aus rein strategischen Gründen ans Tischbein stieß und dabei die Pfanne leicht verrückte, um das Wahlergebnis zu manipulieren.

Man konnte sich also gar nicht vorstellen, welch ungemeine Verantwortung auf Hermines schmächtigen Schultern lastete. Sie musste Dutzende von Kürbissen prüfen, um ein absolut makelloses Exemplar zu finden, das dann an einem eigens konstruierten Balken hoch über dem Tisch aufgehängt wurde. Sie bestimmte den Handlanger des Schicksals, der mit einem scharfen Messer das Seil zu durchschneiden hatte, an dem der gelb-grüne Koloss hing. Und sie trug dafür Sorge, dass es Teilnehmern wie Zuschauern an nichts mangelte.

Auf einigen ausrangierten Weinfässern standen großzügig befüllte Teller und Schüsseln mit Knabberkernen, Kürbisstangerln und Kernölguglhupfen herum. Der wurmstichige Pressbaum der monumentalen Baumkelter war mit Rohwürsten und Flaggen behängt, und die beiden Schwestern polierten bereits die Schnapsstamperln, mit denen man auf den neuen Abgesandten der Kernkraft anstoßen würde. Wobei in die Gläser standesgemäß grünes Gold – wie das Kernöl von den Steirern genannt wird – kam und kein Selbstgebrannter.

In der Zwischenzeit waren auch die Kürbisbürgermeisterkandidaten, acht Männer und zwei Frauen, nach und nach eingetroffen.

»Schon komisch, diese vorverlegten Wahlen«, meinte eine langbeinige Brünette zu ihrem voluminösen Begleiter und biss lautstark in ein Kürbisstangerl.

»Das is strategisches Kalkül«, erläuterte der, ein höheres Viech vom Bauernbund, und setzte umgehend zu tiefgreifenden Erläuterungen an. »Die Damischtaler Kernölproduktion mit ihren zweitausend Hektar hat in den letzten Jahren ein Umsatzplus von mehr als vier Prozent erwirtschaftet. Das zu halten ist unser alleroberstes Gebot.« Schnell steckte er sich ein Stück Hartwürstl in den Mund. »Aber die Stärke der heimischen Ölproduktion liegt vor allem in der Direktvermarktung, das heißt, den Kunden muss mehr geboten werden als ein gut bestücktes Flaschenregal.

Feste, Feiern, Frischluftaktivitäten, gepaart mit Brauchtum und hohem Unterhaltungswert, das wollen die Wochenendgäste, deshalb kommen sie hierher.« Ein weiteres Stück Wurst verschwand.

»Aber wenn den Gästen nur Mord und Totschlag geboten wird, dann bleiben sie aus.«

Zustimmendes Nicken von allen Seiten. Jeder dachte an den toten Franz in Hermis Salatbeet, der zwar die Fremden nichts anging und den Hiesigen nicht fehlte, aber er warf dennoch ein schlechtes Licht aufs ganze Damischtal. Und dann musste auch noch der dumme Zwischenfall mit dem hinterhältigen Schützen auf dem Vogelstimmenwanderweg passieren, der den Fremdenverkehr bis ins Mark und dessen Abgesandte ins Schlüsselbein getroffen hatte. Entsetzliche Zustände!

Nur die langbeinige Brünette sah immer noch etwas überfragt aus. »Also du meinst, wir müssen unseren Ruf rehabilitieren, und zwar schnell.«

»Genau. Ich mein, dass es nicht klug wäre, mit der Zeremonie bis Oktober zu warten, wo die Plutzer reif sind. Da ist die Saison längst gelaufen, und kein Hahn kräht mehr nach uns.«

»Aber seit wann wird unser Oberhaupt bei einem Winzer gekürt und nicht bei einem Ölbauern?« Die graziöse Schönheit verstand den taktischen Sinn der Sache noch immer nicht.

»Weil das Schmankerlfest beim Klescherkurtl halt heute ist, also direkt zu Saisonanfang, und das müssen wir ausnützen. Wir brauchen nichts dringender als positive Papliziti, Papliziti und nochmals Papliziti. Und hier bietet sich die erste und beste Gelegenheit dafür. So ein Plutzerbürgermeister wird ja nur alle zwei Jahr gewählt, da müssen wir auch beim Termin sehr wählerisch sein.«

Ganz überzeugt schien die Schöne nach wie vor nicht, aber letztlich verstand sie vieles nicht von den eigenartigen Sitten und Gebräuchen dieser Leute. So war ihr bis heute unklar, warum der Kürbis in ein Reindl mit Polenta fallen musste. Warum Mais- und kein Kürbisbrei? Das war irgendwie inkonsequent. Umso mehr, als man sonst ja überhaupt meist diesen widerlichen Heidensterz aß.

Aber sie stand ohnedies nicht zur Wahl, sie stand nur ihrem Werner zur Seite. Und der hatte sich mittlerweile mit all den anderen Kandidaten zu Tisch begeben. Dort hatten die beiden Florianijünger Felix und Fabian den Plutzer bereits vorschriftsmäßig aufgehängt. Hermine kontrollierte ein letztes Mal die Konsistenz vom Sterzkoch, Kathi und Klara teilten die Umhänge aus, die in Scharen eingetroffenen Gäste reckten gespannt die Hälse, und der Fleischer Bartl ließ recht publikumswirksam das Messer durch die Luft zischen.

Dann spielten die Musiker einen Tusch, der Fremdenverkehrsfotograf drückte auf den Auslöser, und Bartl kappte den Strick. Mit einem lauten Platschen plumpste der Kürbis in die Pfanne, sodass die Polenta in alle Himmelsrichtungen spritzte. Tosender Applaus erhob sich. Die Kinder jauchzten vor Begeisterung. Dieses Spektakel war besser als die beste Schlammschlacht. Den Kandidaten rann die gelbliche Pampe von der Nase, übers Gesicht, klebte den Bartträgern auf den Bärten und den Brillenträgern auf den Brillen. Die Stimmung konnte besser nicht sein. Es herrschte Oktoberfestatmosphäre, und das mitten im Frühling.

Nun trat Hermine an den Tisch, begleitet von Feyertag und Schragl, den beiden örtlichen Befehlshabern. Jeder Teilnehmer musste sich erheben, jeder Fleck auf der Kutte wurde akribisch vermerkt, alles geschah unter dem erwartungsvollen Blick hunderter Augenpaare.

Endlich stand der Sieger fest.

»Hiermit erkläre ich Kraft meines Amtes als Obfrau der katholischen Kernölkoalition Karl Kaltenbrunner aus Plutzenberg zum neuen Kürbisbürgermeister vom Damischtal. Er möge unser Tal zwei Jahre lang würdig vertreten und den Kürbis hier und auf der ganzen Welt in aller Ehre halten!«

Nach diesen Worten überreichte sie dem strahlenden Karl ein Stamperl frisch gepresstes Kernöl. Die beiden Schwestern teilten mit roten Wangen und glühenden Ohren die restlichen neun Gläser aus, und dann erhob sich die gesamte Runde, um mit ihrem neuen Oberhaupt anzustoßen.

»Auf ex!«

»Ex!«

Das Publikum zog mit echtem Klaren mit, was ungleich ästhetischer wirkte. Unverfälschtes Kürbiskernöl mochte zwar sehr gesund sein, besaß aber leider eine auffallende Ähnlichkeit mit Motoröl. Und die war nicht nach jedermanns Geschmack.

Aber hier und jetzt hatten ohnedies alle nur Augen für den verdreckten Wahlsieger, der erst seine Antrittsrede halten musste. Ihre Geduld wurde allerdings auf eine harte Probe gestellt, die allein durch erneute Alkoholzufuhr etwas gemildert wurde, denn vor dem Kaltenbrunner Karl traten noch die beiden Lokalpolitiker vor das imaginäre Mikrofon. Erst danach war der Karl an der Reihe, der mit kernölverschmiertem Mund und polentaverklebtem Bart in die Menge strahlte und endlich seine Ansprache begann.

»Liebe Kernölbauern, liebe Damischtaler, liebe Gäste und liebe Freunde des guten Geschmacks.« Er holte tief Luft, presste ein »Ich freue mich« hervor – und rannte dann wie von Sinnen davon.

Fassungslos starrten ihm die Anwesenden nach.

»Was in aller Welt …?« Auch Werner kam nicht weiter und stürzte nach draußen.

Bevor nur irgendjemand einen ganzen Satz zu Ende sprechen konnte, war von der ganzen Kandidatenrunde kein Einziger mehr zu sehen.

»Um Gottes willen, was werden denn da die Leut' sagen?«, entfuhr es Hermine aus tiefster Brust. Und das bereits zum zweiten Mal innerhalb einer Woche.

Dann nahm sie dem Bartl, dem es die sprichwörtliche Red' verschlagen hatte, das Schnapsglas aus der Hand und tat etwas, das sie seit dem 14. November 2007, also dem Tag, an dem sie dem Herrn Pfarrer zum ersten Mal zur Hand gegangen war, nicht mehr getan hatte: Sie stürzte den doppelt gebrannten Zwetschkengeist in einem Zug hinunter. Danach fühlte sie sich zwar auch nicht besser, aber das schmerzhafte Brennen in der Kehle lenkte sie zumindest von dem gedanklichen Fegefeuer in ihrem Hirn ab. Mit gesenktem Kopf und narkotisierten Lippen folgte sie den Menschen nach draußen.

Und während die verstörten Zuschauer verwirrt und verwundert den Stadl verließen, bot sich der Bauerngolfpartie, die draußen auf der Wiese bereits in vollem Gang war, ein einzigartiges Schauspiel. Auf die Gummistiefelzielwurftruppe torkelte eine Horde gebückt schleichender Gestalten zu. »Jessas, is mir schlecht!«, stöhnte einer der wild aussehenden Gesellen, wischte sich mit dem Ellbogen eine gelbliche Masse von der Nase und übergab sich dann vor den entsetzten Augen eines Spielers in genau das Butterfass, in dem bereits zwei zielsicher geworfene Gummistiefel lagen.

Nicht weit davon entfernt reiherte der Werner stöhnend und ächzend in eine Schubkarre, in die zuvor noch niemand einen Stiefel geworfen hatte.

Der Klescherkurtl stand planlos daneben und fragte sich, ob er jetzt vielleicht auch einen Klescher bekommen hatte.

Ein paar der Kuttenträger hatten sich einfach auf die Wiese geworfen und brüllten wirres Zeug.

»Hilfe, ich sterb, so helft mir doch!«

»Ein Anschlag, das war ein Anschlag von die Umweltterroristen!«

»Mein Bauch, mein Bauch explodiert …«

»Giftmord, um'bracht habens mich.«

Beim Wort »Mord« erwachte der Kraxnhofherr endlich aus seinem lethargischen Schockzustand. Was immer da passiert sein mochte, die Leute mussten ins Krankenhaus. Und zwar auf dem schnellsten Weg, bevor sie den Touristen die Schuhe vollspien.

Er zückte sein Handy und wählte mit zitternden Fingern die 144. »Bitte, bei mir ist ein Notfall, das heißt, genau genommen sind's mehrere, acht oder zehn. Na, ich hab sie ja nicht abzählt. Aber sie reihern umadum, also sie erbrechen sich überallhin, eine Vergiftung vielleicht …«

Es war nicht einfach, dem Mann von der Notrufstelle einen Sachverhalt zu erklären, den er selbst nicht verstand. Und sein Gesprächspartner offenbar noch viel weniger.

»Was fällt Ihnen ein? Natürlich hab ich meinen Wein nicht gepanscht, was erlauben Sie sich! Wie, Sie haben keinen freien Wagen und das Notarztteam is grad auf dem Weg zu den Keltengräbern? Ja, Herrgottsakrament, die Kelten sind eh schon tot! Die brauchen keinen Notarzt mehr.«

Erbost schwieg er und holte tief Luft, bevor er erneut in das Handy brüllte. »Zwei Stunden? Das geht nicht! Wie stellen Sie sich das vor? In zwei Stunden sind mir die Leut vielleicht schon ab'kratzt.«

Ein Alptraum konnte schlimmer nicht sein. Dieses dämliche Provinzspital hatte exakt einen Notarztwagen im Einsatz, und der hatte sich irgendwo im Gebiet rund um den Keltenwald verloren. Der diensthabende Spitalsarzt war nicht zu sprechen, der Gfrettgstättener Gemeindedokter hielt sich gerade in der Therme auf, und selber fahren konnten die kotzenden Akutpatienten schon gar nicht.

»Leutl, was machen wir jetzt?«

Der Bauer, der Fremdenverkehrsobmann, der Bürgermeister, der Bartl und der Böllinger standen da und hofften auf ein Wunder. Aber dafür konnte nicht einmal der Pfarrer sorgen, der sich gleichfalls zur verzweifelten Runde gesellt hatte.

»Wir müssen sie ins Krankenhaus bringen, die sehen schon ziemlich übel aus.«

»Aber wie?«

In Wahrheit lautete die Frage allerdings eher: »Aber womit?« Zum einen hatte niemand genug Platz für zehn Beifahrer, zum andern hatte auch niemand Lust, sich sein Auto dermaßen versauen zu lassen. Allein bei der Vorstellung, ein Kotzkübelkollektiv über die Hügel zu chauffieren, überkam selbst die Gesunden eine heftige Übelkeit. Es musste eine rasche, praktikable und vor allem hygienisch vertretbare Lösung her.

Und die Lösung fand sich. Der Bartl und der Böllinger holten den Anhänger aus dem Schuppen, der Bauer ließ den Traktor an und der Herr Pfarrer trieb die elende Herde zusammen, um diese als Sammeltransport ins Spital zu verfrachten. So, wie sie alle aussahen, mit grünem Gesicht und gekrümmt vor Schmerzen, würde ihnen wohl ein längerer Aufenthalt bevorstehen. Immerhin saßen alle zehn nach gar nicht langer Zeit einigermaßen gut verpackt auf der notdürftig gesäuberten Ladefläche. Die Kraxnbäuerin drückte jedem noch einen Melkeimer und eine Rolle Klopapier in die Hand, dann ging die abenteuerliche Reise los.

★★★

Obwohl die Sonne nach wie vor heiter vom Himmel strahlte, waren die gemarterten Opfer des Schmankerlfests nicht die Einzigen, denen ihr unfreiwilliger Wochenendausflug trübe Aussichten bescherte. Auch vom Norden her näherte sich ein Wagen, dessen Fahrer ärgste Qualen litt, wenngleich nur seelischer Natur.

»Wie mich diese Gegend nervt! Hügel rauf, Hügel runter, Hügel rauf, Hügel runter.«

Polizeihauptmann van Trott war schlimm verstimmt, weil er sein Wochenende statt mit Papierkram und starkem Kaffee mit Dienstfahrten durch die Einöde und einem vertrotteltem Grünschnabel an seiner Seite verbringen musste. Seit die Post ihr überschüssiges Personal ausgerechnet bei der Polizei recyceln ließ, wünschte er sich nichts mehr, als in Frühpension zu gehen. Stattdessen fielen diese sonderpädagogischen Umschulungen jetzt auch noch in sein Revier.

»Die Straßen hier sind halt eher zum Saufen als zum Fahren da«, bemerkte der Grünschnabel auf dem Beifahrersitz nun auch noch ganz gelassen und studierte mit Begeisterung die vielen Buschenschankschilder.

»Wir sind im Dienst!« Als echter Stadtmensch konnte der Hauptmann derart gottverlassenen Gegenden wenig abgewinnen. Zudem war er aus Überzeugung abstinent.

Auf einmal ertönte hinter ihnen das Martinshorn, und ein Notarztwagen setzte zu einem halsbrecherischen Überholmanöver vor einer unübersichtlichen Rechtskurve an.

Der Hauptmann bremste fluchend ab und starrte dem Wagen nach. Ein zweiter Toter in diesem Kürbisnirwana hätte ihm gerade noch gefehlt. Bereits die Ermittlungen zum Mord an diesem Hendlheini gestalteten sich kompliziert genug. Leider hatte die Gerichtsmedizin dem Fall gestern auch noch eine völlig unerwartete Wendung verliehen, weshalb er sich nun erneut auf den Weg nach Gfrettstätten machen musste. Es war seine Pflicht, diese Nullnummer von Kapplhofer darüber zu informieren. Im Sinne einer beidseitig profitablen Zusammenarbeit. Wobei er persönlich keineswegs den Eindruck hatte, dass dieser lahmarschige Inspektor überhaupt wusste, was Arbeit war. Bestimmt würde er dieser leidigen Sache wieder selbst auf den dreckigen Grund gehen müssen.

Bei genauerer Betrachtung, befand der Hauptmann insgeheim, schien das gesamte Tal hier irgendwie nicht zum Arbeiten auf der

Welt zu sein. Stattdessen fuhren sie alle mit dem Traktor herum. Bereits die vierte Fuhre tuckerte jetzt schon gemütlich vor ihm durch die Landschaft. Wohin wollten die bloß alle? Dieses Gefährt, bei dem er seit einigen Kilometern schon das Nachsehen hatte, sah allerdings besonders seltsam aus, so als wäre es einem unzeitgemäßen Faschingsumzug entsprungen. Auf der Ladefläche saßen zehn dick vermummte und auffallend gekrümmte Gestalten, von denen jede einen Eimer in der Hand hielt. Um sie herum wehten rosarote Bänder im Fahrtwind, und irgendwie kam es ihm vor, als hätten die Leute durchwegs gelbe Flecken im Gesicht und auf den Haaren.

Kurz erwog der Hauptmann eine Fahrzeugkontrolle, beließ es aber dann doch beim Gedanken. Das würde seinen Aufenthalt zusätzlich verlängern, und er wollte auf dem schnellsten Weg zurück nach Graz. Wahrscheinlich stellte das vor ihnen ohnedies nur einen harmlosen Ausflug der ansässigen Irrenanstalt dar, deren Fuhrpark einer dieser unsinnigen Einsparungsoffensiven zum Opfer gefallen war.

★★★

»Nein, wir haben leider gar keine weißen Blumen mehr. Sogar die Chrysanthemen sind heute schon ausverkauft«, meinte die Blumen-Christl Stunden später mit professionellem Bedauern.

Von der Pflanz-Kathi bekam Balthasar Schragl dasselbe zu hören. Die beiden Damischtaler Floristinnen hatten alle Hände voll zu tun. Die nicht enden wollende Nachfrage nach Sträußen jeglicher Art hielt sie rund um die Uhr auf Trab. Das Schnittblumengewerbe schien derzeit üppiger zu blühen als jede Frühlingswiese. Aber was sollte man lieben Menschen während eines Klinikaufenthalts schon mitbringen außer Pralinen, Zahnersatzreinigungstabletten oder Schnittblumen? Für dritte Zähne war die derzeitige Patientenschar allerdings zu jung, und von Süßigkeiten konnte man als Opfer einer schweren Vergiftung bestenfalls träumen. Es blieb also nur der Griff zu blumigen Beileidskundgebungen.

Schwester Hannelore vom Plutzenberger Landeskrankenhaus zeigte sich allerdings weniger erfreut von diesem duftenden Blumenmeer, das über die Gänge und durch die Krankenzimmer bis in die Toiletten schwappte. Vor lauter Tulpen, Rosen und Nelken sah man schon keine Patienten mehr. Als hätte sie nicht schon genug zu leiden an ihrer Pollenallergie. Wenn das so weiterging, wäre schon bald mit einer floristischen Sturmflut zu rechnen. Aber zu Hannelores zweifelhaftem Glück platzte das Krankenhaus bereits aus allen Betten. Für weitere Leidtragende der Damischtaler Landluft gab es definitiv keinen Platz mehr.

Die Irrungen und Wirrungen der Staatsgewalt

»Ohne Schmalz geht gar nix, Dirndl!«

Theresia Kapplhofer bemühte sich redlich, die verstädterte Enkelin ihrer Schwester auf den Geschmack einer ordentlichen Küche zu bringen. Diese jungen Dinger von heute schienen sich ja nur noch von Tiefkühlkost auf Zwergentellern zu ernähren. Dabei war das auf Dauer fürchterlich ungesund. Es litt der Körper, es litt aber auch das Liebesleben. Denn wer nicht kochen konnte, bekam auch keinen Mann. Davon war Mutter Kapplhofer zutiefst überzeugt. Sie hatte ihr ganzes Leben am häuslichen Herd verbracht und ihren Mann – Gott hab ihn selig – hingebungsvoll bis an sein Grab bekocht. Der entschlafene Wendelin hatte im Laufe seiner Ehejahre so viel fürsorglich zubereitetes Fett abbekommen, dass sein Cholesterinspiegel einer günstigen Pensionsprognose letztlich zu sehr im Wege gestanden hatte. Aber derartige physiologische Zusammenhänge verstand Theresia ebenso wenig wie die Strukturen der Zwölftonmusik.

Nun also hielt sie der in ihren Augen nahezu magersüchtigen Enkelin Elvira den Schmalztopf hin und unterstrich mit dem Kochlöffel mehrmals dessen unermesslichen Stellenwert in der südweststeirischen Küche. »Also z'erst kommt jetzt ordentlich Schmalz in die Rein, damit die Zwiebeln g'scheit ang'röstet werden.«

Theresia strahlte aufmunternd, während Elvira vom Zwiebelschneiden die Augen tränten.

»So, den Seller musst auch gleich zu'geben.« Schwungvoll landeten die Selleriewürfel im brutzelnden Schmalz. »Und nun mit der Rindsuppe aufgießen.«

Elvira schien es, als würden selbst die unzähligen Fettaugen der klaren Brühe jeden Handgriff von ihr argwöhnisch verfolgen. Dabei war sie schon nervös genug, weil ihr die Oma ständig auf die Finger schaute.

»Die Graupen sind schon g'waschen, die können mir auch schon rein'geben.«

Graupen. Das klang in Elviras Ohren immer irgendwie gruselig. Sie fand »Rollgerste« seriöser. Das hörte sich viel gesünder und geschmacksneutraler an.

Aber als Oma Kapplhofer dann mit dem Selchfleisch zu hantieren begann, vergaß auch Elvira ihre Vorbehalte gegenüber der großmütterlichen Hausmannskost. Das Ritschert roch wirklich verführerisch gut. Ganz anders als die ewige energetische Sparflammenkost ihrer Eltern, bei denen nur irgendwelche Körndl oder Rohkostvariationen auf den spärlich gedeckten Tisch kamen. Vermutlich waren Großmütter halt einfach dazu da, ihre Enkelinnen einzukochen.

»Bua, das Essen ist fertig. Wasch dir die Händ und tua weiter!«

Ferdinand, Theresia Kapplhofers jüngster Sohn, hatte gerade an einer mikroskopisch kleinen Ankerwinde herumgefräst, deren Zahnräder mit freiem Auge schon gar nicht mehr zu erkennen waren, aber wenn es um seine historischen Schiffsmodelle ging, besaß er einen trainierten Kennerblick. Jede freie Sekunde hing er sozusagen an der Flasche, um einen Masten geradezurücken oder das Heck in korrekte Form zu schmirgeln. Wie er diese Meisterwerke modellbauerischer Kleinkunst in ihr Glasbehältnis bekam, das blieb allerdings sein großes Geheimnis. Wobei, um die Wahrheit zu sagen, bislang auch noch nie jemand danach gefragt hatte. Nur in den geografisch wie geistig recht entrückten Kreisen der Buddelschiffproduzenten genoss er einen herausragenden Ruf.

Aber wenn seine Mutter eins ihrer unnachahmlichen Ritschert auf den Tisch brachte, dann verloren selbst Ankerwinden vorübergehend ihren Reiz.

Inspektor Kapplhofer wusch sich vorschriftsmäßig die Hände, tauschte seine blaue Arbeitsmontur gegen den blauen Trainingsanzug und stieg eilig die Treppe Richtung Küche hinab.

Auf seinem Platz in der Ecke, direkt vor dem Herrgottswinkel, erwartete ihn bereits ein dampfender Teller, neben den seine Mutter ein Glas Himbeerkracherl gestellt hatte. Er trank nur ganz selten Alkohol, weil er bei seinem Hobby nichts weniger gebrauchen konnte als zitternde Hände oder einen getrübten Blick. Voller Vorfreude nahm er den Löffel zur Hand, als das Telefon läutete. Und leider auch noch in misstönender Stereofonie.

Seine Mutter hob das Festnetz ab, er griff unwillig nach dem Diensthandy. Schon nach wenigen Sekunden war seine Kinnlade merklich tiefer gesunken, und nach nicht einmal einer halben Minute gab er den Löffel wieder ab.

»Ich muss weg. Der Dienst. Angeblich ganz dringend. Der Polizeihauptmann aus Graz is grad hier bei uns in Gfrettgstätten.«

Was die angestammten Reviergrenzen betraf, sah auch Kapplhofer deren Übertretung nicht sonderlich gern. Dabei fiel ein Mord zugegebenermaßen eindeutig in den Kompetenzbereich der städtischen Kollegen. Und um den Hummelbrunner-Fall tat es ihm ohnedies nicht leid. Der verursachte ihm mittlerweile größere Kopfschmerzen als ein Migräneschub, weshalb er ihn gern und gänzlich abgetreten hätte. Aber das ging natürlich auch nicht.

Jetzt musste er wegen dieser unglaublichen Geschichte also schon zum zweiten Mal vom fertig gedeckten Tisch aufstehen. Sehnsüchtig dachte er an die frischen Wuchteln, die er wegen dieser Leiche im Salatabeet auch schon verpasst hatte. Seine Eingeweide knurrten einen Protestmarsch, während er den blauen Trainingsanzug aus- und die blaue Dienstuniform anzog.

Danach machte er sich hungrig auf den Weg zur Wachstube. Die Straßen kamen ihm ebenso leer vor wie sein Magen. Erst als er am alten Friedhof vorüberkam, traf er auf ein paar angemessen vermummte Frauen, die sich mit Gießkannen, Schaufeln und Komposteimern abmühten. Hier auf dem Land galt die Grabpflege nach wie vor als weibliches Privileg. Was logistisch gesehen aber auch verständlich war. Entweder bissen die Männer sowieso früher in die geweihte Erde, oder sie schafften es bis zum Kirchenwirt und erlagen dort einem akuten Schwächeanfall. Dann erblühte das Gastgewerbe, während die Primeln und Chrysanthemen verdorrten.

Auch er hatte durchaus einen gewissen Aufhol- oder besser gesagt Aufwühlbedarf, was die Grabpflege betraf, ging es Kapplhofer durch den Kopf, während er den Frauen zusah, wie sie sich mit farbenfrohen Trauerkundgebungen gegenseitig zu übertreffen suchten. Immerhin besaß auch er einen verblichenen Großvater, der seit knapp einem Jahr vor sich hin kompostierte. Und um den er zwar viele Tränen, aber niemals auch nur eine Kanne Gießwasser vergossen hatte. Am Ende hatte es schon ziemlich arg um den Alten gestanden. In seinen letzten Jahren hatte der gebrechliche Mann immer öfter behauptet, auf dem nachbarschaftlichen Kukuruzacker den nackerten Kaiser Franz Josef zu sehen. Mit einer feuerroten Mistgabel in der erhobenen Hand. Und gleich neben ihm hätte ein weißer Hirsch gegrast. Da war der Opa halt schon ziemlich dement gewesen.

Nun fragte sich der Inspektor, ob nicht womöglich auch dem Herrn Bürgermeister bereits der Kalk durch die Gehirnwindungen rieselte. Und woran man erste Anzeichen eines akuten Hirnrindenschwunds überhaupt erkennen konnte. Vielleicht ja daran, dass Demenzgefährdete einen zur Mittagszeit daheim anriefen und über die Mutter ausrichten ließen, dass man der Schweinerei mit den Sauschädeln umgehend nachzugehen habe. Dann hatte er auch noch Massengräber und keltische Kultstätten erwähnt. Als würde der Tod der Kelten in Kapplhofers Aufgabenbereich fallen. Wie barbarisch dieses Volk auch gewesen sein mochte, das ging doch bestenfalls einen Historiker was an. Und was die Sauviecher betraf, da musste der Herr Bürgermeister schon mit dem Amtstierarzt reden. Oder der Lebensmittelbehörde. Ihm war das im wahrsten Sinn des Wortes schlichtweg »wurscht«!

»Na, da isser ja, der Herr Inspektor«, begrüßte Polizeihauptmann van Trott seinen schwitzenden Provinzadlatus. »Nehmen S' Platz, dann können wir gleich zur Sache kommen.«

Kapplhofer ließ sich zögernd auf dem altersschwachen Besucherstuhl nieder, auf dem sonst bestenfalls seine ebenso gebrechlichen Klienten saßen, wenn ihnen wieder mal Dackel oder Drahtesel abhanden gekommen waren, aber seinen Platz hatte sich bereits der Hauptmann unter den Hintern gerissen.

»Damit wir Ihnen nicht allzu viel von Ihrer hochheiligen Mittagsruhe stehlen«, sagte van Trott, der Meister der rhetorischen Kastration, »gehen wir gleich in medias res.«

Der Inspektor schwieg, wobei er versuchte, eine stramme Sitzhaltung einzunehmen. Aber der Stuhl bot ihm zu wenig Rückhalt für dieses Vorhaben.

»Wir«, und damit meinte der Polizeihauptmann in erster Linie nur sich selbst und in zweiter Linie all diejenigen, die zumindest in der Landeshauptstadt ihren Dienst verrichteten, »wir sind in der Causa Franz Hummelbrunner von Anfang an einer falschen Fährte gefolgt. Man hat uns sozusagen vorsätzlich in die Irre führen wollen.«

Sehnsüchtig dachte Kapplhofer an das gute Ritschert, das daheim auf ihn wartete.

»Aber natürlich lassen wir uns nicht so einfach hinters Licht führen.«

Zumindest nicht von irgendeinem Bauernschädel, fügte der Hauptmann in Gedanken hinzu.

»Besagter Hendlbaron, der im Übrigen an die zwei Promille im Blut hatte, ist nämlich gar nicht an den Folgen eines Hahnenkampfs verstorben.« Van Trott lachte ausgiebig über dieses einzigartige Wortspiel. »Oh nein, er erlag seinen inneren Blutungen. Im Bauch, nicht im Hirn«, fügte er erklärend hinzu, weil er Kapplhofers Auffassungsgabe für ebenso unterentwickelt hielt wie den gesamten Landstrich hier.

Der Inspektor saß angesichts dieser Neuigkeit nahezu aufrecht da. Er hatte die anatomische Tatortverlegung durchaus verstanden, allein die damit verbundene ermittlungstechnische Tragweite dieser Erkenntnis sickerte nur tröpfchenweise in seinen Verstand. Aber sein Instinkt sagte ihm, dass er in nächster Zeit vermutlich noch des Öfteren um sein Mittagsmahl gebracht werden würde.

»Der Gerichtsmediziner ist der Ansicht, dass der Exitus durch einen Lungenriss sowie eine Nierenquetschung mit starken inneren Blutungen verursacht wurde. Daneben wies das Opfer noch diverse Rippenbrüche auf, wobei eine davon die Lunge durchbohrte. Der Schlag mit dem Wetterhahn wurde dem Mann erst nach seinem Ableben zugefügt, besaß also eine rein dekorative Funktion.«

»Mit verschleiernder Wirkung.«

Van Trott sah den Inspektor skeptisch an. Hatte diese Dumpfbacke das gerade wirklich gesagt, oder hatte ihm sein Wunschdenken einen bösen akustischen Streich gespielt? »Genau so ist es. Ich sehe, Sie haben die Krux der Angelegenheit verstanden.«

Eine halbe Minute lang herrschte einträchtiges Schweigen, auch wenn keiner der Anwesenden so recht wusste, wieso.

»Zudem wurden auf seinem Janker Lackspuren festgestellt, rund um den Bauch, was auf eine Kollision mit einem Fahrzeug schließen lässt«, fuhr van Trott schließlich fort. »Die damit verbundenen Konsequenzen brauche ich Ihnen wohl nicht zu erklären. Wir haben zwar nach wie vor kein Motiv, aber einen völlig neuen Kreis an Verdächtigen.«

So weit hatte Kapplhofer noch nicht gedacht. Fragend blickte er seinen Vorgesetzten an.

»Als potenzielle Täter kommen natürlich nur noch diejenigen in Frage, die über einen Führerschein und ein Fahrzeug verfügen.«

Der Provinzadlatus nickte ergeben. Sah man von der Hermine und seiner eigenen Mutter einmal ab, traf das auf jeden einzelnen Einwohner des Damischtals zu. Zwar hatten die Minderjährigen, wie generell üblich, auch bei ihnen noch keinen Führerschein, doch hierzulande war das kein echter Hinderungsgrund. Solange man entweder zu jung oder zu alt für eine offizielle Fahrerlaubnis war, setzte man sich einfach hinter das Lenkrad eines Traktors. Auf den Wiesen, Äckern und Feldwegen hatte die Straßenverkehrsordnung so wenig Gewicht wie ein Furz beim Aufmarsch der Blasmusik.

»Aber«, der Inspektor wagte einen wohlüberlegten und äußerst komplexen Einwurf, »in der Nacht, wo der Hummelbrunner ins Gras geb… ich mein, wo das Opfer zu Tode kam, in dieser Nacht waren die bisherigen Verdächtigen nachweislich, also wegen ihrer körperlich schlechten Verfassung, zu Fuß unterwegs. Das heißt, gerade die Wirtshausrunde hat demnach ein Alibi, oder nicht?«

Die Damischtaler Sonderregelung für landwirtschaftliche Nutzfahrzeuge erwähnte er mit keinem Wort. Es war schlichtweg undenkbar, dass frühmorgendlicher Traktorenlärm im Wohngebiet von Gfrettgstätten ungehört geblieben wäre. Wo es Leute gab wie die Bibiana, die sogar das Gras der Nachbarn wachsen hörten. Was die Hermine zwar auch konnte, aber die war ja bekanntlich gar nicht daheim, sondern beim Pfarrer gewesen.

»Tja, da haben Sie einen durchaus interessanten Aspekt aufgezeigt.« Der Hauptmann war ehrlich beeindruckt von der geistigen Kombinationsgabe des Inspektors. »Wir müssen die Hypothese ins Auge fassen, dass der Ort, an dem das Opfer aufgefunden wurde, nicht der Ort ist, an dem es zu Tode kam.«

Kapplhofer begann, allergische Reaktionen auf das Wort »Opfer« zu entwickeln. Der Hummelbrunner Franz war zeit seines Lebens kein Opfer gewesen, und sein verfrühtes Ableben machte ihn noch lange nicht zum Märtyrer. Wer einmal einen längeren Blick in dessen Hühnermastanlage geworfen hatte, der tat sich ehrlich schwer, dem Franz eine Träne nachzuweinen. Die hatten eher seine Hendl verdient, die auf Lebenszeit hinter Gittern saßen. Oder die beiden behinderten Schwestern vom Grindlhof, die er zuerst geschwängert und danach sitzen gelassen hatte. Die ganze Familie war an dieser Geschichte beinahe zerbrochen.

Dennoch, er sah schon ein, dass das Verbrechen aufgeklärt werden musste. Sonst würde die Lynchjustiz bald um sich greifen und die halbe Bevölkerung ausrotten. Hier auf dem Land waren die rauen Sitten mancherorts noch ziemlich verwurzelt in den alten Bauernschädeln. Rufmord galt ohnedies längst als allgemein gebräuchliche Konfliktlösungsstrategie, aber private Hinrichtungen gingen dann doch entschieden zu weit. Und streng verboten waren sie auch.

Was den Tatort und das Gartenbeet betraf, stellte Kapplhofer hingegen keine weiteren Überlegungen mehr an. Für ihn war es sonnenklar, dass sich Verkehrsunfälle, selbst wenn diese noch so vorsätzlich herbeigeführt worden waren, so gut wie nie in Salatbeeten oder Kräuterspiralen ereigneten, sondern üblicherweise auf Straßen und Fahrwegen. Reifenabdrücke auf dem Kopfsalat übersah man nicht so leicht, nicht einmal in Gfrettgstätten. Wenn der Franz wirklich am Leichenfundort abgekratzt wäre, dann hätte er schon mit einer fliegenden Untertasse kollidieren müssen.

Aber weil der Inspektor ein friedliebender Mensch war, der van Trott seine drei goldenen Sternderl auf dem Revers nicht im Geringsten missgönnte, schwieg er.

»Nun gut.« Der Hauptmann hatte gesagt, was gesagt werden musste. »Ich rechne dann in den nächsten Tagen mit Ihren ermittlungstechnischen Erhebungen.«

Das war keine Frage, sondern eine Feststellung, die der Inspektor auch als solche verstand. Er nickte ein weiteres Mal. Dann stand er vorsichtig auf. Auf diesem Besucherstuhl riskierte man einen Bandscheibenvorfall. Er sollte das Folterinstrument dringend durch eine weniger gesundheitsgefährdende Sitzgelegenheit ersetzen. Andererseits würde ein bequemerer Stuhl die Aufenthaltsdauer seiner Besucher wohl um einiges verlängern. Und das wollte er auch nicht. Auf Zuraten vom Schuldirektor hatte er ohnedies erst vor zwei Monaten so eine neumodische Kaffeekapselmaschine für die Wachstube erworben. Die Leut' waren begeistert gewesen, er weniger. Jetzt kamen sie nervös rein und gingen mit Herzklopfen wieder raus. Und dazwischen rutschten sie ruhelos auf dem alten Stuhl herum, wobei er schon wieder beim Thema war.

Er beschloss, die Sitz-Frage auf den Spätherbst zu verschieben. Wenn die blickdichten Novembernebel erst einmal durchs Damischtal zogen, dann würde er sich mit Nebensächlichkeiten wie dieser befassen. Am liebsten hätte er die nun anstehenden Ermittlungen ja auch auf den Spätherbst verschoben. Das Interesse an einer Klärung des Falls von Seiten der Landeshauptstadt hielt sich ohnedies in Grenzen. Genau genommen schien überhaupt nur dieser halb verhungerte Grantscherm mit dieser Angelegenheit befasst. Bestimmt war man an höherer Stelle der Ansicht, dass ein Totschlag im Schilchersuff in Wahrheit nur Insider betraf. So wie ein Mord im Drogenmilieu. Normalsterbliche liefen da wenig Gefahr, und der Hummelbrunner wäre früher oder später sowieso an Leberzirrhose krepiert.

»Wo dieser Blindgänger nur wieder bleibt?« Auch van Trott war längst aufgestanden und hatte seine spärlichen Unterlagen in einer funkelnden Rindsledermappe verstaut. Nun wischte er hektisch auf seinem Mobiltelefon herum, wobei er ständig böse Blicke aus dem einzigen Fenster der Wachstube warf.

Der Inspektor bemühte sich derweil um einen höflichen und vor allem baldigen Abgang. »Kann ich Ihnen noch irgendwo meine Hilfe anbieten?«

»Danke, nein. Ich warte auf meinen umgeschulten Postfuchs. Der müsste schon längst wieder hier sein.«

»Wo ist er denn?«

»Ich hab ihn den Wagen waschen geschickt. Aber offenbar hat er ihn auch noch in seine Einzelteile zerlegt.«

Es schien nicht viele Menschen zu geben, die van Trott für geistig ebenbürtig hielt.

»Wenn Sie möchten, rufe ich bei der Tankstelle an«, bot sich Kapplhofer an.

Es standen ohnedies nur zwei zur Auswahl, und mit größter Wahrscheinlichkeit hatte der Aushilfsinspektor die nahe liegendere gewählt. Wer würde wegen einer ordinären Waschanlage schon sinnlos Kilometer verfahren?

Der Polizeihauptmann schüttelte entschieden den Kopf. Er schien beinahe erfreut darüber, ein neues »Opfer« für seine Mieselsucht gefunden zu haben, und hatte das Interesse am Inspektor verloren.

Und der war ihm keinesfalls böse deswegen. Beglückt machte er sich auf den Heimweg. Auch aufgewärmtes Ritschert erfreute den Gaumen. Dachte er.

★★★

»Es hat einfach ausgezeichnet geschmeckt. Meinen allerherzlichsten Dank, liebe Frau Kapplhofer.« Der Bürgermeister lehnte sich mehrfach gesättigt auf der bequemen Eckbank zurück. »Warum schmeckt Ihr Ritschert eigentlich um so viel besser als das meiner Frau?«

Alois Feyertag verstand es bestens, sein Wahlvolk bei der Stange zu halten, denn ihm lagen für jeden seiner Untertanen die richtigen Worte auf der Zunge. Niemals vergriff er sich im Ton, niemals verfehlte er das Thema.

So auch jetzt. Theresia Kapplhofer, wie stets eine Topflappenlänge vom Herd entfernt, strahlte ihn an. »Ja, wissen S', Herr Bürgermeister, das is bestimmt wegen der Speckschwarten, die ich immer zum G'selchten geb'. Das kriegt dann einen ganz b'sondren G'schmack.«

Feyertag nickte hoch interessiert. »Fett ist halt ein Geschmacksträger«, pflichtete er ihr bei.

Das Ritschert war ja wirklich exzellent gewesen, da durfte man nichts sagen. Bei der Theresia Kapplhofer waren Besuche stets eine kulinarisch lohnende Geschichte. Wobei er ja weniger sie als ihren Sohn besuchen wollte, aber der hatte angeblich ganz dringend auf die Wachstube gemusst. So dringend, dass er sein Handy daheim am Esstisch vergessen hatte.

Aber der Bürgermeister von Gfrettgstätten kannte den Kapplhofer gut genug, um zu wissen, dass der nicht dazu neigte, seine Arbeitszeit am Arbeitsplatz zu vertrödeln. Er würde auf dem schnellsten Weg wieder daheim sein, um seine Buddelschiffe vom Stapel zu lassen.

Tatsächlich dauerte es nicht lange, und der Revierinspektor war zurück. »Ich bin wieder da«, rief er seiner Mutter schon von Weitem zu, um ihr Zeit zu geben, das Essen erneut auf den Herd zu stellen.

In Windeseile tauschte er seine blaue Uniform wieder gegen den blauen Trainingsanzug, in Windeseile fand er sich in der Küche ein. Dort warteten zwei Überraschungen auf ihn. Zum einen der Bürgermeister, was selten Gutes versprach, zum anderen ein leerer Topf, was schlechter nicht sein konnte.

»Na, da isser ja, der Herr Inspektor!«

Kapplhofer beschlich der Verdacht, nicht einmal bei seiner Geburt derart dringlich erwartet worden zu sein. »Schau, der Herr Bürgermeister. Wartest schon lange hier?«

»Ach, nicht so arg, grad drei Teller Ritschert halt. War übrigens ausgezeichnet.«

»Ich muss nur mal kurz …« Kapplhofer rannte auf die Toilette, um diese Botschaft gebührend zu verdauen. Was hatte seine Mutter sich nur dabei gedacht? Aber das konnte er sie jetzt nicht einmal fragen. Er musste gute Miene zum diätetischen Spiel machen, selbst wenn er dem Bürgermeister am liebsten an die Gurgel gegangen wäre. Der war doch eh verheiratet, sollte er sich doch bei seiner Frau daheim den Bauch vollschlagen. So ein beschissener Tag!

»Na, haben wir uns ein wenig erleichtert?«

Feyertags joviale Art konnte manchmal fürchterlich unpassend sein. Aber was hätte er schon darauf sagen sollen?

»Was ist denn so dringend, dass es nicht bis nach dem Mittagessen Zeit g'habt hätt'?«

Kapplhofer machte sich missmutig am Kühlschrank zu schaffen. Seine Mutter und seine Nichte hatten das Kochfeld geräumt und sich ins Wohnzimmer verzogen. Von denen war keine kulinarische Notrettung zu erwarten.

»Wir müssen zum Fleischer Bartl fahren. Und zwar auf der Stelle!«

Von Urgenzen jeglicher Art hatte der halb verhungerte Inspektor mittlerweile eindeutig die Nase voll. Statt einer Antwort griff er nach dem Kübelfleisch. Wenigstens der Brotkorb stand noch halb gefüllt auf dem Tisch.

Doch als er sich eine dicke Scheibe vom Schopfbraten absäbeln wollte, erhob sich der Bürgermeister wie ein Mahnmal von Pflicht und Ordnung vor ihm und meinte: »Essen kannst später noch. Jetzt müssen wir zum Bartl fahren!« Dabei nahm er dem Inspektor das Messer aus der Hand, an dem bereits ein feines Bratenstück steckte, und schob es sich selbst in den Mund. »Umziehen musst dich auch noch, wir sind ja nicht zum Vergnügen unterwegs.«

Kapplhofer stand kurz davor, seiner pazifistischen Einstellung verlustig zu gehen. »Ja, Himmelherrgottnocheinmal, was zum Teufel ist denn überhaupt los?«

Der Bürgermeister sah ihn mit großen Augen an. »Das hab ich doch eh schon deiner Mutter g'sagt. Die G'schicht mit den toten Sauschädln bei die Kelten halt.«

Jetzt erinnerte sich der Inspektor. Der Gehirnrindenschwund schien demnach doch ein ernstes Thema zu sein. »Herr Bürgermeister, die Kelten sind tot, die Schweine vom Bartl sind es auch – und ich versteh weder das Problem noch den Zusammenhang.«

Trotzig holte er sich ein anderes Messer aus der Schublade und griff erneut nach dem Kübelfleisch.

Der Bürgermeister mochte vieles sein, ein geistiges Naherholungsgebiet war er nicht. Er sprach definitiv in Rätseln.

»Schau, Ferdl, heut' waren ein paar Touristen beim Keltenhaus. Eigentlich wollten sie ja zum Schmankerlfest, aber sie haben sich verfahren. Touristen halt. Und dann hat es einen Unfall gegeben, na ja, die Frau hat sich irgendwie am Fuß verletzt, aber das ist eh nicht unser Problem. Nur dort, wo sie verletzt herumgelegen ist, dort liegen auch dreiundzwanzig Schweinsköpf' herum. Tote, wohlgemerkt.«

Kapplhofer, der endlich ein Stück Fleisch erwischt hatte, fragte sich, warum immer alle so taten, als hätte er ein Debilitätsgelübde abgelegt. »Und warum sollte irgendwer dreiundzwanzig Schweinsköpf', tote wohlgemerkt, zu den Keltengründen bringen?«

»Genau das werden wir den Bartl fragen. Deshalb stehst jetzt auf und ziehst dir was Ordentliches an!«

»Aber wenn dreiundzwanzig Schweinsköpf', tot oder lebendig, in der Landschaft rumliegen, dann ist das wohl eher ein Landschaftsschutzproblem«, merkte der Inspektor an. »Oder brauchen die Schweinsköpf' jetzt an Personenschutz?«

»Hast schon recht, Ferdinand, nur der Landschaftsschutz ist derzeit verhindert. Der hat nämlich selbst ein Problem, genau genommen sogar zwei, einen Gipsfuß und eine Gipshand. Daher wirst du das Landschaftsschutzproblem jetzt mit mir lösen.«

Und weil der Inspektor immer noch keine Anstalten machte, sich vom Tisch, an dem er sich während der unverständlichen Ausführungen des Bürgermeisters niedergelassen hatte, zu erheben, setzte der Bürgermeister etwas Motivationskost nach. »Ferdinand, du musst an die wirtschaftlichen Kollateralschäden denken, denn die könnten letztendlich auch dich treffen.«

Ferdinand erwog erneut die Möglichkeit einer prädementen Phase. »Das versteh ich nicht.«

»Schau. Wenn die Tourismuswirtschaft einbricht, dann fallen auch die Arbeitsplätze weg, das Verkehrsaufkommen sinkt, die Gastronomie geht den Bach runter, die Bauern können sich ihr Kernöl in die Haare schmieren, und das Herbergswesen steht ohne Herbergssuchende da.«

Schnell nahm er sich das letzte Stück Kübelfleisch aus dem Schmalztopf, während ihn der Inspektor mit offenem Mund anstarrte.

»Und wenn die Auswärtigen wegbleiben, wandern die Einheimischen ab, und die Gemeinde geht pleite. Aber weil wir nicht allein auf der Welt sind, sondern Teil eines politischen Gebildes, das an den Geldhähnen sitzt, wird der Kapitalfluss ins Damischtal spätestens dann versiegen, wenn der Fremdenverkehr nicht mehr blüht.«

Ferdinand fragte sich immer noch, was diese natürlich recht beunruhigenden apokalyptischen Zukunftsvisionen mit ihm zu tun hatten.

»Und wenn wir a) keine Leut' und b) keine Kohle mehr haben, stellt sich die Frage, wozu wir dann noch einen Polizisten brauchen. Auch du bist letztlich nur ein Kostenfaktor, der sich einsparen lässt.«

Kapplhofer schluckte, obwohl er gar nichts im Mund hatte. Als budgetäres Einsparungspotenzial hatte er sich noch nie gesehen. Beinahe bewunderte er den Bürgermeister für dessen visionäres Auge, mit dem er derart komplexe Zusammenhänge überblicken konnte. Und nachdem der Kübelfleischkübel ohnedies geleert war, erhob er sich. »Ich zieh mir nur schnell was anderes an.«

»Die Uniform ziehst an!«

★★★

Als der Fleischer Bartl das hochoffiziell adjustierte Duo auf seinen Laden zukommen sah, schwante ihm Böses. Der Kapplhofer in Uniform, das Kappl vorschriftsmäßig auf dem Kopf, der Bürgermeister in seiner sonntäglichen Erzherzog-Johann-Tracht mit Steirerhut und Gamsbart. Das gefiel ihm gar nicht. Wobei ihn die Optik noch am wenigsten störte.

Natürlich konnte er jetzt so tun, als wäre er nicht zu Hause, immerhin war Sonntag, und am Tag des Herrn ruhte auch sein schweinisches Gewerbe. Aber das würden sie ihm nicht glauben. Sein Traktor stand vor dem Geschäft, aus der Selche stieg Rauch auf, und das Geräusch des laufenden Fernsehgeräts drang durch die offenen Fenster bis auf den Hauptplatz.

Wenn er nur wüsste, weshalb sie kamen. Es musste irgendeinen recht dringlichen Grund geben, sonst würde der Kapplhofer niemals sein mittägliches Verdauungskoma unterbrechen.

Insgeheim konnte sich Bartl ja einige Gründe vorstellen, aus denen man ihm einen strafrechtlichen Strick drehen konnte. Allen voran natürlich sein schweinischer Subventionsbetrug, der ihm mittlerweile schwer zu schaffen machte. Irgendwer war ihm dabei auf die Schliche gekommen. Das mulmige Gefühl, auf der Abschussliste dieser skrupellosen Tierschützer zu stehen, hatte er schon länger. Beim Anblick des toten Hummelbrunners war es zu einer schrecklichen Gewissheit geworden. Seit Wochen erhielt er anonyme Drohbriefe, in denen Dinge standen wie »Krepier, du Betrüger!« oder »Bald werden wir auch dir die Haut über die Ohren ziehen«.

Die riesigen Lettern, in denen diese schrecklichen Schreiben verfasst waren, hatte man offenbar aus irgendeiner Zeitung ausgeschnitten. Genau wie im Film. Nur leider spielte sich der zu Bartls Leidwesen hier und jetzt in Gfrettgstätten ab. Vor lauter Angst hatte er beschlossen, seinen betrügerischen Schlachtviehimport bis auf Weiteres einzustellen, was seine Gewinne drastisch schrumpfen lassen würde.

In nächster Zukunft, schwor er sich, würde er nur noch echte Bio-Mangalitzas in sein Kühlhaus hängen. Allein in der Selche reiften noch ein paar falsche Schinken, aber war das Schwein erst einmal zerlegt und die Keulen eingebeizt, dann könne höchstens ein Fachmann den Unterschied erkennen. Zumindest, was das Aussehen betraf.

In geschmacklicher Hinsicht konnte so ein chemisch angereichertes und ammoniakgetränktes Schwein aus einer Mastanstalt natürlich niemals einem frei laufenden, biologisch genährten Wollschwein die Schwarte reichen. Das wusste er, das wussten anspruchsvolle Feinschmecker, und das wussten auch der Amtstierarzt und die Herren von der Lebensmittelkontrolle, denn die wurden von ihm ja mit den feinsten Edelteilen bestochen, um bei der Fleischbeschau nicht so genau hinzuschauen.

Aber irgendjemand hatte doch hingeschaut, und zwar sehr genau, ihn danach mit bedrohlichen Briefen bombardiert und schlimmstenfalls sogar in der Öffentlichkeit über seinen fleischlichen Etikettenschwindel gesprochen. Und das war dem Bürgermeister nun zu Ohren gekommen. Eine Vorstellung, bei der es Bartl das Gedärm zusammenkrampfte.

Verglichen mit diesem Kapitalverbrechen war die Sache mit dem verdauungsfördernden Kernöl eine Lappalie. In ein paar Tagen würden die im wahrsten Sinn des Wortes angeschissenen Kernölkasperln wieder wohlbehalten von ihrem Krankenhausaufenthalt daheim sein. Dank seiner Intervention sogar um ein paar Kilo leichter. Im Grunde hatte er ihnen also nur eine beschleunigte Entschlackungskur beschert, weshalb sie sich nun sowohl Fastenzeit als auch Frühlingsdiät ersparen konnten. Eine gute Tat im Sinne der Gesundheitsvorsorge, selbst wenn er dabei ein wenig mit dem Gesetz in Konflikt geraten war.

Ihm jedenfalls war beim Anblick dieser reihernden Brut spürbar das Herz aufgegangen. Der allgegenwärtigen Vormachtstellung der Kernöl-Lobby gehörte ohnedies längst der kulinarische Kampf angesagt. Kein Gasthaus im gesamten Bundesland, wo diese angeblich wundertätige Schmiere nicht über die halbe Speisekarte rann. Von der Vorspeise bis zum Dessert, überall war dieses grässliche Zeug drinnen. Selbst im Guglhupf fanden sich heut schon mehr Körndl als Rosinen. Und das alles nur, weil die Plutzerpisse ja angeblich so wirkungsvoll war, ein fadenscheiniger Heiltrank für Blasenmuskulatur und Prostata, Zellatmung und Cholesterinspiegel, der auch noch Bandwürmern und Wechselbeschwerden den Garaus machte. Von den ungesättigten Fettsäuren ganz zu schweigen. Da trauten sich selbst die Veganer drüber. Aber seine Schweindl, die würd er bald selbst fressen müssen, wenn das so weiterging. Den Tierschützern war zu viel Tier drinnen, den Gesundheitsaposteln zu wenig Gesundheit, den einen passte die Pökellauge nicht, den andern der Preis. Und Fett war sowieso zu viel dran. Dabei steckte in jedem Stelzen von ihm saumäßig viel Arbeit drinnen, während so ein Kürbis eh von selbst wuchs, und auspatzeln konnte ihn auch jeder Depp.

Jetzt hatte er der Körndlmafia wenigstens mal gezeigt, dass auch die schönste Ölspur letztlich nur bis zum nächsten Scheißhaus führte!

Aber das mussten sie ihm erst einmal beweisen. Und die Geschichte mit dem Biodiesel-Aggregat für den grünen Strom, der leider des Öfteren mit schwarzbraunen Rauchwolken einhergegangen war, mein Gott, die war eh schon fast verjährt. War ja niemand zu Schaden gekommen, außer ein paar Plutzern und zwei Reihen Rebstöcke, und um die war es auch nicht wirklich schade gewesen. Gab eh schon zu viel von dem Zeug.

»Bartl, bist daheim?«

Leugnen war zwecklos, zumindest in diesem Fall.

»Komm schon.«

Der Fleischer ging nach unten und ließ die beiden durch den

Ladeneingang herein. Damit niemand glaubte, in seinem Geschäft gäbe es etwas zu verbergen.

»Bartl, wir müssen was bereden!«

Der Inspektor nickte zustimmend, wenngleich nicht sehr ausgeprägt, damit sein Kappl nicht in Schieflage geriet.

»Heut am Sonntag? Muss ja mörderisch wichtig sein.« Der Selchmeister versuchte, sein schlechtes Gewissen durch Ironie zu überspielen.

»Allerdings. Können mir uns irgendwo hinsetzen?« Die Floskel mit dem »ungestört Reden« hatte sich der Bürgermeister grad noch verkniffen, weil die Würstl und Speckschwarten wohl kaum zuhören würden.

»Gemma da eini.«

Im penibel aufgeräumten Wurstkammerl, wo der Bartl unter der Woche seinem Fleischveredelungshandwerk nachging, setzten sich die drei auf die blitzblank polierten Arbeitsflächen. Der Inspektor blickte sehnsüchtig auf die meterlangen Bratwursträder, die an einem Haken an der Wand hingen.

Der Bürgermeister sah dem Fleischermeister scharf in die Augen. »Bartl, willst uns nicht was über deine Schweindln erzählen?«

Dem derart Angesprochenen setzte beinahe der Herzschlag aus. »Was willst denn hören?« Er musste unbedingt Zeit gewinnen.

»Ich will hören, was mit die Sau passiert, wenn's schlachtreif sind.«

Jetzt war Taktieren angesagt. Am besten, er stellte sich blöd. Das würde am glaubwürdigsten erscheinen. »Dann werden's g'schlachtet.«

»Und jetzt möchten wir wissen, wo sie g'schlachtet werden.«

Blöd stellen, blöd stellen, wiederholte Bartl sein lebensrettendes Mantra. »Ja, Herrgottnochamoi, bei mir halt! Ich bin Fleischhauer.«

»Ganz richtig, Bartl. Aber wenn du deine Schwein auch wirklich in deinem Schlachthaus abstichst, dann frag ich mich, wie die ganzen Sauschädl in den Keltenwald kommen.«

Nun begriff der Bartl. Vor lauter Erleichterung wäre er dem Bürgermeister am liebsten um den Hals gefallen. Aber das würde bestimmt sehr verdächtig ausschauen. Also blieb er weiterhin dem Motto »Dummheit siegt« treu. »Was meinst mit Schädeln im Wald?«

Nun bekam sogar Kapplhofer kurzzeitig den Mund auf. Er fasste die Auffindung der skelettierten Schweinsköpf' durch ein Touristenehepaar einigermaßen präzise zusammen. Nur die durchaus tragende Rolle von Kevin-Karl wurde auch dem Inspektor nicht bewusst. Weder im Unfallbericht noch im Polizeiprotokoll sollte sich später ein Wort über dessen wagemutigen Einsatz zum Wohle des Landschaftsschutzes finden.

»Ach, die meinst.«

»Ja, die meinen wir.«

An dieser Stelle kam das Verhör kurz zum Erliegen. Bürgermeister und Polizist warteten auf Bartls Erklärungen, der wiederum wartete auf weitere Fragen.

»Hat's dir die Red' verschlagen?«

»Warum?«

»Weilst nix mehr sagst.«

»Ihr habt's ja nix mehr g'fragt.«

Die Einsilbigkeit des Fleischermeisters nahm wieder einmal pathologische Ausmaße an.

»Also frag ich dich jetzt ganz konkret drei Sachen.« Alois Feyertag stand knapp davor, seine gute Kinderstube zu vergessen. »Brauchst was zum Schreiben oder merkst dir's auch so?«

»Geht schon, red!«

»Also, erstens: Wie sind die Schweinsköpf' in den Wald gekommen? Zweitens: Warum vergräbst deine Schlachtschädel in einem Erdloch, statt sie ordnungsgemäß zu entsorgen? Das ist Umweltkriminalität, verstehst? Drittens: Was wolltest du damit bezwecken?«

»Dir ist hoffentlich klar, dass des ein echtes Vergehen ist, mit strafrechtlichen Konsequenzen und so halt.«

Dieser Hinweis war von Kapplhofer gekommen, der mit dem gemurmelten »und so halt« die kriminelle Tragweite des Vergehens ein wenig mildern wollte. In seinen Augen war es nach wie vor nicht so dramatisch, ein paar Schweinsschädel im Wald zu vergraben. Landschaftsschutz hin oder her. Warum mussten diese

Touristen auch überall ihre Nase oder besser gesagt ihre Hände reinstecken?

»Also, die G'schicht war a so.« Mittlerweile hatte Bartl genügend Zeit gehabt, um sich eine strategisch ausgefeilte Ausweichroute zu überlegen.

»Wir hören.«

»Vor sechs Jahren, da hat's ja so einen warmen Winter gegeben, das war 2008. Als mich die Gretl kurz vor Weihnachten verlassen hat.«

Der Inspektor und der Bürgermeister starrten den Fleischer entgeistert an. Wovon sprach dieser Mensch eigentlich?

»Da hab ich halt wie g'wohnt meine Schwein g'schlachtet. Und die Köpf hab ich wegen der starken Nachfrag' zu Silvester separat aufbewahrt. Das mach ich jedes Jahr so, weil das Sauschädl-Essen ist halt Tradition.«

Die beiden Zuhörer waren jetzt ganz Ohr.

»Nur is es damals eben recht warm g'wesen, und ich hab die Köpf zwei Tag lang im Freien vergessen. Wegen der Gretl halt. Dass die auf einmal 'gangen ist, das hat mich sehr 'troffen.«

Verständnisvolles Nicken im Auditorium.

»Und wie ich mi endlich an die Köpf erinnert hab, da haben's schon a bissl gammlig ausg'schaut. Wegen dem warmen Wetter halt.«

»Ja, und dann?«

»Dann hab ich mir 'denkt, dass des ein großes Gesundheitsrisiko sein könnt. Womöglich waren da schon a paar Bakterien drin, davon könnt einer leicht Dünnschiss kriegen.«

»Und wenn du dir das schon gedacht hast, dass die Dinger nicht mehr serviertauglich waren, warum hast sie dann nicht einfach entsorgt?«, warf der Bürgermeister ein.

»Ja, um Himmels willen, ihr wisst's doch, dass ich meine Schlachtabfälle nicht in den Biomüll tun kann. Ich bin Fleischer, ka Hausfrau!«

Damit hatte er allerdings recht, das hatten die beiden nicht bedacht.

»Schon gut. Red weiter!«

»Mein Schlachtabfall wird abg'holt und landet im Hundefutter.

Hätt' ich denen die Gammelköpf' mit'gebn, dann hätt' ich ja gach so ein armes Viecherl vergift'.« Während er das sagte, sah der Fleischer rechtschaffen empört aus. »Und hätt' ich's auf dem Feld lassen für die Füchs' und die Krah', die Sauviecher, dann hätten's die Schädel zum Schluss überall herum'tragen, und das hinige Fleisch hätt' am End' noch den Boden verseucht.«

Der Bartl als Umweltschützer ersten Ranges ... Damit taten sich Polizist und Bürgermeister gleichermaßen schwer.

»Also hab ich die Köpf' im Wald verbrannt, bis kein Futzerl Fleisch mehr dran war. Und die Totenschädl dann vergraben. Damit's kein Hund find.«

»Aber du hast grad g'sagt, dass die Köpf' allein, also ohne das Fleisch, eh nicht mehr gefährlich waren?«

»Stimmt, ja. Aber so ein Hundefrauerl hätt ja der Schlag 'troffen, wenn der Lumpi ihr einen Totenschädl vor die Füß g'legt hätt.«

Damit hatte er auch recht. Genau das war ja letztlich auch passiert. Nur ohne Hund.

»A fatale G'schicht is das.« Dem Inspektor fiel nichts ein, was er sonst noch dazu sagen konnte. Er war sich nicht einmal sicher, ob er das Ganze überhaupt glauben sollte. Ein zum Tier- und Menschenfreund bekehrter Bartl, das kam ihm persönlich schon ziemlich abartig vor.

»Saudumm g'laufen, das Ganze.« Der Fleischer sah richtiggehend reumütig aus.

»Also, damit eins klar ist: So was darf nie wieder vorkommen! Wurscht, wie warm der Winter ist und wie viel Frauen dir davonrennen. Es gibt so was wie ein Kühlhaus!«

Der Bürgermeister hieb mit der Faust auf den Tisch, vergaß dabei aber, dass er auf einem Zerlegetisch aus Edelstahl saß. »Verdammt!« Der Schmerz war ihm bis an die Schulter gefahren, was seine Laune weiter verschlechterte. »Dir ist wohl klar, wie so eine Schweinerei auf ein Touristenauge wirkt. Die kommen wegen der schönen Landschaft und dem guten Essen her.« An gemeuchelte Hendlfarmer, angeschossene Fremdenverkehrstussis und die grassierende Kernölscheißerei wollte der Bürgermeister nicht einmal denken. »Und dann finden's statt Glockenblumen und Himmelschlüssel ein paar Totenschädl. Sehr reizvoll.«

»Das gibt a ordentliche Verwaltungsstrafe«, erinnerte Kapplhofer an seine amtliche Existenz.

Der Schuldige nickte ergeben.

»Eins möcht ich noch ganz klar und deutlich sagen, damit das auch wirklich in deinen Schweinskopf geht.« Der Bürgermeister hatte seinen Aggressionsstau noch nicht zur Gänze abgebaut. »Der Tourismus bei uns darf durch nichts und niemanden gefährdet werden! Grad jetzt, wo die Plutzenberger die Leut' im Wald schon halb erschießen und beim Schmankerlfest die Gäste fast krepieren, grad jetzt müssen wir alles dransetzen, um zu zeigen, wie lieblich und schön dagegen das Leben in Gfrettgstätten ist.«

Das Ableben des Hummelbrunner sah der Bürgermeister insgeheim als weitaus weniger fremdenverkehrsfeindlich an. Eine Leiche war zwar kein netter Anblick, aber der Wegfall von dem ganzen Gestank und Gegacker würde sowohl die touristische als auch die einheimische Lebensqualität auf lange Sicht um einiges heben. Sofern nicht wieder was geschah.

»Mhm.«

»Für deine Schädl bedeutet das: Ich will diese grauslichen Dinger ab jetzt nur noch adrett herausgeputzt, mit Petersil im Rüssel und ein paar Weintrauben zwischen die Ohrwaschl sehen!«

Diesen Gefallen würde der Fleischer dem Alois mit dem allergrößten Vergnügen machen. Erneut nickte er demütig und versuchte sich an der Vorstufe eines konzilianten Lächelns. Beides erfüllte seinen Zweck. Bürgermeister und Polizist schienen zufrieden und beendeten ihren Sonntagsbesuch.

Erst als die beiden bereits auf der Straße waren, begann Bartl lauthals zu lachen. Ihm war gerade ein gewaltiger Stein vom Herzen gefallen. Offenbar hegten weder Feyertag noch Kapplhofer den geringsten Verdacht, was er in seinem schweinischen Massengrab wirklich verbergen wollte – nämlich falsch deklarierte Schweinsteile. Eine Stelze war letztlich eine Stelze, aber am Schädel, da zeigte sich halt doch der Unterschied. Nicht einmal verwurschten konnte man diese Trümmer. Und eine Mangalitzasau mit einem Edelschweinskopf, da hätte er sich kaum rausreden können. Er besaß ja nur zwanzig anständig gezogene und ehrlich deklarierte Wollschweine, aber in seiner Selchen hingen stets an die hundert

Klapotetzkeulen. Mathematisch wie anatomisch ein Ding der Unmöglichkeit. In Wahrheit stammte mehr als die Hälfte dieser nach dem Wahrzeichen der Region benannten Stelzen von den heimlich importierten Billigschweinen. Aber das sah man dem fertig geräucherten Endprodukt nicht an, solange er nach der Schlachtung die verräterischen Sauschädel verschwinden ließ.
Doch fürs Erste schien die Gefahr ohnedies gebannt. Zumindest solange die Blauäugigkeit der örtlichen Respektabilität nicht getrübt wurde. Nur wegen der Tierschützer, da musste er sich definitiv eine saubere Endlösung einfallen lassen.

Energisch griff Bartl nach einem Putzlappen und begann, wie ein Verrückter die ohnedies blitzblanken Vitrinen zu scheuern. Sauberkeit und Rückstandslosigkeit, das war halt in jeder Hinsicht seine Maxime. Vielleicht war er auch deshalb kinderlos geblieben.

Ein Lebkuchenherz für das Land

So klein das Damischtal war, so groß waren die Kreise, die sein angeschlagener Ruf mittlerweile gezogen hatte. Mehr als zwei Autostunden von Gfrettgstätten entfernt, knapp an der Grenze zu Niederösterreich, hatte man deshalb bereits eine außerordentliche Sitzung anberaumt, um Möglichkeiten für den offenbar dringend nötigen Personenschutz des St. Marienburger Wallfahrts- und Pilgerwegnetzorganisationskomitees, kurz WWOK, zu entwickeln. Es war höchste Zeit, extreme Sicherheitsvorkehrungen für die anstehenden fremdenverkehrstechnischen Verflechtungen zwischen jenem Tal des Todes – wie es mittlerweile genannt wurde – und ihrem himmlischen St. Marienburg zu treffen. Was alles andere als einfach war.

Die in Glaubensfragen wort- wie marktführenden St. Marienburger hatten in den letzten Tagen äußerst bedrohliche Gerüchte über die Vorkommnisse in jenem Tal der Deppen vernommen. Von Mord und Totschlag, Kugelhagel und Giftmischerei war die Rede gewesen. Schulbusfahrer und Paketzusteller würden angeblich schon das Kreuzzeichen machen, sobald sie an den Ortstafeln von Plutzenberg oder Gfrettgstätten vorbeikamen. Und die Spitäler seien sowieso ständig überfüllt. Nun war die Sache aber so, dass ein St. Marienburger Expertenkomitee schon bald ausgerechnet durch dieses vermaledeite Tal wandern musste, um dort einen neuen Pilgerweg einzuweihen. Immerhin hatte ihr ausgedehntes Wallfahrtswegenetz hochheiligen Ansprüchen ebenso zu genügen wie profanen Bedürfnissen. Erst nach einer persönlichen Begehung vor Ort, wo jeder einzelne Meter auf dessen frömmelnde wie fußgängerische Tauglichkeit überprüft wurde, durfte sich die entsprechende Etappe offiziell mit dem begehrten qualitätsgeprüften Wallfahrts- und Pilgerwegnetz-Zertifikat schmücken. Diese anstrengende Aufgabe stand ihnen nun ausgerechnet dort bevor, wo man seines Lebens nicht mehr sicher war. Sie mussten also hier und auf der Stelle eine lückenlose Strategie entwickeln, um unbeschadet auf den Spuren des Heiligen Geists zu wandeln.

Und so hing im Braukeller vom hochsteirischen St. Marienburg, wo das ehrwürdige Komitee nun aus Dringlichkeit tagte, bereits ein dichter Nebel aus Zigarrenrauch, geröstetem Malz und Bratendüften an der Decke. Die Gäste im dunklen Gewölbe, das durch ein paar vereinzelte Kerzen an der Wand nur notdürftig erleuchtet wurde, waren hinter den riesigen Bierkrügen kaum auszumachen. Es herrschte andächtiges Schweigen. Nur das Kratzen der Gabeln und Messer auf den Tellern war hin und wieder zu hören.

Erst als der letzte Bissen vom Wildgulasch seine endgültige Bestimmung gefunden hatte, begannen die Gespräche.

»Einfach delikat, dieses Blaukraut.«

»Ich frag mich immer, wie der Hermann diesen Saft hinkriegt.«

»Schlagt's euch nur die Wampn voll, wer weiß, wann's wieder so was gibt.«

Dann nahm noch jeder einen kräftigen Zug von seinem Bier, bevor man endlich auf den Grund dieses unumgänglichen Zusammentreffens zu sprechen kam.

»Ich hab ein ungutes Gefühl bei der Sache«, meinte der Erzbischof. »Ich fürchte, bei denen dort unten liegt allzu viel in Gottes Hand.«

»Des ist ein Kreuz mit solche Leut'«, stimmte ihm der Weihwasserbeauftragte zu.

»Ich hab g'hört, dass die sogar satanische Rituale pflegen«, meldete sich nun der Chef vom Tourismusamt zu Wort. »Erst gestern sollen Spaziergänger im Wald auf ein Gräberfeld gestoßen sein. Voller Totenköpf' und ritueller Gegenstände!«

»Is ja nicht zu glauben.«

Besorgt griffen alle nach ihren Krügen und tranken sich ein paar Promille Mut an.

»Das auch noch. Es ist schon schlimm genug, wenn die unschuldigen Wanderer in einen Kugelhagel geraten.« Auch der Obmann der berühmten lokalen Lebzelterei hatte so seine gesundheitlichen Bedenken, was das Damischtal und dessen Bewohner betraf.

»Das Tal heißt halt nicht umsonst so«, stellte der Wallfahrtsverantwortliche fest. »Die Menschen dort sind wirklich damisch. Ich würd deren Verhalten beinahe in die Nähe einer ernsthaften Geisteskrankheit rücken. Man stelle sich vor, da machen ein paar gottgefällige Menschen ihren Sonntagsspaziergang, um die Freuden der Schöpfung zu genießen, und ›peng!‹, schon schießt irgendein

Teufel diese frommen Seelen nieder. Vom Gemetzel im Gemüsebeet ganz zu schweigen.«

Wegen der großen Entfernung zwischen dem satanischen Tal und dem sakralen Städtchen hatten sich Tote wie Verletzte dank der detaillierten wie distanzierten Gerüchterstattung heimischer Boulevardblätter unverhältnismäßig vermehrt.

»Das liegt am Wein. Dieser Schilcher ist ja schließlich als Rabiatperle und nicht als Messwein berühmt geworden.« Dem Skiliftbetreiber kam bei diesem Zusammentreffen eine beratende Funktion zu, da er über eine jahrzehntelange Erfahrung im Umgang mit bewegten Menschenmassen verfügte. Jetzt allerdings bewegte ihn vor allem die Angst vor einem Giftanschlag, wie es bei diesen geistigen Grenzgängern im damischen Tal offenbar gerade zu sakrosankten Anlässen üblich war. Zumindest hatte es so im hochsteirischen Provinzblatt gestanden. Der für die Verbreitung derart weltbewegender Nachrichten zuständige Redakteur war entweder Legastheniker gewesen, oder er hatte seine bigotte Leserschaft vorsätzlich verarscht, indem er das Kürbis- in ein Kirchenfest verwandelt hatte.

Beim Apotheker hingegen wusste man nie, wann er Spaß machte und wann nicht, denn er wirkte selbst in trunkenem Zustand noch ganz seriös. »Wir könnten einen Hubschrauber runter schicken und das Gebiet prophylaktisch mit Baldrian und Hopfenextrakt besprühen.«

»Meine Herren, so kommen wir nicht weiter!« Der Wallfahrtsverantwortliche warf einen strafenden Blick in die Runde, der sich aufgrund der schummrigen Lichtverhältnisse aber in der Dämmerung verlor.

Also erhob er seinen Bierkrug, dass der Schaum nur so schwappte. Das funktionierte immer. Wer einen Bierkrug erhob, der wollte einen Trinkspruch tun, sozusagen einen rhetorischen Anlass für den nächsten Schluck schaffen, und so etwas hatte natürlich oberste Priorität. Zumindest in St. Marienburg.

Doch kaum hatte jeder seinen Krug in der Hand, griff der Verantwortliche für das Wohlergehen von Wallfahrern nach einem eng beschriebenen Blatt und las davon ab: »Punkt vier des erzbischöflichen Masterplans 2017 zur Förderung und Entwicklung eines qualitätsgeprüften Wallfahrts- und Pilgerwegnetzes sieht die

Erstbegehung der südlichen Marienwegroute Slowenien – Damischtal – Graz –St.-Marienburg vor.«

Die Tischgesellschaft, die ihre Gläser bereits erwartungsfroh erhoben hatte, stellte diese nun langsam wieder ab. Pater Claudius hatte schon recht. Es war höchste Zeit, sich endlich mit dieser unliebsamen Sache zu befassen.

»Am Ostersonntag ist es so weit. Das immer noch ausstehende Teilstück, das vom slowenischen Grenzland bei Petri Ptuji über Plutzenberg und Gfrettgstätten bis zum Murtal führt, wird eingeweiht. Und wir als offizielle Delegation des WWOK müssen bei der anschließenden Erstbegehung naturgemäß vorne mit dabei sein.« Wieder sah er streng in die Runde. »Nun haben sich neben den organisatorischen Anforderungen, die ja bereits seit Monaten planmäßig vorangetrieben werden, aber einige moralisch gewichtige wie bedenkliche Vorfälle ereignet.«

Kirchliche und weltliche Würdenträger sahen sich bedeutungsschwanger an. Nur der Skiliftbetreiber war moralisch nicht sonderlich imprägniert. Auf der Alm gab's sowieso keine Sünd', und der Sittenverfall in den Niederungen interessierte ihn nicht. Hauptsache, die Liftkassen klingelten.

»Die Bilanz dieser betrüblichen Entwicklung: mehrere Tote und Dutzende Schwerverletzte, vom seelischen Schaden gar nicht zu reden.« Auch Pater Claudius hatte offenbar das hochsteirische Provinzblatt abonniert.

»Menschliche Abgründe gibt es überall, keine Frage, aber diese sollten sich nicht gerade mit einem Pilgerwegnetz kreuzen«, pflichtete ihm der Tourismuschef bei.

»Ja, ja, die Wege des Herrn sind unergründlich«, meinte der Erzbischof.

»Die Wege des Herrn in aller Ehr', aber es sind die Wege der Damischtaler, die mir derzeit Kopfzerbrechen verursachen«, nahm der Wallfahrtsbeauftragte den Faden wieder auf. »Aber was sollen wir tun? Wir können ja nicht die Schweizer Garde als Personenschutz anfordern.«

Neben dem Nebel aus Zigarrenrauch, geröstetem Malz und deliziösen Bratendüften stieg nun auch der Qualm von sieben intensiv rauchenden Köpfen an die Decke.

»Ich habs!« Der Skiliftbetreiber stellte abrupt seinen Bierkrug nieder. »Eine besondere Notlage erfordert besondere Maßnahmen.« Jetzt war ihm die Aufmerksamkeit aller gewiss.

»Du«, damit wandte er sich an den Obmann der Lebzelterei, »wirst ein ganz spezielles Marienburger-Hochsteiermark-Herz entwerfen.«

Die Steiermark galt ja bekanntlich als grünes Herz Österreichs. Und in der begrifflich recht neuartigen Hochsteiermark, die vor gar nicht langer Zeit noch Obersteiermark geheißen hatte, schlug dieses Herz aufgrund der riesigen sauerstoffreichen Waldflächen natürlich besonders tiefdunkelgrün. Schließlich hatte der berühmte Waldbauernbub hier ganz in der Nähe gelebt und hinlänglich bewiesen, dass eine gewisse geistige Bodenständigkeit noch lange nicht auf den touristischen Holzweg führen musste. Ganz im Gegenteil, die Mischung aus Gottesnähe und Pilgertum, Borkenkäfer und Brauereihandwerk, die hatte sich im Laufe der Jahrzehnte durchaus bewährt. Wobei die Gottesnähe sozusagen eine zweifache war: Zum einen war der Glaube seit Jahrhunderten tief in der St. Marienburger Scholle verwurzelt, zum anderen lag der Ort auf beinahe tausend Meter Höhe, was selbst profane Bürgersleute dem Himmel ein Stückchen näher brachte.

»Dieses Herz muss ungefähr einen Meter mal einen Meter sein und statt der üblichen Dekoschnüre über stabile Brustbänder verfügen.«

Begeistert sog der Lebkuchenkaiser alle Instruktionen auf. Das konnte das Geschäft seines Lebens werden. Derart gigantische Herzen hatte er nicht einmal anlässlich des letzten Papstbesuchs gebacken.

Der Fachmann für den pistennahen Luftverkehr war inzwischen aufgestanden und malte wie besessen auf der Speisekarte herum. »Ich stell mir das so vor: Wir werden wie seinerzeit die Kreuzritter eine Rüstung tragen, allerdings nicht aus Metall, sondern aus Lebkuchen, also ein Herz vorne, ein Herz hinten. Das hat nicht nur eine gewisse Schutzfunktion, sondern auch eine unübersehbare Werbewirksamkeit.« Er hielt den Anwesenden eine herzige Skizze vors Gesicht, die ohne nähere Erläuterungen eher aussah wie ein Cartoon zum Valentinstag.

»Und was soll auf den Herzen draufstehen? Ist ja recht viel Platz«, wollte der Großauftragnehmer dienstbeflissen wissen.

»Gottes Wort selbstverständlich!«, meinte der Erzbischof.

Damit war der Chef vom Tourismusamt allerdings nicht ganz einverstanden. »Mir würden eher ein paar Sprüche aus dem Fremdenverkehrsprospekt vorschweben«, entgegnete er.

Was den kirchlichen Würdenträgern wiederum weniger gefiel.

»Also bitte, jeder von uns wird zwei Herzen am Leibe tragen, ein Vorder- und ein Hinterherz, vorne steht Gottes Wort drauf, hinten ist etwas über Land, Leute und die Region zu lesen«, beschloss der Skiliftbetreiber.

Damit waren beide Seiten einverstanden. Der Fremdenverkehrsleiter jubilierte insgeheim, denn bei dieser Verteilung hatten sie eindeutig die vorteilhaftere Position. Wer bei einem Menschenmassenauftrieb vorn ging, präsentierte der nachfolgenden Menge logischerweise stets das Hinterteil. Das würde also weitaus mehr potenziellen Kunden ins Auge stechen als die biblische Vorderansicht.

Ähnlich beglückt war der Erzbischof. Die Heilige Schrift auf einem menschlichen Hinterteil, das wäre schlichtweg ein Skandal gewesen. Gottes Wort musste man nahe am Herzen tragen, was der Skiliftbetreiber ganz richtig erkannt hatte.

»Aber«, der Wintersportprofiteur ergriff erneut das Wort, »das ist noch nicht alles. Die Hochsteiermark-Herzen schützen den Körper ja nur vor äußerlichen Gefahren, wie sie im Damischtal hinter nahezu jedem Blumentopf lauern können. Denn wie wir spätestens seit dem Giftattentat wissen«, auch er hielt bereits deren Schilcherwein für gesundheitsgefährdend, »kann der Feind in der Gegend um Plutzenberg und Gfrettgstätten auch bis in die Eingeweide vordringen, also innerlich angreifen.« Jetzt wandte er sich an den Weihwasserbeauftragten. »Daher wirst du gemeinsam mit dem Apotheker ein Tränklein kreieren, das vor bakteriellen, virulenten oder wie auch immer gearteten Anschlägen schützt. Irgendwas sehr Hochprozentiges zur allgemeinen Desinfektion, damit wir vor bösartigen Anschlägen auf unseren Magen- und Darmtrakt gefeit sind.«

Die erhabene Kongregation der Wallfahrtswegenetzqualitätssicherung war begeistert. Als Erster begann der Wallfahrtsverantwortliche zu applaudieren. Er besaß ein ängstliches Gemüt und stand jeglichen Sicherheitsvorkehrungen, die seiner körperlichen Unversehrtheit zugutekamen, sehr positiv gegenüber. Für das Seelenheil würde schon der Erzbischof Sorge tragen.

Nach und nach fielen auch die anderen in den Applaus ein. Ein großes Problem war gelöst. Nur gut, dass Ostern dieses Jahr erst Ende April war, trotzdem blieb ihnen bis zur Eröffnung des Pilgerpfads durch das Damischtal nicht mehr viel Vorbereitungszeit. Aber dann würden sie sich bestens gerüstet auf den gefährlichen Weg machen.

Beruhigt lehnten sich die Mitglieder der Strategieklausur zurück. Es war eine gute Idee gewesen, den einheimischen Liftbetreiber in die Runde aufzunehmen. Der Mann war wirklich sehr praktisch veranlagt. Sie leerten erleichtert ihre Krüge, beglichen die Zechen und verließen nach und nach den urigen Gewölbekeller.

Als die Männer nach draußen traten, umfing sie ein nahezu überirdisches Leuchten. Gleißendes Sonnenlicht lag über dem Hauptplatz und spiegelte sich in den Fenstern der bunten Bürgerhäuser, während der Dom in seiner ganzen barocken Pracht erstrahlte. Sogar die Marienstatue schien Funken zu sprühen, was aussah, als würde Gott ein besonderes Licht auf St. Marienburg werfen. Aber vielleicht hatte er den Männern vom WWOK nur seinen höchsten persönlichen Segen erteilt.

Landläufiges Rot

Es gibt Tage im Leben, wo der Mensch einfach nur rot sieht. Sehen muss. Selbst wenn der Himmel im sonnigsten Blau erstrahlt. Im Damischtal war das an einem Montag der Fall. Genau genommen an jenem Montag, der sich ungeachtet der zeit- und nervenraubenden Wochenendereignisse pünktlich eingestellt hatte. Schmankerlfest und Schweineschädel gehörten der Vergangenheit an, die Opfer von Kultur und Kulinarik lagen rundum versorgt im Krankenhaus. Alle anderen taten das, was an Arbeitstagen eben so getan werden musste. Wenn sie nicht gerade am Küchen- oder Wirtshaustisch saßen, das Maul aufrissen und die bewegten Geschehnisse der letzten Tage kommentierten. An einen Triebtäter wollten die Einheimischen jedenfalls nicht glauben, denn der hätte sich nicht am feisten Hummelbrunner, sondern eher an der zarten Oberkoflerin vergriffen. Und Serientäter kamen sowieso nur in Kriminalromanen oder im Fernsehen vor. Die verletzte Reiseleiterin hatte wohl zu rehäugig geblickt und war dabei einem besoffenen Jäger ins Auge gestochen. Wirklich beunruhigt waren sie alle wegen der epidemischen Kotzerei beim Schmankerlfest, wo die armen Leut' dann sogar ins Spital gemusst hatten. Wenn man nicht einmal mehr in Frieden fressen und saufen konnte, dann lag die Welt wirklich im Argen.

Inspektor Kapplhofer allerdings hatte wieder einmal keine Zeit, um am Küchentisch das Maul aufzureißen, denn er widmete sich widerwillig den von höherer Stelle eingeforderten ermittlungstechnischen Erhebungen. Leider brachte das Ergebnis seiner flächen- beziehungsweise wirtshaustischdeckenden Befragung nichts zutage außer boshaften Unterstellungen und großräumigen Gedächtnislücken.

Durch Letztere fielen besonders die Mitglieder des Sparvereins auf. Woran auch immer dort gespart wurde, es war jedenfalls nicht der Alkohol. Fast alle der an der Auszahlung Beteiligten hatten ihre Ersparnisse am Freitagabend auf direktem Wege in blauen Wildbacher umgesetzt. Stunden später, wobei sich das Später bis in die frühen Morgenstunden gezogen hatte, waren sie dann auf mehr oder weniger verschlungenen Wegen nach Hause getorkelt.

Zumindest die Männer. Die Frauen, etwas weniger schilcherimprägniert, waren geradliniger daheim eingetroffen. Aber auch sie hatten niemanden gesehen, getroffen oder gehört. Und dass sich der Böllinger Sepp in die Thujenhecke der Pfarrersköchin übergeben hatte oder dass der Kürbiswirt der Resi ein wenig unter die Dirndlschürzen gegangen war, hatte keine kriminalistische Relevanz.

Relevant war allein, dass bis auf die Bibiana keiner vom Sparverein den Heimweg mit seinem Fahrzeug angetreten hatte. Das Fahrrad vom Herrn Pfarrer zählte nicht. Selbst wenn Hochwürden mit maximaler Beschleunigung in die Pedale getreten hätte, hätte das für einen leibhaftigen wie letalen Totalschaden beim Hummelbrunner Franz nicht ausgereicht. Kapplhofer kannte sich mit derartigen Kleinkarambolagen recht gut aus, weil er selbst sehr gern den Drahtesel bemühte.

Nun musste er diesem erkenntnistheoretischen Leergut seiner Vernehmungen nur noch einen einigermaßen beeindruckenden Aussagewert verleihen. Das würde er gleich am Nachmittag tun, denn dafür musste er sich aufs Revier begeben, wo der Computer stand. Fürs Erste hatte er allerdings genug von all diesen dienstlichen Laufereien, immerhin war er bereits seit sieben Uhr früh auf den Beinen.

Voller Vorfreude auf einen reich gedeckten Esstisch eilte er nun als Privatmann Richtung Storchengasse, wo das kleine Häuschen seiner Mutter stand und er seit seiner Rückkehr aus der Großstadt vorübergehend wohnte. Also genau genommen seit etwa siebenundzwanzig Jahren. Auf dem Speiseplan fanden sich heute Sulmtaler Hendlhaxn in knuspriger Panier – eine Aussicht, die noch um vieles schöner war als der Blick vom idyllischen Sterzkogel auf die sanften Hügel von Damisch- und Drautal.

Zeitgleich mit dem Mittagsgeläute der Kirchenglocken betrat er Mutters Küche.

»Schau, da isser ja, der Herr Inspektor«, begrüßte ihn Alois Feyertag mit einem strahlenden Lächeln im Gesicht und einem Hendlhaxn in der Hand.

Na, net du scho wieda, dachte Kapplhofer und fluchte innerlich.

»Du musst dringend mitkommen, es is wegen dem Schmankerlfest. Da ist was Schreckliches passiert!«, herrschte ihn der Bürgermeister schmatzend an und wedelte mit dem knusprigen Haxn in der Luft herum.

Dieser Ansicht war Kapplhofer auch, denn selbst Sulmtaler Hendln hatten nur zwei Haxn.

»Ich will jetzt essen!«, entgegnete er statt einer Begrüßung und zog sich einen Stuhl an den Tisch. Seinen Stammplatz vor dem Herrgottswinkel hatte der Bürgermeister besetzt.

»Wir haben jetzt ka Zeit zum Essen, das Hendl rennt dir eh nicht davon«, drängte Feyertag, wobei er sich halb von der Eckbank erhob.

Auch in diesem Punkt gab der Inspektor ihm recht. Vor allem, wenn dem Huhn bereits die Haxn fehlten.

Mit einer für ihn ganz untypischen Zielstrebigkeit griff Kapplhofer nach der Schüssel mit den verbliebenen Hühnerteilen. Zwei Flügel und ein Brustteil lagen noch drin – mehr nicht.

Bei diesem mageren Anblick sah der Inspektor rot. Er wuchtete seinen gesamten Oberkörper quer über den Tisch und riss dem fassungslosen Bürgermeister den Hendlhaxn aus der Hand. Dann biss er befriedigt hinein.

Feyertag hielt erschrocken den leeren Mund. Da hatte er schon einen multiplen Giftmordversuch am Hals, und nun wollte ihm ausgerechnet der Arm des Gesetzes auch noch an die Gurgel gehen!

★★★

Zur selben Zeit stand Bibiana unschlüssig in der Gfrettgstättener Gemischtwarenhandlung herum und genoss die leichte Übelkeit, die sie in zärtlichen Wellen überkam. An der genussvollen heimischen Produktvielfalt, die keinen Vergleich mit urbaner Feinkost scheuen musste, lag ihr wenig bis nichts. Sie hatte ihren Blick sozusagen ins Innere gekehrt, weshalb sie nicht einmal die frischen Frühlingskräuter bemerkte, die, zu hübschen kleinen Sträußen gebunden, an allen Regalen angebracht waren.

»Wennst was brauchst, dann sagst es eh, gell?«

Die Moser Mitzi, die halbtags im Laden aushalf, kniete gerade vor den Kohlköpfen und versuchte, diese aufeinanderzustapeln, was wegen der angeborenen Rundlichkeit von Wirsing aber recht schwierig war. Immer wieder purzelte das Grünzeug auf den Boden. Ein besonders sportlicher Kopf rollte Bibiana sogar bis vor die Füße. Schon wollte sie sich danach bücken, als ihr ihr Zustand bewusst wurde. Als werdende Mutter, und sie hatte keinen Zweifel daran, dass ihre flüchtige Übelkeit und die spontanen Schwindelanfälle nur darauf zurückzuführen waren, durfte sie nicht das geringste Risiko eingehen. Mit dem Schuh schubste sie den Kopf zurück zum Gemüseregal.

Mitzi blickte etwas irritiert auf, sagte aber nichts.

Bibiana schwieg auch. Für ihre vorfreudige Enthüllung der bevorstehenden Mutterschaft schwebte ihr ein würdigerer Rahmen vor als die altbackene Dorfgreißlerei vom Höllerer.

»Ich glaub, ich nehm zehn Deka von der Putenwurst, falls die frisch ist, und ein Dinkelweckerl.«

Schwerfällig erhob sich die Aushilfskraft und schlurfte zur Wursttheke. Wie konnte man im Schlaraffenland der Bioschweinswürstl nur dieses fade Putenzeugs essen?, fragte sie sich insgeheim, aber der Kunde war natürlich König.

»Klar, ganz frisch.«

Vitamine, Folsäure und Mineralstoffe waren ganz wichtig während der Schwangerschaft, hatte Bibiana gelesen. Also viel frisches Obst, Ballaststoffe und Hülsenfrüchte. Aber sie mochte weder Linsen noch Bohnen. Dieses mehlige Zeug war gar nicht nach ihrem heiklen Geschmack. Zudem verursachte es böse Blähungen und üble Gerüche.

»Und dann hätt' ich noch gern ein Viertel Kilo Spinat.«

»Wenn'st den gleich selber nehmen willst.«

Die Mitzi hielt ihr entgegenkommend ein Papiersackerl hin. Die Dopplerin war eine anspruchsvolle Person, die mit sich selbst am besten bedient war.

Also klaubte sich die angehende Mutter Blatt für Blatt eine »Best of«-Selection des frischen Gemüses aus der Kiste. Was sie aufgrund ihrer qualitativen Ansprüche verwarf, landete auf dem Fußboden oder im angrenzenden Karottenkisterl.

Eine Frechheit, wie Mitzi fand. Sie musste den ganzen Saustall dann wieder auseinandersortieren. Aus Rache verrechnete sie ihr den vollen Preis für das Viertel Kilo, obwohl es in Wahrheit nur knappe zehn Deka waren.

»Macht sechs siebzig. Brauchst ein Sackerl?«

Bibiana verneinte, packte ihren kümmerlichen Einkauf in eine kanariengelbe Umhängetasche und entschwand grußlos nach draußen. Sie hatte erneut einen vagen Anflug von Übelkeit verspürt und wollte dieses wunderschöne Gefühl mit niemandem teilen.

Auf dem Weg zur Apotheke hielt sie sich unauffällig eine Hand auf den Bauch, als wollte sie das werdende Leben vor den Erschütterungen des Kopfsteinpflasters schützen.

Die örtliche Giftmischerei war gut besucht. Der Fleischer Bartl lehnte am Tresen und stritt sich lautstark mit dem Apotheker herum. Offenbar wollte der gesetzestreue Mensch dem Bartl kein Schmerzmittel für seine Gichtzehen geben. Zumindest nicht ohne ärztliche Verschreibung.

»So was geht nicht. Nicht für dich und nicht für andere. Für die Voltaren-Tabletten brauchst in Österreich immer noch ein Rezept von deinem Hausarzt. Nur eine Einreibung kann ich dir so geben.«

»Ich will ka Einreibung. Und den Quacksalber will i auch nicht. Ich will meine Tabletten!«

Es hörte sich nach längeren Verhandlungen an, daher näherte sich Bibiana den beiden Angestellten. Aber auch die hatten alle Hände voll zu tun. Ihre Nachbarin, die Hermine, ließ sich gerade eine hochgradig komplexe Mixtur gegen ihre Schlafstörungen zusammenrühren. Der Schuldirektor las von einer Liste vor, die so umfangreich war, dass Bibiana sich fragte, ob der gute Mann die gesamte Hauptschule mit Medikamenten vollstopfen wollte, und dann fragte noch jeder nach Kohletabletten, offenbar war wieder irgendwo ein Schmankerlfest angesagt.

»Jetzt drängeln S' doch nicht so!« Eine auftoupierte Wasserstoffblondine mit spitzer Nase drehte sich empört zu Bibiana um.

Irgendwie kannte sie diese Schnepfe vom Sehen her. Wahrscheinlich eine Gemahlsgattin aus Plutzenberg. Dort gab es keine Apotheke, weil die schon das Krankenhaus hatten.

»Ich drängl doch gar nicht.« Bibiana ließ sich nicht gern anschnauzen. Weder von Hunden noch von Menschen. Indigniert trat sie einen Schritt nach hinten.

»So ein Betrieb heut'«, wandte sich die Angestellte endlich an sie. »Aber so wie's ausschaut, geht derzeit grad so eine Magen-Darm-G'schicht herum, weil die Leut' alle was zum Stopfen brauchen.« Offensichtlich lebte die Verkäuferin hinter dem Mond, weil sie noch nichts vom Desaster am Kraxnhof vernommen hatte. Oder sie war frisch verliebt. Aber ihren Pflichten kam sie zum Glück dennoch nach. »Was darf's denn sein?«, wandte sie sich zuvorkommend an die Dopplerin.

Bibiana kaufte einen Monatsbedarf an Vitamin-C-Brausetabletten, diverse Beutelchen an Ingwerpulver und einen Kübel mit Heilerde. Sollte sie während ihrer Schwangerschaft zu pickeligen Auswüchsen im Gesicht neigen, dann war Heilerde das beste Mittel dagegen. Ihr Sohn, und sie war überzeugt davon, einen strammen Jungen zu gebären, sollte vom ersten Augenblick an sehen, was für eine attraktive Mutter er hatte. Auf Kohletabletten hingegen verzichtete sie. Als schwangere Frau würde sie zukünftigen Festivitäten ohnedies aus dem Weg gehen. Hatte man beim Klescherkurtl ja wieder mal gesehen, wohin einen die gesunden Damischtaler Schmankerln so führen konnten.

Mit schweren Taschen und leichtem Herzen trat sie den Heimweg an. Vor der Haustür, als sie ein wenig nach ihrem Schlüssel suchen musste, gesellte sich zur leichten Übelkeit auch ein spontaner Schwindelanfall. Endlich fand sie den Schlüssel, stellte rasch die Einkäufe in den Flur und eilte ins Badezimmer. Neben dem Brechreiz spürte sie jetzt auch so ein feines Grummeln im Unterbauch. Sie zog den Rock nach oben, ließ sich auf der Brille nieder, und zwei Sekunden später sah sie rot. Blutrot.

★★★

Hermine Holzapfel, die gerade vor ihrer Haustür stand und nach dem Schlüssel suchte, traute ihren Augen nicht. Die Doppler Bibiana lehnte sich gefährlich weit aus dem geöffneten Badezimmerfenster und schleuderte kleine grüne Päckchen, die aussahen wie Aspirin, mit großer Wucht in den Garten. Jetzt flog auch ein seltsamer Kübel hintendrein, dessen Deckel aufsprang, und gleich darauf verteilte sich ein komisches braunes Pulver in der Luft. Dabei schien sie etwas zu schluchzen, das sich anhörte wie »Warum ich?«, aber es hätte auch »Warum nicht ich?« sein können.

Aber das war Hermine egal. Mit Fremdkörpern in Gartenbeeten wollte sie ihr Leben lang nichts mehr zu tun haben. Schnell drückte sie die Eingangstür auf und betrat erleichtert das Haus.

★★★

Mit professioneller Umsicht verschloss der Bankdirektor Willibald Pfnatschbacher das Garagentor und betrat über den Heizungsraum das Haus. Es war Mittag, und aufgewärmtes Essen mochte er nicht. Sonja, seine Angetraute, war eine kulinarische Koryphäe, sie hatte ihn regelrecht unter die Haube gekocht.

In der Diele hängte er seinen grauen Frühjahrsmantel sorgfältig über einen Kleiderbügel, den er seinerseits vorsichtig im Garderobenschrank verstaute. Das Innere des Schrankes glich einer Symphonie aus Grautönen. Das Äußere des Bankdirektors auch. Mittelgraue Schläfen, taubengrauer Anzug, grabsteingraues Hemd und eine hell-dunkelgrau gestreifte Krawatte. Nur seine Augen waren blau, aber das konnte er nicht ändern. Willibald mochte keine Farbenvielfalt. Grau bei der Arbeit, grün auf der Jagd und schwarz bei der Politik, das genügte ihm. In dieser chromatischen Eintönigkeit konnte er sich am besten auf das Wesentliche konzentrieren, bunte, womöglich auch noch schillernde Schattierungen verwirrten ihn. Das war zumindest seine Sicht der Dinge. Dr. Seidenbart hatte seinerzeit andere Worte dafür gefunden: »Herr Pfnatschbacher, wissen Sie eigentlich, dass Sie farbenblind sind?«

Das hatte Willibald nicht gewusst und noch viel weniger wissen wollen. Er hatte dem Arzt empört widersprochen und fuhr seit damals bis nach Graz, um diesem taktlosen Kurpfuscher aus dem Nachbarkaff nicht mehr unter die Augen treten zu müssen.

»Schatz, es ist angerichtet.«

Kaum hatte er sich gesetzt, stellte seine Göttergattin bereits ein delikates Selchfleischsülzerl vor ihn hin, das er mit größtem Appetit vertilgte.

Mit der Hauptspeise warteten sie auf ihren Sohn. Willibald junior musste jeden Moment aus der Schule kommen.

Die frischen Bachforellen, die ihnen ein angelwütiger Klient in regelmäßigen Abständen vorbeibrachte, also im Grunde immer dann, wenn der Überziehungsrahmen schon ein wenig sehr überzogen war, brutzelten bereits verheißungsvoll in der Pfanne.

Schon flog die Tür auf, und Klein-Willi stürmte in die Küche. Die Schuhe flogen ins rechte, die Schultasche ins linke Eck des Flurs, und der Junge plumpste auf die Bank. »Was gibt's denn zu essen, Mutti?«

»Fisch.«

»Fischstäbchen oder Forelle?«

»Forelle.«

»Bäh, ich mag keine Forelle, da sind immer so viel Stachln drin.«

»Willibald, ein Fisch hat keine Stacheln, sondern Gräten. So merk dir das endlich!«

»Ja, Papa.« Der Kleine schwieg einen Augenblick und stocherte unschlüssig in der Salatschüssel herum. Da waren Karotten dabei, die mochte er auch nicht. »Mama, tust mir den Fisch entstachln? Bitte.«

»Wennst jetzt noch einmal von Stacheln redest, dann gibt's gar kein Mittagessen!«, versuchte der Vater es nun auf die autoritäre Art. Er fragte sich manchmal, womit er seinen Sohn verdient hatte. Der Bub war entweder stur wie ein Sozi oder dumm wie Kopfsalat. Doch er war sich bis jetzt noch nicht sicher, was von beidem der Fall war.

»Aber Papa, heut hab ich im Zeichnen einen Einser mit Sternderl und Superplus bekommen.«

»Wirklich?« Die Mutter war begeistert. »Geh bitte, lass uns deine Zeichnung mal anschauen.«

»Aber nur, wenn du mir die Stacheln aus dem Fisch ziehst.«

Willibald senior durchbrach sein monochromatisches Farbenspiel und wurde dunkelrot im Gesicht. »Du Fratz, du vermaledeiter! Ich versohl' dir das Hinterteil, wenn ich noch einmal das Wort ›Stachel‹ hör!«

»Ja, Papa.« Der vermaledeite Fratz rannte zu seinem Schulranzen und nahm ein buntes Blatt Papier heraus, das er seiner Mutter mit strahlenden Augen neben den Herd legte.

»Sehr schön, ein sehr schönes Bild.« Rasch wendete die Mutter die Forellen, damit sie beidseitig die gleiche knusprige Kruste bekamen. Erst danach warf sie einen längeren Blick auf die Kinderzeichnung. »Aber sag mal, Willi, was ist denn das überhaupt? Das sieht ja aus wie im Krieg!«

Genau genommen erinnerte sie die Zeichnung an kosovarische Kindersoldaten, aber sie konnte sich beim besten Willen nicht vorstellen, dass in der Volksschule derartige Themen behandelt wurden. Das wäre ja ein Skandal, richtiggehend entwicklungsschädigend. Sie fand schon ein Bild über den Krieg mehr als bedenklich.

»Nein, Mutti, das sind ein Papa und ein Bub bei der Jagd.«

»Wirklich?«

»Und die Frau Lehrerin hat das so toll gefunden, dass sie unbedingt mit dir drüber reden will.«

Beunruhigt sprang der Vater auf und nahm seiner Frau die Zeichnung aus der Hand. Er tat sich weniger schwer mit der Interpretation des Bildes. Da stand ein Mann, von dem man nur den Rücken sah, vor einem Baum, und zwischen seinen Beinen sah man eine gelbe Flüssigkeit, die in dicken Tropfen bis auf die Erde plätscherte. In der Mitte standen noch zwei Bäume und ein brauner Hund mit Schlappohren, rechts davon saß ein kleiner Junge mit Jeans und Sommersprossen auf einem Holzstapel und hielt ein Gewehr in der Hand. Das Gewehr hatte einen langen Lauf, aus dem vorn ein paar Rauchwölkchen aufstiegen. Die hatte der Bub mit ganz dicken grauen Linien gemalt.

Willibald senior erstarrte. Dann fuhr er seinen Sohn an. »Was hab ich dir gesagt, damals im Wald? Dass du mit niemandem ein Wort darüber redest!«

Er schrie so laut, dass der Hund, der bislang reglos unter dem Tisch gedöst hatte, wie angeschossen aus der Küche flitzte.

Willibald junior sah seinen Vater mit großen Augen an, in denen bereits die Tränen standen. »Aber Papa«, der Kleine zog hörbar die Nase hoch, »ich hab mein Ehrenwort doch gehalten. Ich hab nix gesagt, kein Wort. Nicht mal zur Mutti oder der Frau Lehrerin.«

»Und das? Was ist das?« Er hielt dem Jungen, der sich bei jeder Silbe seines Vaters mehr in ein heulendes Elend verwandelte, die Zeichnung vors Gesicht.

»Aber Papa, das is ja g'malt, nicht g'red!«

Jetzt sah der Bankdirektor auf einmal doch rot. Er verpasste seinem Spross eine derartige Watschn, dass sich ein Milchzahn verabschiedete. Und kurz darauf auch Frau und Kind.

»Komm, Willi, wir fahren zur Oma! Pack den Pyjama und dein Zahnbürstl ein«, waren Sonjas letzte Worte.

Dann fiel die Tür ins Schloss.

★★★

Am liebsten fuhr der Unterkofler Poldl seinen Mist zur Mittagszeit aus. Da waren keine Leut unterwegs, und er brauchte nicht so aufpassen mit der Jauche. Die Leut' wurden ja immer ganz damisch, wenn sie einen Spritzer von seinem Biodünger auf die Kleidung oder die Karosserie bekamen. Dabei waren das sein Feld, sein Traktor und sein Mist, und der kam von seinem Vieh. Und ein sauberes G'wand gehörte seiner Ansicht nach sowieso nicht aufs Land. Mit diesen bunten Fummeln und engen Hosen konnte man durch die Großstadt flanieren, aber Kühe melken und Heu hiefeln konnte man damit nicht.

Aber noch depperter wie die Einheimischen, die wie die Großstädter daherkamen, fand er die Großstädter, die auf einheimisch machten. Wie diese patscherte Familie vor ein paar Tagen, die zum Klescherkurtl gewollt hatte. Der Bub hatte ja noch recht normal ausg'schaut, aber die Mutter mit ihre Haxnbrecher, wie sie mit ihren dünnen Wadln da rumkraxelt war wie ein Storch im Salat, die hatte ja hierher'passt wie sein Zuchtstier auf den Opernball. Und der Mann war auch so ein Schneebrunzer g'wesen. Ist mit seine ledernen Schwuchtelpatscherl doch glatt über die frisch gedüngte Wiesen g'latscht. Das tät einem Damischtaler nicht einmal im Vollrausch einfallen.

Während der Poldl die dampfende Mistsuppe gemächlich auf dem Kukuruzacker verteilte, gab er sich seinen Gedanken hin. Daheim fand er keine Zeit zum Nachdenken, da gingen ihm elf

Kinder, die Frau und die Schwiegermutter auf den Geist. Also nutzte er die Gunst der Mittagsstunde und erging sich in, wenn schon nicht welt-, so zumindest damischtalbewegenden Problematiken.

Wie eben diesen Touristen. Die Magere mit den Storchenstöckeln hatte sich dann ja wirklich verletzt. Das war auch so eine moderne Sauerei. Sobald den Fremden was passierte, waren alleweil sie dran schuld, die Einheimischen. Die Gesetze von heut, die waren ja nur mehr für den Fremdenverkehr gemacht.

Eine Ansicht, mit der der Poldl nicht allein stand im Damischtal. Den meisten Wald-, Wiesen- und Viehbesitzern waren gewisse gesetzliche Regelungen ein leidvoller bäuerlicher Dorn im Auge. Manch einer traute sich schon gar nicht mehr, einen Stapel aus Brennholz zu errichten, vor lauter Angst, irgendeine Rotzpippn kletterte darauf herum und tat sich dabei weh. Zur Rechenschaft gezogen, wie es ihnen der Heini vom Tourismusamt immer in seinen geschwollenen Worten vorbetete, wurde dann meist der Holz- und nicht der Kinderbesitzer. So ein Schwachsinn!

Mit den Kühen war es auch nicht viel besser. Da spazierten ein paar hirnlose Flachlandheidis über die Weide, womöglich noch mit Kinderwagen, Krawall und frei laufendem Köter, und wenn ihnen dann eine Mutterkuh nachrannte, weil sie Angst um ihr Kalbl hatte, dann musste der Bauer für sein Vieh auch noch mit teurem Geld geradestehen.

Das war nicht gerecht. Seit sechs Generationen betrieben die Unterkoflers hier schon ihre Landwirtschaft. Fünf Generationen war alles glatt gelaufen, mal abgesehen von Frosteinbrüchen und Euterentzündungen, aber dann kamen diese Gfraster von der EU an die Macht und mit ihnen auch die Probleme. Zuerst mit dem Land, dann mit der Wirtschaft. Vorschriften hier, Vorschriften dort, für jeden Liter Milch musste man sich länger an den Computer setzen als das ganze Melken dauerte, und für den doppelten Zeitaufwand bekamen sie das halbe Geld. Er war ja noch Idealist der alten Scholle, aber seine Kinder, die hatten heute schon keine Lust mehr auf das harte Leben der Bauersleut'. Was würde erst morgen sein?

Dabei besaßen so eine Erdverbundenheit und Naturnähe auch

ganz viel schöne Seiten. Die Freude darüber, dass die Kuh problemlos gekalbt hatte oder dass der erste Roggen nach dem langen Winter endlich zu sprießen begann, diese Freude war mit nichts zu vergleichen. Zumindest mit nichts, was ein Kaufhaus im Angebot hatte.

Seine Mistfuhre war inzwischen leer, und Poldl stellte den Traktor ab. Er wollte sich noch ein wenig auf dem Nachbarfeld umschauen, wo der erste Winterroggen tatsächlich schon aus der aufgetauten Erde schoss. Ein Anblick, bei dem ihm jedes Jahr das Herz aufging.

Zärtlich strich er über die Schößlinge, an denen das fachkundige Auge bereits erste Ährenansätze ausmachen konnte. Gottes Werk brauchte halt seine Zeit, die musste man der Natur schon lassen. Von diesen ganzen Wachstumsbeschleunigern hielt der alte Landwirt nichts. Künstliches Zeugs hatte nichts auf natürlichem Boden verloren. Das Gras wuchs ja auch nicht schneller, nur weil man daran zog.

Jetzt, wo die Saat aufgegangen war, hing alles nur noch vom Wetter ab. Und vom Wild, wobei die Hirsche und Rehe eh keine großen Schäden anrichteten, seit die Jäger überall ihre Winterfütterungen aufgestellt hatten. Schlimm waren die Wildschweine, die immer wieder von Slowenien herüberzogen. So eine Rotte grub einem den gesamten Acker um, da wuchs dann gar nichts mehr drauf. Vor drei Jahren, da hatte auch er einmal so einen Totalschaden erlitten, aber seitdem war Gott sei Dank nichts mehr passiert.

Vorsichtig erhob er sich wieder. Er war halt auch nicht mehr der Jüngste. Das lange Bücken tat ihm gar nicht gut. Doch in diesem Fall, also an jenem Montag, tat ihm das Stehen auch nicht gut, denn nun fiel sein Blick über das ganze Feld. Und auf die Reiter, die mitten auf dem Acker standen. Ein Anblick, bei dem nun auch Poldl rot sah.

Er rannte los, so schnell es seine alten Knochen ermöglichten. »Gfraster, elendigliche, ich schieß eich einzeln von eire Gaul owi!«, brülle er schon von Weitem. Aber die Reiter hörten ihn nicht. Sie schienen erregt über irgendetwas zu diskutieren, drehten sich ständig im Kreis und hielten knisternde Papierfetzen in die Luft. Und die Gäule fraßen derweil seine kostbaren Ähren.

»Raus da, ich zeig eich an! Das is Flurschaden.«

Dem Bauern tat es im Herzen weh, seine Mistgabel nicht zur Hand zu haben. Nur seine Lungenfunktion und zwei Fäuste standen ihm zur Abschreckung zur Verfügung. Aber damit ließen sich weder Pferde noch Reiter verscheuchen.

Ganz im Gegenteil. Jetzt beugte sich einer dieser Trottel auch noch mit freundlichem Lächeln zu ihm runter, hielt ihm eine Landkarte vor die Augen und meinte: »Sagen Sie mal, guter Mann, wie kommen wir denn am schnellsten zum Wadlpass?«

Den schnellsten Weg zum Wadlpass, den zeigte der Poldl ihnen natürlich nicht – aber den schnellsten Weg raus aus seinem Acker, den fanden sie dank seiner stimmgewaltigen Unterstützung sehr schnell. Der Bauer musste noch vier Tage später Honigmilch trinken, weil ihm der Hals so wehtat.

Revierkampf der Platzhirsche

Nur Alois Feyertag sah an diesem denkwürdigen Montag nicht rot, sondern schwarz. Tiefschwarz. Die Zukunft Gfrettgstättens konnte gar nicht schwärzer sein. Zumindest nicht in den Augen des amtierenden Bürgermeisters und Buschenschankbetreibers. Zwar waren die Aussichten in den letzten Jahren auch nicht allzu rosig gewesen, aber verglichen mit dem diesjährigen Desaster lagen sie noch beinahe im grünen Bereich, symbolisch gesprochen. Heuer jedoch würde der Ort mit wirtschaftlichen Problemen zu kämpfen haben, die keinesfalls mehr aus der mittlerweile ohnedies geleerten Portokassa zu decken waren. Entweder es fand sich ein Wunder, oder es würde den Einwohnern spürbar an den Gemeindesparstrumpf gehen.

Aber das Wunder geschah nicht. Stattdessen hatte das Damischtal seine Kriminalitätsrate, wenn man das so offiziell bezeichnen wollte, in nicht einmal einer Woche um geschätzte siebentausend Prozent gesteigert. Der Mord am Hendl-Franz war nach wie vor ungeklärt. Angeblich, so hatte der Inspektor dem Bürgermeister berichtet, sei der Goggalori auch gar nicht durch den Hahnenkamm von Hermis Eisengockel gestorben, sondern durch einen Autounfall. Ein Traktor hätte es theoretisch natürlich auch sein können, aber da waren Kapplhofer und Feyertag ausnahmsweise einer Meinung: Einen Traktor zur Schlafenszeit hätten die streitbaren Anwohner vom Ganserlweg nie im Leben überhört. Wahrscheinlich nicht einmal der Rest vom Dorf, denn derartige Geräuschkulissen mitten in der Nacht war man selbst rund um den Hauptplatz nicht gewohnt.

Und selbst wenn der Verlust vom Hummelbrunner nicht schlimmer war als ein Haar in der Mistsuppe, so sprach sich ein gewaltsamer Todesfall halt doch herum. Er wurde rhetorisch ausgeschlachtet, entsetzlich aufgebauscht und zog immer weitere Kreise, bis am Ende die Tat eines sadistischen Serienmörders herauskam, der das ganze Damischtal in Angst und Schrecken versetzte. Dazu kam ein ebenfalls unaufgeklärter Ölskandal, der gleich zehn Leute ins Krankenhaus gebracht hatte, was den Umsatz von Kernöl stärker hatte schrumpfen lassen als das Hagelunwetter vor zwei Jahren, selbst wenn die finanziellen Einbußen eher Plutzenberg betrafen. Wenn dann auch noch harmlose Spaziergänger riskieren mussten, sich eine Kugel im Kopf einzufangen, dann war der Tod Gfrettgstättens als Fremdenverkehrsdestination nur noch eine Frage der Zeit. Das Grab hatten ein paar Deppen schon geschaufelt.

Zumindest hatte ihn heute ein Parteifreund aus dem Nachbarkaff angerufen, weil es angeblich einen Hinweis auf den Heckenschützen gab. Wünschenswert wäre es ja, dass so einem Blindgänger auf ewig das Handwerk gelegt würde, mit drakonischen Strafen und Jagdscheinentzug auf Lebenszeit, aber der Rufmord, der ihnen dadurch entstanden war, den konnte keine Haft der Welt wiedergutmachen.

Nur noch ein Wunder.

Und deshalb war er nun hier. Im Sitzungssaal des Gemeindeamts, wo die Intelligenzija von Gfrettgstätten in einer halben Stunde zusammentreffen würde, mussten sie das tragische Schicksal ihrer Ortschaft zu einem Umkehrschwung Richtung Popularität und Prosperität zwingen. Heute, jetzt und auf dem schnellsten Weg.

Auch die Mitglieder des Gemeinderats waren sich der Dringlichkeit der Causa bewusst und fanden sich pünktlich wie nie zuvor an ihren Plätzen ein.

»Sodala, das hättn mir g'schafft.« Der Böllinger hob den Ehrenhöfler, der immer noch zur Hälfte eingegipst war, vorsichtig auf den Sessel. Dann lehnte er ihm behutsam die Krücken gegen das gesunde Bein.

Nie hätte der Bürgermeister geglaubt, diese zwei Kampfhähne einmal friedlich vereint an einem Tisch zu erleben. Ein klarer Beweis, dass es Wunder gab. Feyertag wertete dieses historische Ereignis als gutes Omen, sozusagen einen vielversprechenden Auftakt zu einem Feuerwerk an zündenden Ideen, auch wenn er dem früheren Spritzenmeister ansonsten wenig gedanklichen Funkenflug zutraute.

»Meine lieben Freunde und Freundinnen, meine geschätzten Gemeindemitglieder und Gemeindemitgliederinnen, ich möchte euch aus ganzem Herzen danken, dass ihr heute hierhergekommen seid.« Und damit hatte er, ebenfalls eine historische Ausnahme, nicht einmal gelogen. »Das, was uns, also unserer Gemeinde, in letzter Zeit widerfahren ist, das geht auf keine Kürbishaut mehr. Ein Toter und zwölf Verletzte sind die Bilanz der letzten Tage. Das

Krankenhaus ist ausgebucht, unsere Gästezimmer stehen nahezu leer. Allesamt storniert und abgesagt.«

Die Gemeinderäte und -rätinnen saßen bedrückt auf ihren Plätzen und schwiegen. Es gab auch nichts zu sagen, der Bürgermeister hatte recht. Das konnten nicht einmal die Sozis oder die Grünen bestreiten.

»Jetzt ist Handeln angesagt, sonst steht unsere einstmals blühende Gemeinde vor dem Ruin. Und dann kann uns kein noch so großartiger Blumenschmuck mehr retten.« Damit wollte Feyertag so diplomatisch wie irgendwie möglich darauf hinweisen, dass die Priorität der gerade erst begonnenen Fremdenverkehrssaison heuer nicht dem Blumenschmuckwettbewerb galt.

Niemand erhob einen Einwand. Blumen waren Frauensache, und Frauen waren im Gfrettgstättener Gemeinderat ohnedies nur vereinzelt vertreten. Genau genommen gab es vier: eine Landwirtin, die eine Käserei betrieb, eine Buschenschankwirtin, die der Landwirtin den Käse abkaufte, eine Krankenschwester, die war für das Soziale zuständig, und die Hermine. Das florale Ortsbilddesign fiel neben der Friedhofsblumenszenerie also größtenteils in den Holzapfel'schen Kompetenzbereich, aber die Hermine war aufgrund der jüngsten Vorkommnisse nicht in Kampfeslaune.

»Meine lieben Anwesenden.« Feyertag war Politiker genug, um Wörter wie »Anwesende« oder »Bedürftige« zu lieben. Da brauchte er nicht ständig diesen neumodernen Geschlechterquatsch zu berücksichtigen und alles doppelt zu sagen. »Wir haben uns heute hier zusammengefunden, um eine Lösung für zwei dringende und drängende Probleme zu finden. Zum einen: Der Ruf unserer Gemeinde ist schwer angeschlagen! Wie und wodurch können wir uns als gastfreundliches – mit Betonung auf ›freundliches‹ – Ausflugs- und Naherholungsgebiet rehabilitieren? Und uns gleichzeitig, und das wäre das andere, von Plutzenberg abgrenzen? Es muss ein Ende damit haben, dass alle Dörfer im Damischtal ständig in einen Topf geworfen werden!«

Die Gemeinderäte und -rätinnen applaudierten. Das hatte der Alois wirklich schön gesagt. Es war höchste Zeit, sich von allen moralischen, hygienischen und gesundheitlichen Bedenken rückstandslos reinzuwaschen.

»Also, meine Damen und Herren, ich bitte um Ihre Vorschläge!« Der Schuldirektor hatte sich an die Tafel begeben, um alles Verwertbare in seiner unnachahmlichen Schreibschrift aufzuschreiben.

»Wir könnten einen g'scheiten Fußballer kaufen«, schlug der Böllinger vor. Vereinswesen war seine Sache. Und Fußball zog immer, da machte das Damischtal keine Ausnahme.

»Und wer soll das bezahlen?« Der Schuldirektor kannte das Budget.

»Wir lassen die Kinder kostenlos Urlaub machen. Nur die Eltern zahlen.«

»Das is eh schon der Fall«, warf die Buschenschankwirtin ein und dachte an die ganzen gratis urlaubenden Gschrappen, die größere Portionen verschlangen als ihr Berner Sennenhund und die schon mit vier in kein Kinderbett mehr passten, so fett waren sie. Aber bezahlen mussten sie dennoch nicht.

»Wir küren die Miss Damischtal«, warf der Gemeindesekretär ein, der viel für nackte Tatsachen übrig hatte. Deshalb wär er auch lieber ein Badewaschl geworden, aber er hatte nie richtig schwimmen gelernt.

»Du kannst nicht jedes Wochenende eine Fleischbeschau abhalten«, kommentierte die Landwirtin trocken, »das macht man nicht einmal mit die Viecher.«

Langsam gingen den Gfrettgstättenern die Ideen aus. Kosten durfte es nichts, aber effizient musste es sein. Der Maßnahmenkatalog war immer noch ziemlich leer.

»Wir stellen einen Antrag auf einen Biosphärenpark.« Das war natürlich ein Vorschlag vom Umweltreferenten.

»Und wen außer die Vögel sollte des interessieren?«, bekam der Kürbiswirt auf einmal den Mund auf.

Der Bürgermeister hingegen kannte die Dauer behördlicher Wege, sofern man nicht gerade mit dem Umweltminister verschwägert war. »Bis das in die Wege geleitet ist, sind wir ohnedies schon ausg'storben.«

»Wir schaffen ein neues Genussprodukt.« Auch der Leiter vom örtlichen Lagerhaus wollte mitreden.

»Brauchen wir net«, winkte der Wirt ab. »Wir haben doch schon die Klapotetzkeulen.«

»Und des giftige Kernöl«, mahnte die Hermine, denn die dörfliche Logik ließ keine anderen Schlussfolgerungen zu, was die Vergiftung der Kürbisbürgermeisterkandidaten beim Klescherkurtl betraf. Gegessen und getrunken hatten sie ja alle, aber gespien hatten nur die. Aber weil sie nicht gestorben waren, hatte es natürlich keine gerichtsmedizinische Untersuchung gegeben. Dafür hätte man Geld gebraucht, und das war den Spitalsbetreibern längst ausgegangen. Sie konnten von Glück reden, überhaupt noch ein Krankenhaus zu besitzen.

Kostbare Zeit verging, aber niemandem fiel etwas ein, das Hand und Fuß hatte.

Bis auf den Herrn Pfarrer. »Wir könnten einen Heiligen ausgraben«, brachte er sich nun ein, obwohl er im Grunde gar kein Gemeinderatsmitglied war. Aber angesichts der bevorstehenden Pilgerwegeinweihung hatte der Bürgermeister gemeint, ein wenig kirchlicher Beistand könne nicht schaden.

»Vom Kürbisfeld oder vom Heldenfriedhof?«, frotzelte der Böllinger, der die Tragweite der Idee nicht erkannte.

Der Bürgermeister jedoch war begeistert. »Die Idee ist gut, sehr gut sogar. Bravo, Herr Pfarrer!«

Der winkte peinlich berührt ab. Er stand nicht gern im Mittelpunkt, deshalb verstand man ihn auch bei den Messen so schlecht.

Der Schuldirektor schrieb in großen Lettern »HEILIGENAUSGRABUNG« an die Tafel.

»Aber wo kriegen wir heilige Knochen her?«

»Vielleicht sollten wir den Fleischer fragen, ob er nicht zufällig noch ein paar Gebeine zum Ausgraben hätt'.«

Das allgemeine Gelächter lockerte die Anspannung etwas auf. Und natürlich die erste einigermaßen vielversprechende Idee.

Nur stellte sich bei näheren Überlegungen leider heraus, dass das Prozedere eines Reliquienfunds zu viel Zeit in Anspruch nehmen würde. Das könnte sich Jahre hinziehen, selbst wenn man tatsächlich irgendwo ein paar antike Gebeine auftreiben würde. Aber Geistliche dachten eben nicht in menschlichen Zeitspannen, sondern eher für die Ewigkeit.

Dennoch ließ der Einfall sie nicht los. Etwas Heiliges, etwas, mit dem sie auch bei den Abgesandten aus St. Marienburg Eindruck schinden könnten, vielleicht sogar ins Fernsehen kämen, und das Ganze obendrein zum Nulltarif, genau das bräuchten sie. Diese bigotten Lebkuchenfresser machten sich ja jetzt schon in die Hose vor lauter Angst, dass ihnen auf der Wallfahrt ein Haar gekrümmt würde. Als wären sie blutrünstige Barbaren. Der Herr Pfarrer hatte sogar einen unseligen Anruf vom Erzbischof erhalten, in dem »seine Exzellenz« mit hochtrabenden Worten auf den moralischen Verfall des Damischtales hinwies, den er in keiner Weise gutheißen könne.

Da konnte man ja von Glück reden, nicht mehr im Mittelalter zu leben, sonst hätte sie dieser hohlwangige Hostienfresser bestimmt auf der Stelle exkommuniziert.

»Ein Wunder!«, rief der Herr Pfarrer aus.

Wieder sahen alle zu ihm hin.

»Wie? Welches Wunder?« Der Bürgermeister hielt den Atem an. Hatte er nicht vor ein paar Stunden auf selbiges gehofft?

»Ich meine«, Hochwürden Hafernas hatte vor Aufregung ganz rote Wangen bekommen, »das würde nichts kosten und schnell gehen.«

»Ja, und an was für ein Wunder hätten S' da 'dacht«, wollte nun ausgerechnet die Hermine wissen.

»Bei uns in der Klachlkapelle, links vom Hochaltar, da steht doch die ehrwürdige Statue vom heiligen Bartholomäus.«

Alle dachten angestrengt nach. Die Klachlkapelle hatte jeder vor Augen, dort gewesen waren sie auch schon oft. Entweder für ein aussichtsreiches Picknick mit Blick auf den Sterzkogel und die Schilcherterrassen oder zur österlichen Fleischweihe, die an jener entlegenen Stelle stattfand, weil dort oben kein Wirtshaus in der Nähe war. Früher hatte man diesen jahrhundertealten Osterbrauch immer in der Pfarrkirche von Gfrettgstätten abgehalten, aber dort hatten die Männer den gut gefüllten Korb einfach vor den Altar gestellt und waren für die Zeit der Segensworte ins angrenzende Wirtshaus gewandert. Erst beim Glockengeläut hatten sie ihre Körbe wieder abgeholt. Und das auch nicht immer. Manch eine Hausfrau hatte bis zum Abendgebet warten müssen, ehe der angeheiterte Gatte mitsamt dem Osteressen wieder nach Hause gefunden hatte.

Also hatte man diese Tradition zur Kapelle auf den Märtyrermugel verlegt. Gestorben war dort oben aber noch niemand, der Hügel hieß nur wegen der steilen Steintreppe so, die das letzte Stück hinaufführte.

Nun tauchten also alle möglichen Erinnerungen auf, besondere Gedächtniskünstler erinnerten sich sogar an das verblichene Graffiti, das vor Jahren jemand an die alte Holztür zur Treppe auf den Glockenturm gemalt hatte, oder an den Grünspecht, der in der mächtigen Tanne neben dem Jausentisch nistete. Eine Statue im Altarraum jedoch war noch niemandem aufgefallen. Dem überfragten Gemeinderat blieb also nichts anderes übrig, als wissend zu nicken und auf eine baldige Weiterführung der Erläuterungen zu hoffen.

Diese Hoffnung wurde erfüllt, der Herr Pfarrer ergriff erneut das Wort. »Die Statue stammt aus dem 15. Jahrhundert, ist also sehr alt, und wie bei den meisten Darstellungen hält der heilige Bartholomäus seine eigene Haut in der Hand, weil man ihm die ja abgezogen hat.«

Ganz Unverfrorene nickten auch jetzt. Wo beim Bartl täglich Berge an Sauhäuten zum Trocknen aufgehängt waren, da konnte man wirklich nicht erwarten, dass einem Gfrettstättener eine einzelne Haut ins Auge sprang. Obwohl ein gehäuteter Heiliger natürlich nicht ganz alltäglich war.

»Es wär' halt ein schönes Wunder, wenn diese Haut auf einmal zu bluten beginnt. Am Ostersonntag zur Auferstehung, vor den Augen der Wallfahrer.«

»Herr Pfarrer, Sie sind ein Genie!« Der Schuldirektor trat auf den Geistlichen zu und schüttelte ihm die Hand.

Der Bürgermeister machte es ihm umgehend nach. Ein paar riefen »Bravo«, einige applaudierten sogar.

Hochwürden Hafernas war der Auflauf um seine Person sichtlich unangenehm. Er stammelte: »Gottes Eingebung, das war eine göttliche Eingebung«, und versuchte, dem Gedränge zu entfliehen.

Feyertag gab den Leuten ein Zeichen, den geplagten Mann doch seiner Wege gehen zu lassen. Für die Detailplanung war er ohnedies nicht mehr vonnöten, da musste der Fleischhauer als Requisiteur herhalten. Der Bartl war dem leidgeprüften Ort ohnedies noch einen ganz großen Gefallen schuldig, so als Wiedergutmachung für das Sauschädlgrab.

Das Problem war jedenfalls gelöst, die Stimmung ebenfalls, nun wurde der Weinkrug herumgereicht und mit gesundem Appetit in die Grammelschmalzbrote gebissen. Gute Ideen machten bekanntlich den größten Appetit.

★★★

In Plutzenberg spielte sich zur gleichen Zeit ein recht ähnliches Treffen ab. Der Gemeinderat versammelte sich, um nahezu identische Probleme zu diskutieren. Und um die Nachbarn, die Gfrettgstättener, auf die Plätze zu verweisen. Immerhin hatten die Plutzenberger den Bankdirektor Pfnatschbacher samt Sohn bereits als Heckenschützen ausgeforscht, die Ermittlungsergebnisse aus strategischen Gründen allerdings nicht an die große Glocke gehängt – aber bei den Gfrettgstättenern lief nach wie vor ein Mörder frei herum.

Was das Kernöldesaster beim Schmankerlfest betraf, da war die Zuständigkeit leider halbe-halbe aufgeteilt. Dieser Kraxnhof lag zu ungünstig für einseitige Schuldzuweisungen. Aber dessen ungeachtet gab es keine Sippenhaftung im Damischtal. Die Plutzenberger würden für die Fehltritte der anderen bestimmt nicht ihren guten Ruf riskieren, sondern sich nachhaltig von ihren halbkriminellen Nachbarn distanzieren und ihre touristische Überlegenheit mit einer grandiosen Idee unter Beweis stellen.

So weit, so gut. Nachdem dies beschlossene Sache war, zermarterten sich auch die Plutzenberger Gemeinderäte und -rätinnen die Köpfe auf der Suche nach einer grandiosen Idee. Leider hatten sie keinen Geistlichen in ihren Reihen, daher fiel das Ergebnis um einiges profaner aus: Sie würden die größte Erzherzog-Johann-Statue errichten, die die Welt je gesehen hatte, dadurch die Ehre der Plutzer wiederherstellen und zudem ins Guinnessbuch der Rekorde kommen. Dreizehn Meter hoch sollte das Kunstwerk aus Kürbissen sein und weithin über das gesamte Damischtal strahlen. Da würden diese scheinheiligen Gebirgsaffen aus St. Marienburg aber Augen machen, und die Gfrettgstättener sowieso!

Die Oaschkrätzn und der Giftmischer

»Wos wuins?«

Rüdiger fehlten langsam die Worte. Jetzt hatte er bereits dreimal laut und deutlich sein Begehren formuliert. Ein Kasseler wollte er, also ein Selchkarree, ein fein gepökeltes und ordentlich geräuchertes Stück Schweinefleisch, bevorzugt aus dem Rippen- oder Schulterstück. Das konnte doch nicht mal für derartige Hinterwäldler so schwer zu kapieren sein. Aber vielleicht stellte sich diese Landpomeranze ja vorsätzlich taub. Oder dumm.

Seit dem mörderischen Anschlag im Wald, der seiner Frau vorübergehend die Gehfähigkeit geraubt und seinem Sohne außerordentliche Schulferien beschert hatte, seitdem gab es nichts mehr, was er diesen Steirern nicht zutrauen würde. Außer einer raschen Auffassungsgabe.

Dabei war die Verkäuferin hinter der Fleischtheke wirklich bemüht. Nicht nur, weil ihr das sowohl der Schuldirektor als auch ihr Chef immer wieder eingebläut hatten. Die Grottnik Zilli war von Natur aus ein hilfsbereiter Mensch.

»A G'söchts wü a, der Herr«, kam ihr der Fleischhauer nun zur Hilfe, der eben seinen Laden betrat.

Beim Anblick des lokalen Reserve-Terminators stiegen Erinnerungen in Rüdiger auf, die seine Fleischeslust allerdings merklich dämpften. Das war doch dieser rabiate Blödmann mit seinen Ferkeln, der ihnen bereits auf der Bergstraße begegnet war. Damals auf dem Wadlpass, als die Welt noch in Ordnung gewesen war. Nur gut, dass Rüdiger keine Ahnung hatte, wem seine Gattin ihren schädelbedingten Knöchelbruch zu verdanken hatte, denn über den schweinischen Ursprung der Totenköpfe hatte ihn bewusst niemand aufgeklärt.

Vorsichtig sah sich der Deutsche nach der Tür um, während der bekloppte Fleischer bedrohlich näher rückte.

»Bitte, der Herr, ein feines Stück vom Nacken, des ist besonders zart, mit dem Aroma von Kranewittbeer.«

Wacholder war dem Bartl gerade nicht eingefallen, aber ansonsten konnte er durchaus verständlich Rede und Antwort stehen, zumindest wenn es um seine Wurst ging. Oder um artverwandte Produkte.

Dem Rüdiger hingegen verschlug es beinahe die Sprache, jetzt, wo dieser Schweinskopp auf einmal Deutsch reden konnte.

»Darf's sonst noch was sein? Ein Scheiberl frische Sulz vielleicht oder einen Räucherspeck?«

Rüdiger wusste nicht, was er von dieser ausgesprochen fremdenfreundlichen Eloquenz halten sollte. Zögernd nahm er die angepriesene »Sulz« in Augenschein, bei der es sich offensichtlich um Schweineschwarten in Aspik handelte. Insgeheim aber fragte er sich, ob der Metzger vielleicht einen Zwillingsbruder hatte. Für eine Bundestagsansprache fehlte dem Schinkenfritzen zwar noch der Feinschliff, aber von den seinerzeitigen Fehlzündungen der sprachlichen Grobmotorik war nichts mehr zu hören.

Rüdiger konnte sich noch genau erinnern, dass dieser ungehobelte Mensch bei ihrem ersten unfreiwilligen Aufeinandertreffen, als der Touristenbus beinahe mit dessen Traktor kollidiert war, keinesfalls der deutschen Sprache mächtig gewesen war. Er hatte eher lautstark gegrunzt, aber bestimmt keinen einzigen verständlichen Satz gesagt. Dafür war er herausragend unfreundlich gewesen, hatte die Fremdenführerin zu Tode erschreckt und böse auf jeden gestarrt, der ihn oder seine schweinische Fracht fotografieren wollte. Der Mensch wurde ihm zunehmend unheimlicher, so wie er da stand, daherredete und immer wieder verstohlene Blicke nach draußen warf, wo Rüdigers Sohn sich gerade mit einem kleinen Hund die Wartezeit vertrieb.

»Danke, sehr freundlich, aber das genügt schon so.«

Als der Deutsche mit seinem eingewickelten G'selchten das Geschäft verließ, sah der Bartl dem Piefke noch lange nach. Dem sein Fratz war es gewesen, der ihn und seine Sau damals auf dem Wadlpass besonders oft fotografiert hatte. Der Fleischhauer hatte ein monumentales Gedächtnis, wenn es um Gesichter ging. Schließlich konnte er auch seine Fadl voneinander unterscheiden, obwohl er über hundert davon besaß.

Dieser Bub gefiel ihm nicht, der hatte einen viel zu neugierigen Blick. Und diesen räudigen Köter, der immer um seinen Laden schlich, den hatte er vorhin auch gestreichelt. Womöglich keimte in dem Knaben bereits ein militanter Tierschützer. Diesen

Oaschkrätzen der Menschheit konnte man gar nicht früh genug den Garaus machen.

Als hätte Kevin-Karl die bösen Blicke des Fleischers in seinem Rücken gespürt, blieb er mitten auf der Straße stehen und drehte sich noch einmal um. Vor dem Geschäft stand der Bartl an der Tür und starrte ihn geradewegs an. Und der Bub blickte mutig zurück.

»Kevin-Karl, mach schon! Komm jetzt endlich.«

»Ja, Papa.« Der Junge begann, den Platz im Krebsengang zu queren. Dabei hatte er den Blick fest auf den Bartl gerichtet, weshalb er beinahe über einen Zierkürbis gefallen wäre, in dem eine opulente florale Komposition aus Gänseblümchen, Krüppelkiefern und patriotisch gestreifter rot-weiß-roter Erika platziert war.

Währenddessen war sein Vater bereits im Laden der Pflanz-Kathi verschwunden, den er wenig später, einen Strauß Frühlingsboten im Arm, missmutig wieder verließ. Mit langem Gesicht und einem auffallend grünstichigen Bukett. Nie zuvor hatte er ein Blumengeschäft mit weniger Blumen gesehen. »Leider alles schon weg heute«, hatte die Kathi ihn bedauernd angelächelt.

Rüdiger konnte sich zwar beim besten Willen nicht vorstellen, wozu Menschen, die inmitten einer blühenden Natur lebten, ein Blumengeschäft kahl kauften, aber mit diesem Volk schien er in jeder Hinsicht ein Verständnisproblem zu haben. Mit Müh und Not war es ihm gelungen, zumindest einen fachmännisch drapierten Wildwuchs in Blassgrün zu erwerben. Mit etwas Glück könnte er auf einer nahen Wiese noch ein paar Narzissen pflücken, um das karge Gebinde etwas aufzuhübschen.

Nun war es jedenfalls höchste Zeit für einen erneuten Besuch im Krankenhaus. Noch eine knappe Woche, hatte ihm der Arzt gestern mitgeteilt, müsse Hildegund das Bett hüten, bevor sie in häusliche Pflege entlassen werden könne. Und sein Sohn die Schule schwänzen, fügte Rüdiger in Gedanken dazu. Dabei hatten sie nur einen kurzen Wochenendausflug machen wollen und keinen Adventure-Trip mit nachfolgendem stationären Aufenthalt. Zumindest hatte man seine Frau umgehend in der eilig eingerichteten VIP-Suite einquartiert, in der bereits Anita Auerspach, die verletzte Reiseleiterin, auf gesündere Zeiten hoffte.

»Von wegen Neapel sehen und sterben«, hatte diese ihrer Leidensgenossin mit Leichenbittermiene gleich nach der Begrüßung erklärt, »dieser Goethe sollte erst mal ins Damischtal kommen.«

»Ach, geht's Ihnen so schlecht?«

Hildegund war ein ausnehmend empathischer Mensch, sofern es nicht ihren Gatten betraf. Sie zerfloss umgehend vor Mitleid für ihre Bettnachbarin, der es offenbar um so viel schlechter ging als ihr. Womöglich hatte sie es gar am Herzen, weil sie diesen riesigen Verband um den ganzen Oberkörper trug. Unter Umständen war sie sogar auf dieselben Knochenfunde gestoßen? So ein Anblick konnte einem schwachen Herzen schon einen starken Schlag versetzen.

»Erschießen wollten die mich!«

»Was Sie nicht sagen. Ja, wer denn?« Wenn sie das ihrem Rüdiger erzählte. Da konnte sie mit ihrem Bänderriss, dem Knöchelbruch und einer leichten Gehirnerschütterung natürlich nicht mithalten.

»Wenn ich das wüsste. Aus dem Hinterhalt, im Wald, einfach so. Das müssen Sie sich einmal vorstellen. Das sind Halbwilde hier, das sag ich Ihnen, ambulante Zeitbomben!«

Hildegund nickte teilnahmsvoll. Sie fühlte sich bereits viel besser. Immerhin war ihr keine Kugel um den Kopf geflogen, sondern nur ein Bärenschädel. Oder war's ein Bernhardiner gewesen? Ach, das spielte im Grunde keine Rolle. Verglichen mit ihrer bedauernswerten Bettnachbarin war sie in jedem Fall noch glimpflich davongekommen.

★★★

Kevin-Karl fühlte sich auch ziemlich gut. Und das, obwohl er gerade vor seinem Mathebuch saß. Kaum hatte sich sein Vater mitsamt Blumen und liebevoll einstudierten Beileidsbekundungen auf den Weg zum Auto machen wollen, war den Sohnemann eine unstillbare Sehnsucht nach Algorithmen und triangolaren Beziehungsproblematiken überkommen. Nichts auf der ganzen Welt, nicht einmal der anstehende Besuch bei einer kranken Mutter, konnte von derart vordringlicher Bedeutsamkeit wie das Verhältnis von Hypotenusen und Katheten sein.

»Papa, darf ich meine Mathesachen mit ins Krankenhaus nehmen? Bitte, bitte«, hatte er seinen Paps angebettelt und dabei treuherzig zu ihm aufgesehen.

Der traute seinen Augen nicht. Da stand sein Sohn mit drei dicken Büchern, dem Übungsheft, der Formelmappe, einem Lineal, Zirkel, Winkeldreieck und was sonst noch zur Standardausrüstung eines improvisierten Geometriestrebers zählte, und sah ihn aus flehenden Augen an.

Es musste wohl wirklich an diesem Damischtal liegen, dass er urplötzlich nicht einmal mehr sein eigenes Kind verstand. Für den hatte Mathematik doch bislang stets den Stellenwert einer eitrigen Mandelentzündung mitsamt Coca-Cola- und Keksverbot besessen.

Rüdiger wusste nicht, was er sagen sollte. Dieser einzigartige Wunsch seines Sohnes versetzte ihn in schlimmste elterliche Bedrängnis. Nahm er Kevin-Karl mitsamt seiner kofferraumfüllenden Lernausstattung mit ins Plutzenberger Landeskrankenhaus, beschnitt das den Genesungsspielraum seiner Gattin in erdrückendem Ausmaß. Der Knabe würde seinen Bücherberg am Fußende des Krankenbettes aufstapeln, um nichts von den Gesprächen unter Erwachsenen zu überhören, so nebenbei mit der Zirkelspitze in Hildegunds Gips stechen oder die Blütenblätter damit perforieren. Bestimmt fielen ihm äußerst geräuschvoll Winkeldreieck und Federmäppchen zu Boden und hinterließen unübersehbare Tintenkleckse auf den Fliesen. Beim Versuch, alles wieder aufzuheben, würde der Bub sich entweder irgendwo den Kopf anschlagen oder die Blumenvase vom Tisch stoßen. Ganz zu schweigen vom Übungsheft, das mit unnachahmlicher Präzision dem Weg des Federmäppchens folgen würde und dabei garantiert auf dem größten der Flecken zu liegen kam.

Kevin-Karls Vater war zwar kein Schwarzmaler, aber er kannte den Ablauf dieser Dinge zur Genüge. Die Lernphasen seines Sohnes folgten seit Jahren einem unabänderlichen Drehbuch. Nur das mit dem Gips würde neu sein. Daheim mussten entweder der Gummibaum oder die Schreibtischplatte für Bohrungszwecke herhalten.

Andererseits wollte er einen derart ungewöhnlichen Anfall mathematischer Leidenschaft – insbesondere in dieser schulfernen Zeit – auch nicht mit patriarchaler Gewalt unterdrücken. Möglicherweise war das der einzige seiner Art in diesem Schuljahr.

In Rüdigers Innerem tobte ein Pas de deux der Bedenklichkeiten. Egal, wie er sich entschied, er würde entweder seiner Frau oder der nächsten Mathematiknote schaden.

Derweil starrte Kevin-Karl unverändert und mit beinahe obsessiver Fixierung gleichschenkelige Dreiecke an.

»Lassn S' den Bubn halt hier, ich pass schon auf den Racker auf.« Die Zimmerwirtin, die gerade neue Handtücher gebracht hatte, strich dem Jungen liebevoll über den Kopf. »Des is eh so ein Braver.«

Kevin-Karl nickte zustimmend. Er liebte diese fassförmige Frau, die ihn immer in die Küche rief, wenn sie gerade beim Backen war. Was eigentlich jeden Tag passierte. Vor allem die leckeren Weinstrauben hatten es ihm angetan, wenn sie so brutzelnd goldbraun aus dem heißen Fett kamen. Für Kevin-Karl streute die Wirtin immer eine extra Ladung Staubzucker drüber, was ihm selbst ödeste Regentage in elterlicher Gesellschaft versüßte. Es schien Rosis Bestimmung zu sein, als Retterin in seiner Not aufzutreten.

Rüdiger dachte angestrengt nach. Kevin-Karl allein im Damischtal, das konnte nicht gut gehen, zumindest nicht, was das Wohlergehen seines Sohnes betraf. Diese Gegend hier glich einer Sammelstelle für lebensbedrohliches Gefahrengut.

Doch die Zimmerwirtin machte einen durchaus kompetenten Eindruck, wenn sie seinen Schlingel manchmal zur Räson rief. Immerhin schien dieses kolossale Weib selbst eine unendliche Anzahl an Kindern und Kindeskindern zu besitzen, die in veränderlicher Formation durch Haus und Garten zogen. Eine Anfängerin in Sachen Aufsichtspflicht und Autorität war sie demnach nicht.

Um dem Vater die Entscheidung etwas einfacher zu machen, hatte Kevin-Karl inzwischen sein halbes Federmäppchen auf dem Tisch ausgeleert, sorgfältig einen Bleistift angespitzt und malte nun mit Hilfe von Winkelmesser und Dreieck wunderschöne geometrische Figuren in sein Übungsheft. Dabei wirkte er so ungemein konzentriert, dass er nicht einmal mit dem Sessel wippte.

»Na, dann bleib halt hier.«

Dankbar blickte der Sohn seinen Vater an.

»Aber eines musst du mir versprechen: Du folgst der Frau Filipipsch aufs Wort!«

Die gute Seele vom Landhaus Lärcherlhof vulgo Besenreißer

hieß zwar Filipič, aber das mit den Akzenten bekamen die Bartensteins einfach nicht in den Griff.

Kevin-Karl nickte. »Versprochen, Papa!«

»Du gehst unter gar keinen Umständen weiter weg als bis in den Garten!«

Erneutes Nicken.

»Und du rufst mich alle zwei Stunden an. Sonst gibt's Hausarrest für die ganze nächste Woche.«

»Klar, Papa, mach ich.« Kevin-Karl unterließ es, seinen Vater auf die Wertlosigkeit eines derartigen Versprechens hinzuweisen. Mit einem Mobiltelefon in der Tasche konnte er jederzeit ein Doppelleben führen. Ganz wie es ihm – und seinem Vater – gefiel. Zudem hätten ihn seine Eltern ohnedies nicht rund um die Uhr um sich in ihrem kleinen Zimmer ertragen, davon war er überzeugt.

»Bis bald, mein Sohn.«

»Tschüss, Papi, und grüß die Mami ganz lieb von mir. Sie soll bald wieder heimkommen.«

Dann beugte der Bub sich wieder tief über ein Skizzenblatt, während Rüdiger zur Zimmerwirtin eilte. Die stand in der guten alten Bauernstube und behängte die schmiedeeisernen Luster, die allesamt die Form von alten Wagenrädern hatten, mit geflochtenen Palmkätzchen und blühenden Forsythien. Dafür hatte sie sich auf ein hoffentlich sehr solides altes Weinfass stellen müssen, das hörbar aus allen Dauben ächzte. Der immer noch ein wenig besorgte Vater hatte selten mehr Gänseblümchen auf einer Stelle gesehen als auf der bunten Kittelschürze der Frau Filipič. Dennoch war er ihr insgeheim beinahe dankbar für ihren altmodischen Geschmack. Er fand nichts Schrecklicher als diese Hundert-Kilo-Matronen in ihren Großraumjeans. Dagegen waren Gänseblümchen ein beinahe schon ästhetischer Anblick.

»Und ich darf den Jungen wirklich bei Ihnen lassen?«

»Na eppa net, wenn ich's doch g'sagt hab. Ich schau gern auf den Karli.«

Für die Rosi hieß der Bub nur Karli oder Rotzbua. Der Name Kevin-Karl hatte in ihren Ohren den bedrohlichen Klang von diesen komischen Milchsäurebakterien, aus denen dann so ein grausliches Getränk entstand.

»Dann sag ich herzlich Danke schön. Und passen Sie mir gut auf den Jungen auf!« Auf der Schwelle drehte er sich noch einmal um. »Ich bin so schnell wie möglich wieder zurück.«

»Machen S' Ihnen kan Stress, Herr Bartenstein. Auf Wiederschauen.«

Die Rosi verstand die ganze Aufregung nicht. Der Karli war zwölf, konnte mit Messer und Gabel umgehen, und auf den Mund gefallen war er auch nicht. Was sollte dem Buben hier schon passieren?

★★★

Kaum sah Kevin-Karl seinen Vater ins Auto steigen, erlitt er einen sogenannten geometrischen Gedankenkurzschluss. Auf einmal ging absolut nichts mehr. Sein Kopf rauchte, die Augen tränten, und die kleinen bläulichen Quadrate in seinem Übungsheft verschwommen zu einer großen grünen Wiese. Er musste dringend raus hier, sonst würde er an diesen ganzen Formeln ersticken.

Schnell rannte er zur Rosi in die Stube. Die war mittlerweile wohlbehalten vom Weinfass gestiegen und saß jetzt auf der Ofenbank, neben sich einen hohen Stapel Stoffservietten, die sie gekonnt zu fächerartigen Gebilden faltete.

»Hast ein Hunger, Bub?«

»Bei Ihnen immer, Frau Filipič.«

Das mit der »Tante Rosi«, wie es ihm die Wirtin angeboten hatte, das kam ihm noch nicht so richtig über die Lippen. Bei ihm daheim durfte man Erwachsene nicht einfach so duzen. Und verwandt waren sie in Wahrheit ja auch nicht.

»Dann gemma in die Kuchl. Ich wollt eh grad ein paar Palatschinken machen.«

Eine Aussicht, die Kevin-Karl schlichtweg begeisterte. Er liebte diese omelettartigen Dinger, von denen seine Eltern immer behaupteten, das wären die Proleten der Bauernkost, denn echte Menschen würden Crêpes essen. Aber er mochte Palatschinken, vor allem die mit den Nüssen drin und noch Schokosoße und Schlagsahne drüber.

Die ersten beiden verschlang er auf einmal, für die dritte ließ er sich immerhin so viel Zeit, hin und wieder auch einen Schluck Milch dazu zu trinken.

Die Zimmerwirtin war zufrieden. Der Bub sah ohnedies aus wie die sprichwörtliche Bohnenstange.

»Hat's g'schmeckt?«

»Weltklasse, Frau Filipič. Danke schön!«

Vorsichtig trug er den leeren Teller zurück auf die Anrichte, wo seine Gönnerin die übrig gebliebenen Teigfladen zu Frittaten schnitt.

»So, Karli, ich muss weiter tuan. Schau, dass't rauskommst an die g'sunde Luft. Der Bertl und der Franzl san hinten auf der Wiesn bei die Gäns.«

In Rosis Augen war Stubenhocken bei Sonnenschein eine Todsünde, die vor allem bei Stadtmenschen sehr verbreitet schien. Wo Frischluft doch so gesund war. Aber die Menschen heutzutage schienen jeder chemischen Verbindung mehr zu vertrauen als der natürlichen Ordnung. Wenn die Zimmerwirtin oft sah, wie ihre Gäste bereits zum Frühstück ein Medikamentenpotpourri in sich hineinstopften, als wäre das die wichtigste Mahlzeit des Tages, dann fühlte sie sich allein vom Zuschauen richtiggehend krank. Sie hatte kein Verständnis für diese Sesselkleber und Sofasitzer, für die ein erhöhter Cholesterinspiegel bedrohlicher war als Beulenpest und Syphilis zusammen. Dabei sahen manche von ihnen ebenso mitleidregend aus wie diese halbskelettierten Wesen auf den Bildern von Dürrekatastrophen. Was auch kein Wunder war. Milch vertrugen sie angeblich nicht, Eier verboten sich ohnedies, beim Schinken wurde der Fettrand fein säuberlich abgesäbelt und an die Katzen verfüttert, Speck kam ihnen nicht auf den Teller, und das knusprige Bauernbrot, das die Nachbarin täglich frisch aus dem Ofen holte, das konnten sie auch nicht essen, weil es ihnen auf den Magen schlug. Stattdessen knabberten sie wie die Kaninchen an Radieschen oder Karotten herum und bestanden auf Joghurt ohne Fett. Was so natürlich war wie Zwetschken ohne Kerne. Oder auch ein Kind ohne Auslauf. Daher sah sie dem entmathematisierten Buben befriedigt nach, wie er im Schweinsgalopp Richtung Wiese rannte.

Als Kevin-Karl die Gänseweide erreichte, saßen der Bertl und der Franzl mitten im hohen Gras und fluchten lautstark vor sich hin.

»Du immer mit deine Schas-Ideen!« Dem Bertl standen die Tränen in den Augen.

»Jetzt plärr halt net! Was stellst di a so deppert an?« Dabei zwickte der Franzl seinem jüngeren Bruder in die Wange, was den nur noch lauter aufheulen ließ.

»I sag's der Mama, dass du mir alleweil aufhusst.«

»Du hältst dein Schnabel, du Hosenscheißer!«

Das geschwisterliche Gerangel dauerte noch eine ganze Weile, bis Kevin-Karl endlich verstanden hatte, worum es eigentlich ging. Offenbar hatte der Franz den Bertl dazu verleitet, einer Gans ein paar Federn auszureißen. Und offenbar hatte die sich unter heftigem Schnabeleinsatz dagegen gewehrt. Was bei kurzen Hosen und einem kurzärmeligen Leibchen bestimmt recht schmerzhaft war.

»Tut's weh?«, wollte er nun wissen.

»Da, schau!« Beinahe stolz präsentierte ihm der Bertl ein paar dunkelrote Striemen.

»Mannomann, das sieht aber schlimm aus.« Kevin-Karl war beinahe beeindruckt.

»Ach was, net ärger als ein Fliegenschiss.« Der Franzl missgönnte seinem Bruder so viel unverdiente Aufmerksamkeit. »Wisst's was? Is eh fad da, gemma zum Bartl seine Butsch.«

Sofort waren Schmerzen und Mitleidsfloskeln vergessen. Die grunzende Bagage vom Fleischer war immer einen Besuch wert. Wenn sie ganz viel Glück hatten, stand ja womöglich grad eine Schlachtung an. Das war dann immer eine Mordsgaudi. Natürlich nicht für die Schweine, aber zumindest für die Zaungäste.

Einträchtig machte sich das Trio vom Acker. Wenn sie über die Kürbisfelder vom Böllinger rannten und danach gleich im Wald vom Wasserschutzgebiet verschwanden, dann konnte ihre kurzsichtige Oma sie nicht sehen, denn zwischen den Bäumen herrschten selbst an sonnigen Tagen dämmrig-trübe Aussichten. Schweigend trabten die drei Abenteurer durch den Halbschatten.

»Da, schau!« Abrupt hatte der Franzl abgebremst und starrte mit offenem Mund und aufgerissenen Augen durch ein Loch im Gestrüpp.

Bertl starrte mit und bekam nahezu spastische Zuckungen, so strengte er sich dabei an. »Leck Oasch …!«

Also blieb auch Kevin-Karl stehen und riskierte einen Blick. Vielleicht gab es ja wieder ein paar Knochenfunde zu bestaunen. Aber stattdessen sah er eine hübsche Blondine in engster Umarmung mit einem Schwarzen. Die beiden saßen auf einer Bank, fummelten recht griffsicher aneinander herum und hatten sich gegenseitig die Zungen in den Mund gesteckt.

Da Kevin-Karl aus einer Gegend kam, in der weder Menschen mit dunkler Hautfarbe noch präkoitale Inszenierungen Seltenheitswert besaßen, verstand er die Aufregung der beiden Jungs überhaupt nicht. Der Bertl hatte sich die Finger in den Mund gesteckt und sog wie ein Wahnsinnger daran, der Franzl rieb an seiner Hose herum und hatte ganz rote Ohren bekommen. Wenn das so weiterging, dachte Kevin-Karl, hätte er gleich bei seinen geometrischen Annäherungen bleiben können.

»Habt ihr noch nie einen Schwarzafrikaner beim Vorspiel gesehen?«, fragte er die zwei Nachwuchsspanner.

Franzl und Bertl zuckten zusammen, als wären sie gegen einen Elektrozaun gerannt.

Kevin-Karl war ziemlich stolz auf sein sexualkundliches Vokabular. Nie hätte er gedacht, dass dieses dröge Fach auch einen praktischen Nutzen haben könnte. »Ich hab aber Null Bock drauf, hier bis zum vollzogenen Koitus Wurzeln zu schlagen«, setzte er seinen Aufklärungsvortrag fort.

Die beiden Buben drehten sich zu ihm um und blickten ihn fassungslos an. Da bot sich ihnen ein Anblick, der hundertmal erregender war als jedes schweinische Gemetzel, und dann stand dieser Siebeng'scheite einfach da, als würd er einer Kuh beim Grasen zuschauen. Damit nicht genug, warf er auch noch mit unverständlichen Wörtern um sich. Was redete der da überhaupt von vollgezogenem Keutus? Da saß die halb nackte Oberkofler Resi mit ihrem Neger, und gleich würden die zwei schnackseln. Da konnte man doch nicht einfach wegschauen!

Aber genau das tat Kevin-Karl mit enervierendem Gleichmut.

Die Brüder fühlten sich zunehmend weniger wohl in ihrer angespannten Haut. Langsam nahmen Franzls Ohren wieder eine unauffälligere Färbung an, während Bertl keine rechte Freude mehr am Fingerzuzeln verspürte.

»Na, gemma weiter, bevor's gach finster wird.«

Der Ältere rang um seine Autorität und ging los, Bertl und Kevin-Karl folgten ihm schweigend. Schon bald wurde der Wald lichter, und die ersten Schweine zeigten sich.

»Mensch, is ja megageil!« Jetzt standen dem jungen Duisburger Augen und Ohren offen. Die Viecher sahen mit ihren wolligen Locken aus wie braune grunzende Schafe. Sogar die Ohren waren von einem dicken schwarzbraunen Pelz überzogen. Und die Ferkel hatten weiße Streifen auf dem Bauch und den Beinen. Begeistert zückte er sein Handy und machte ein Bild nach dem anderen.

Die beiden Brüder hatten sich inzwischen näher auf das Schlachthaus zubewegt, denn offensichtlich war der Fleischhauer tatsächlich zugegen. Gesehen oder gehört hatten sie ihn zwar nicht, aber mitten auf der Weide stand sein alter Steyr-Traktor. Also konnte der Besitzer auch nicht weit sein.

»Guck mal, die Speckbarbie da —«, setzte Kevin-Karl gerade an, aber Franzl ließ ihn nicht ausreden.

»Gusch, der Bartl kommt!«

Sofort gingen sie hinter einem Holzverschlag in Deckung. Und wirklich, da bog der Fleischer schon ums Eck. Bewaffnet mit einem dicken Strick und einem rostigen Beil eilte er mit großen Schritten auf die Schweine zu. Hinter ihm trottete der Böllinger her.

»Die da nehmen mir!« Der Bartl war stehen geblieben.

»Was, die Sau?« Der Sepp stand auch.

»Was eppa sonst?« Der Fleischer war wieder in seinen alltäglichen Kommunikationsminimalismus verfallen.

»Guat, dann gemmas an.«

Zu zweit überwältigten sie das quiekende Schwein und legten ihm den Strick wie ein Zaumzeug um den Schädel. Dann zog der Bartl das Schlachttier vorwärts, während der Sepp von hinten schob und drückte. Gar nicht weit von dem Verschlag, wo das neugierige Trio saß, war der Weg zur Schlachtbank dann definitiv zu Ende. Während das Schwein seinen Rüssel in den gut gefüllten Futtertrog steckte, zog der Bartl ihm mit dem Beil eins über den Schädel.

Nur ein paar Sekunden hatte das letzte Abendmahl gedauert,

jetzt gab das Tier keinen Muckser mehr von sich. Der Schlächter und sein Gehilfe zogen das riesige Borstenvieh an den Vorderläufen in den Zerlegeraum.

Franzl, Kevin-Karl und Bertl huschten hintendrein, aber der deutsche Junge vertrug den Anblick von Gewalt nur in homöopathischen Dosen, deshalb verzog er sich schon bald in einen Nebenraum, der bis unter die Decke mit Getreidesäcken, Gewürzdosen und Gedärmrollen angefüllt war. Eine Weile lehnte er dort an einem Hirsesack und döste vor sich hin. Doch auf einmal fiel ihm sein Vater ein, dem er zumindest einen Anruf versprochen hatte.

Auf den Knien robbte er zurück ins Freie, umkreiste das gesamte Gebäude und ging hinter zwei Müllcontainern erneut in Deckung. Erst dort traute er sich, seiner Sohnespflicht nachzukommen. Mit missionarischem Eifer in der Stimme bekam Rüdiger den Satz des Pythagoras vorgebetet, während Hildegund vor ausufernder Anteilnahme und geheuchelter Sehnsucht beinahe verbal erdrückt wurde.

Danach wandte sich Kevin-Karl wieder spannenderen Dingen zu. Er hob den Deckel eines Containers an, in der Hoffnung, vielleicht doch noch einen Souvenir-Schädel zu finden, selbst wenn dieser nur von einem Schwein stammte. Wobei, vielleicht hatten seine Totenköpfe sogar von Wildschweinen gestammt, kam ihm jetzt in den Sinn. Er würde seinen Vater danach fragen.

Leider brachte der Container keine Schätze zutage. Weder Schlachtabfälle noch Skelette, nicht einmal eine Schweinshaxe war drin. Stattdessen stieß der Junge auf eine beinahe volle Flasche Frostschutzmittel. »Klarfax Xtreme Antifrost & Klarsicht Konzentrat« stand drauf. Er kannte diese unhandlichen Plastikflaschen. In ihrer Garage daheim standen drei oder vier davon herum, die seine Mutter literweise in den Tank füllte, sobald sie das erste rote Blatt auf einem Baum erblickte.

Seltsam, bis zum Sommer fehlte schon noch ein großes Stück. Kevin-Karl besah sich das Ablaufdatum. 24. April 2017. Das verstand er nicht. Warum gab es hier überhaupt ein Frostschutzmittel? Im Müllcontainer? Das bewahrte man doch üblicherweise dort auf, wo sich das zugehörige Fahrzeug befand. Der Bub kramte ein wenig tiefer. Und wieder stieß er auf Flaschen. Dreckige leere Glasbehälter, die von den Schlieren eines dunklen Öls ganz verschmiert waren. Waren diese Grenzland-Ösis vielleicht Öko-Fanatiker oder so? Hatten sie die Schädel im Wald nur wegen der Kompostierung eingegraben? Er musste …

»Jo, des is doch die Oaschkrätzen von dem depperten Piefke!« Drohend kam der blutverschmierte Bartl auf den Jungen zugerannt.

Der brach seinen letzten unvollendeten Gedanken in der Mitte ab und gab Fersengeld wie nie zuvor in seinem jungen Leben. Der Metzger sah alles andere als gesprächsbereit aus.

Während Kevin-Karl davonstob wie eine schlecht gestochene Sau, brüllte ihm der Fleischer leistungssteigernde Wünsche nach: »I stich di ab, wenn i di noch amoi seh, du Oaschkrätzen, du verfluachte! A so a Rotzpippen.«

Doping konnte nicht besser wirken, Kevin-Karl flog nur so dahin.

Bartl hatte die Fäuste gen Himmel gerichtet und warf dem Sprinter tödliche Blicke nach. Da hatte man eh schon den Scheiß mit den Hämorrhoiden, und jetzt saß ihm auch noch dieser Pickel am Arsch. Er hatte es ja gleich gewusst, dieser Saubub war reif für die Salami!

★★★

Als Rüdiger am frühen Abend die kleine Ferienwohnung am Lärcherlhof betrat, saß Kevin-Karl unbewegt vor seinen Büchern und blätterte emsig darin herum. Das arme Kind musste sich total verausgabt haben, denn der ganze Raum roch auffallend unangenehm nach Schweiß. Der Vater öffnete die Fenster und strich seinem Sohn über das völlig verschwitzte Haar.

»Genug ist genug, Kevin-Karl, jetzt hast du dir eine zünftige Brotzeit verdient.«

Folgsam schlug der Junge die Bücher zu und erhob sich.

»Hände waschen nicht vergessen. Und bitte zieh dir was anderes an.« Als sein Sohn ihn besorgt anblickte, fügte er rasch hinzu: »Es ist noch etwas kühl am Abend.«

Nur zu gern kam der Supersprinter diesem Wunsch nach. Er war heilfroh, aus den feuchten Klamotten zu kommen, denn die Zeit hatte nicht mehr zum Umziehen gereicht. Kaum war er schwer schnaufend nach oben gehechtet, die rundum eingeschlammten Turnschuhe in der Hand, um keine verräterischen Spuren auf der Stiege zu hinterlassen, war sein Vater bereits aus dem Auto gestiegen.

»Eins noch, mein Sohn.«

Kevin-Karl stand bereits abmarschbereit an der Zimmertür, als sein Vater ihm verschwörerisch die Hand auf den Rücken legte.

»Natürlich kannst du essen, was und wie viel du möchtest, aber bitte lass die Finger von allem, auf dem dieses eklige schwarze Öl drauf ist.«

Seine Gattin hatte ihn im Krankenhaus über die beruhigenderweise missglückten Mordanschläge informiert, denen die ganzen Kürbisbürgermeisterkanditaten zum Opfer gefallen waren. Er selbst hatte dieses sogenannte Kernöl zwar einmal probiert und für durchaus genießbar befunden, aber nach der Giftmischerei würde ihm natürlich kein Tropfen mehr von dieser dubiosen Kürbisschmiere auf den Teller oder sonst wohin kommen. Wobei das »sonst wohin« normalerweise um vieles gefährlicher war, denn Kernölflecken hatten eine genetisch vererbte Waschmittelresistenz, die keine Chemie der Welt erblassen ließ.

»Warum denn, Papa?«

»Das erklär ich dir später. Aber wie gesagt, kein Tropfen Kernöl, das ist ganz und gar nicht gut für deine Gesundheit.«

Kevin-Karl nickte ergeben. Nach diesem mehr als bewegten Nachmittag hatte er einen derartigen Kohldampf entwickelt, dass er jeden Moment vom Stuhl zu kippen drohte.

Draußen im lauschigen Garten unter der noch spärlich bewachsenen Weinlaube hatte die Wirtin bereits für die zwei Heimkehrer gedeckt. Der Vater hatte sich angemessen für das Sitten von seinem Sohnemann bedankt, die Rosi hatte erneut betont, was für ein braver Bub der doch war, Kevin-Karl schwieg und schaufelte sich Berge an Kartoffelschmarrn und Backhendltrümmern auf den Teller.

»Kevin-Karl, möchtest du auch von diesem köstlichen Schinken hier?«

Rüdiger wollte seinem Sohn ein paar Scheiben reichen, doch dem kam schon beim Anblick von Schweinefleisch der halbe Magen hoch.

»Danke, Papa, ich möchte heute lieber nur Huhn.«

Und während er sich ein knackiges Hühnerbein nach dem anderen reinschob, klärte ihn sein Vater über die Kernöl-Giftmischerei auf, die exakt bei jenem Schmankerlfest stattgefunden hatte, zu dem sie hatten fahren wollen.

Kevin-Karl war viel zu verhungert, um von Anfang an richtig zuzuhören, doch als er gerade seine dritte Ladung Erdäpfelschmarrn holen ging, fiel sein Blick auf die »verbotenen« Speisen: Käferbohnensalat, Rindfleischsalat, Kartoffelsalat, Krautsalat. Überall klebte dieses dickflüssige Kernöl drauf, vor dem ihn sein Vater so eindringlich gewarnt hatte. Und dieses Öl sah exakt so aus wie der Frostschutz vom Metzger.

»Sag mal, Papa, wird Kernöl in Glasflaschen verkauft?«

Manchmal kam Rüdiger sein Sohn wie eine wandelnde Unschärferelation vor. Er war der einzige Mensch, sah man von ihrem krisengebeutelten Bundespräsidenten einmal ab, der gleichzeitig ganz beim Thema und kilometerweit davon entfernt sein konnte.

»Nicht, dass ich wüsste.«

»Also du meinst, Kernöl wird nicht in Glasflaschen verkauft, oder meinst du, dass du nicht weißt, wie Kernöl verkauft wird?«

Dieses Kind hatte das Zeug zum Staatsanwalt.

»Kevin-Karl, ich wollte diese Plörre noch nie kaufen und habe sie auch nie gekauft. Ich weiß es nicht.« Er nahm einen großen Schluck von seiner Schilcherschorle. »Und wozu in aller Welt möchtest du das wissen?«

»Ach, nur so.«

Während Rüdiger den Kopf über so viel schräge Gedanken schüttelte, hatte Kevin-Karl im Geiste bereits mit seiner ermittlerischen Aufrüstung begonnen.

»Sag mal, Papa, wird Frostschutzmittel eigentlich schlecht, wenn man die Flasche angebrochen hat, aber nicht alles in den Tank geht?«

Bartenstein senior blieb eine einzelne Grammel im Hals stecken. Er sah seinen Sohn an, als hätte dieser soeben Chinesisch gesprochen. Vielleicht sollte er doch nicht so streng auf guten Mathenoten bestehen. Dieser geometrische Nachmittag hatte ihn offenbar auf keine linearen Gedanken gebracht. Wie er von Dreiecken auf Flaschen kam, war ihm völlig unverständlich. Er nahm sich vor, am nächsten Tag einmal einen längeren Blick in Kevin-Karls Bücher zu werfen. Irgendwo musste der Grund für diese ständigen gedanklichen Irrwege des Jungen doch zu finden sein, entweder in der Lektüre oder im Kopf. Aber in Letzteren konnte er nicht hineinschauen.

»Kind, was sind das denn für seltsame Fragen?«

»Interessiert mich halt.«

Rüdiger stand kurz davor, das Tischtuch zu werfen, aber dann riss er sich doch noch zusammen. Den Wissensdurst seines Kindes, und sei der noch so abartig, brutal zu unterdrücken, das konnte pädagogische Langzeitfolgen haben.

»Frostschutzmittel halten nahezu eine Ewigkeit, bestimmt aber drei, vier Jahre. Wenn ich eine Flasche in diesem Jahr nicht aufbrauche, dann wird sie sorgfältig verschlossen, in die Garage gestellt und nächsten Winter erneut hervorgeholt. Dabei passiert gar nichts. Außer man würde das Zeugs trinken, denn Frostschutz ist aufgrund seiner chemischen Zusammensetzung ausgesprochen toxisch. Bereits ein winziger Schluck davon würde reichen, um schwere Vergiftungserscheinungen hervorzurufen. Mit Erbrechen, Durchfall und allem Pipapo. Aus diesem Grund darf man solche Substanzen niemals einfach wegschütten, das käme einem Verbrechen an Natur und Mensch gleich. Und wir wollen uns vor Gottes Schöpfung doch nicht versündigen, oder?«

Das hatte er schön gesagt. Rüdiger war richtiggehend stolz auf seine didaktische Ausdrucksstärke. Sollte sein Sohn irgendeinen Lausbubenstreich im Sinn haben, dann hatte er diesen dank seiner gewählten Worte nun bestimmt im Keim erstickt.

Kevin-Karl war nicht minder stolz auf sich. Er war mittlerweile überzeugt davon, einem ganz heißen Ding auf der Spur zu sein. Leider bekam er fürs Erste keine Gelegenheit mehr, seine kriminalistischen Thesen an den richtigen Mann zu bringen, denn sein Vater war definitiv der falsche Ansprechpartner dafür.

★★★

Zwei Tische weiter hinten, verborgen hinter dem Heckenrosenspalier und einem alten Bockschlitten, auf dem ein Dutzend

Geranientöpfe stand, saßen der Kürbiswirt, die Buschenschankbetreiberin und der alte Höllerer, dem die Gfrettstättener Gemischtwarenhandlung gehörte.

»I sag' euch, der scheißt sich langsam an vor lauter Angst«, flüsterte der Höllerer und strich sich ein weiteres Liptauerbrot.

»Na, solang er net in die Wurscht einischeißt, is eh gut.«

Einstimmiges, wenngleich recht leises Gelächter machte sich breit.

»Ich werd' eam morgen wieda an Drohbrief schicken, jetzt hat er eh a Wochn sei Ruah g'habt«, sagte die Buschenschankwirtin und griff nach dem Grammelschmalz.

»Wenn der Feyertag a so a Fetzenschädl ist und nix gegen den Lump unternimmt, dann bleibt eh nur die Selbstjustiz.« Der Kürbiswirt war der Erste gewesen, dem die Betrügereien des Mostburger Bartls aufgefallen waren. Als Gastwirt und Großgastronom hatte er stets beträchtliche Mengen an G'selchtem, Ripperl und Schweinswürstln bestellt. Nur hatte er diese unter der Hand des Öfteren mit einem gewissen Preisaufschlag an seine Brunztouristen weiterverkauft.

Einmal aber hatte ihm ein echter preußischer Pfennigfuchser seinen Selchstelzen um die Ohren gehauen und ihn einen elendiglichen Betrüger geschimpft. Nachgewogen habe er und dabei festgestellt, dass er beim Gewicht wohl die relative Luftfeuchtigkeit mitgerechnet hätte. Und zwar bestimmt nicht versehentlich. Vor den Augen des schäumenden Käufers hatte der Kürbiswirt den Stelzen auf die Waage legen müssen. Der tobende Preuß hatte recht gehabt, die Keule des Anstoßes hatte dreißig Deka zu wenig gewogen.

Seit damals hatte der Wirt ein scharfes Auge auf die Lieferungen des Bartls gehabt. Nicht genug, dass ihm der Hendl-Heini sein Gastgarten-Geschäft verdorben hatte – doch das Problem hatte sich mittlerweile gelöst –, nun musste der Fleischer auch noch seinen ehrlichen Ruf untergraben. Das konnte er sich wirklich nicht bieten lassen! Wutentbrannt war er ein paarmal in den Laden gekracht, aber dieser Sauschädel hatte doch glatt alles abgestritten. Und zwar ganz vehement.

Irgendwann hatte er dann dem Höllerer von dieser Sauerei

erzählt, der daraufhin begonnen hatte, seine Lieferungen ebenso nachzuwiegen. Mit demselben Resultat. Auch der Gemischtwarenhändler stellte den Schlachter zur Rede, was gleichfalls nichts gebracht hatte – außer böser Worte.

Als nächstes potenzielles Opfer der Schummelei wurde schließlich die Trude von der Buschenschank eingeweiht. Und siehe da: Auch bei ihr fehlte stets ein Eck vom Speck.

Danach sprach das betrogene Trio mit vereinten Lungen beim Bürgermeister vor, der versicherte, der Sache umgehend nachzugehen. Aber schon eine Woche später teilte ihnen der Schleimscheißer mit, dass er keinerlei Anzeichen von Unregelmäßigkeiten hätte entdecken können. Daraufhin hatten sie Rache geschworen und mit den anonymen Briefen begonnen. Der Höllerer, der frühmorgens immer dem Sonnenuntergang entgegenhechelte, sammelte einige Zeitungen aus den Ständern ein und deponierte sie beim Kürbiswirt. Nach der Kirche kehrte die Buschenschank-Trude dann schnell beim Wirt ein, weil sie in der Schule immer die Beste in Deutsch gewesen war. Dort diktierte sie den Brief, der später, wenn alle schon schliefen, mit Schere und Uhu verfasst wurde. Dass man die Buchstaben aus den Tageszeitungen ausschneiden und aufs Briefpapier kleben konnte, ohne Spuren zu hinterlassen, das hatten sie in einem alten englischen Krimi gesehen.

»Wir könnten ja amoi schreibn, dass mir dem Bartl den Schwanz abschneiden werdn«, überlegte der Höllerer jetzt mit vollem Mund.

»Na geh!« Die Trude war eine anständige Frau und strikt dagegen.

Der Kürbiswirt wollte gerade für die Kastrationsandrohung Partei ergreifen, als die Walli am Tisch erschien, und alle verstummten.

»Sperrstund wird's! Wenn's noch was trinken wollts, so sagts es glei'«, meinte sie und zückte ihren Block.

Die zwei Männer dachten an den abgeschnittenen Schwanz und bestellten zwei Sauschneider, die Buschenschankwirtin lehnte dankend ab.

Zwei Wochen später

Hochwürden und der Haselbusch

Während das Lamm Gottes langsam näher rückte, um die Sünden des Damischtals hinwegzunehmen, hatte die viel zitierte Zeit pflichtgemäß die meisten Wunden geheilt. Die Kernölopfer erfreuten sich nach einer schmerzhaften Phase der kollektiven Entschlackung und Krankenhauskostverweigerung erneut eines gesunden Appetits, nur vom Giftmischer fehlte weiterhin jede Spur. Vom Mörder zwar auch, aber wer keine Hendln grausam und in Gitterkäfigen zu Tode mästete – was auf alle Bewohner des Damischtals zutraf –, hatte der allgemeinen Ansicht nach ohnedies nichts zu befürchten. Anita Auerspach, die angeschossene Reiseleiterin, war, kaum hatte der Oberarzt den Entlassungsstempel auf ihre Papiere gedrückt, in Windeseile abgereist. Die Bartensteins hatten der ungesunden Landluft ebenfalls den Rücken gekehrt und verspeisten ihr Kasseler – zum Leidwesen von Frau und Kind – wieder in heimatlichen Gefilden, und Polizeihauptmann van Trott hatte seine Heimsuchungen in der Causa Hummelbrunner entmutigt eingestellt. Zwar war er persönlich zutiefst überzeugt davon, es aufgrund der offenen Hose, des symbolischen Gockels und der ältlichen Jungfer mit einer echten Triebtäterschaft zu tun zu haben, aber es hatte sich kein einziger klitzekleiner Beweis für seine These finden lassen. Und da die angeschossene Reiseleiterin leider nicht verstorben, sondern auferstanden war, konnte er nicht einmal auf einer Serientäterschaft bestehen.

Das Einzige, das die ganzen Ermittlungen bislang ans Tageslicht gebracht hatten, war ein Fall von Steuerhinterziehung. Gottfried Rotschädel, der Kunstschmied aus Plutzenberg, hatte für seinen letztlich gar nicht so mörderischen Wetterhahn dreihundert Euro kassiert, die nicht in seinen Büchern auftauchten. Was van Trott ebenso sehr kratzte wie ein Pickel auf dem Allerwertesten der Freiheitsstatue.

Selbst die Sache mit Willibald Pfnatschbachers Waidmannspech wurde zur beinahe allgemeinen Zufriedenheit geregelt. Zwar hatte man den unglücklichen Pfnatschbacher junior als Heckenschützen identifiziert, aber der Junge war zum einen nicht strafmündig und zum anderen mit seinem Vater bereits ausreichend gestraft. Zumindest fanden das alle Mitglieder des Gemeinderats, die von der Zeichenlehrerin hinter vorgehaltener Hand über den möglichen Verlauf der Sache informiert worden waren. Zur Verantwortung ziehen musste man eigentlich den Pfnatschbacher senior, der weder der Aufsichtspflicht von Kindern noch der Verwahrungspflicht von Schusswaffen nachgekommen war. Aber als Bankdirektor musste er – ganz den österreichischen Gepflogenheiten entsprechend – schlimmstenfalls mit einer kleinen Verwaltungsstrafe rechnen, während der ahnungslos zum Täter mutierte Bub bestimmt für sein weiteres Leben gebrandmarkt würde. Und das wäre nach Ansicht des grübelnden Gemeinderats nicht gerecht gewesen. Daher beschlossen sie, über den exakten Hergang der Ereignisse einfach Stillschweigen zu bewahren und der Öffentlichkeit ein frommes Märchen aufzutischen. Die offizielle Schuld wurde also einstimmig dem Hund zugesprochen, der durch sein ungestümes Wesen den bedauernswerten Willibald senior zu Fall gebracht habe. Dabei habe sich versehentlich ein Schuss gelöst. Prinz Rudolf, ein zweijähriger deutscher Drahthaar, wurde vorschriftsmäßig abgemahnt und mit lebenslänglichem Entzug der Jagdbefähigung bestraft. Damit hatte man ihn sozusagen seiner Stelle enthoben, zum unqualifizierten Haus- und Hofhund degradiert und zur Adoption freigegeben. Nun fristete er sein Hundeleben als glücklicher Zweithund der Schober Gerli, die dem armen Tier sofort einen Platz auf dem heimischen Sofa eingeräumt hatte.

Die inoffizielle Schuld jedoch kam dem Sparkassendirektor, zur großen Freude der beiden Gemeinden, dennoch teuer zu stehen. In den kommenden Jahren würden sich jedenfalls weder der Fußballclub Plutzenberg noch die Volkstanzgruppe Gfrettgstätten um zahlungskräftige Sponsoren bemühen müssen. Zudem würde die Instandsetzung der alten Ölmühle schon bald wie geschmiert laufen, die Frau Lehrerin frohlockte, weil das Budget für Klassenfahrten dank einer großzügigen anonymen Finanzspritze gesundet war, und die Schwelle für die Kreditvergabe ansässiger Gemeinderatsmitglieder hätten nun selbst Hartz-IV-Empfänger problemlos erreicht.

Alles in allem war die Bilanz dieses peinlichen Jagdunfalls also durchaus positiv ausgefallen. Nur gut, dass Anita Auerspach nicht wusste, welch großen Dienst sie dem heimischen Fußballsport oder der kulturaffinen Pädagogin mit ihrem Schulterschuss erwiesen hatte. Sie hätte wohl den Gerichtshof der Menschenrechte bemüht. So blieb das einzige juristische Nachspiel die Scheidung, die eine nicht mehr treusorgende Frau Pfnatschbacher inzwischen eingereicht hatte.

Kurz gesagt, das Leben im Damischtal ging erneut seinen eher gemächlichen Weg. Durch den Wegfall erholungssuchender Touristen verlief dieser sogar um einiges gemächlicher als je zuvor. Nur Adrenalinfreaks, denen es an der nötigen Zeit für Andenüberquerungen, Eismeerumsegelungen oder Karawanentouren auf Tuaregspuren mangelte, die kamen nun gehäuft nach Plutzenberg oder Gfrettgstätten. Dort lagen sie in der Hoffnung auf schlecht zielende Heckenschützen stundenlang im Wald herum, bestanden auf Blindverkostungen von Kernöl und scheuchten so manchen Fuchs aus seinem Bau, weil sie nach Skeletten gruben. Ein Grüppchen besonders wagemutiger Ausflügler hatte beim Gfrettgstättener Bürgermeister sogar eine Art Damischtaler Roulette angeregt. Dazu würde es nichts weiter als einen Jäger mit verbundenen Augen und ein Fass Schilcher brauchen. Der blindsichtige Waidmann sollte von seinem Hochsitz aus drei Schüsse auf ein freies Feld abgeben, das als Wildtiere verkleidete Menschen überqueren mussten. Wer am schnellsten auf der anderen Seite ankam, der durfte das Weinfass sein eigen nennen.

Nie zuvor war Feyertag eine derart hochprozentige Geistlosigkeit zu Ohren gekommen, daher rang er einige Minuten um seine gute Kinderstube. Dann schickte er diese intellektuellen Nacktmulche auf direktem Weg zum Herrn Pfarrer. Hochwürden Hafernas war seiner Ansicht nach der beste Ansprechpartner für destillierten Schwachsinn.

Nur gut, dass die feierliche Einweihung der neuen Pilgerwegroute schon bald über die übernatürliche Bühne gehen sollte. Es war wirklich höchste Zeit für ein Wunder. Eine Woche noch, dann würden göttliche Lämmer, heilige Häute und irdisches

Schweineblut für einen medialen Auflauf sorgen, der die Umsatzzahlen des Fremdenverkehrs garantiert in himmlische Sphären trüge.

Den Gottesdiener hatte man einstimmig zum Bühnenbildner des geheiligten Willens bestimmt, dem die Frau Holzapfel wie gewohnt ein wenig zur Hand ging. Zudem oblag der Hermine die Weitergabe etwaiger Arbeitsaufträge des kirchlichen Vorarbeiters an die in spirituellen Dingen wenig bewanderte Bevölkerung.

Bereits seit den frühen Morgenstunden stand der Pfarrer nun in der Klachlkapelle, dem zukünftigen Schauplatz dieser sorgfältig geplanten wundersamen Begebenheit, und dirigierte seine helfende Herde einmal hierhin und einmal dorthin. Der Fleischer Bartl etwa schwitzte schon wie eine Sau, weil der penible Schwarzrock ständig etwas an der Anbringung seiner blutenden Schweinsblase zu bemängeln hatte. Rauf, runter, rauf, runter – Bartl konnte gar nicht mehr sagen, wie unendlich oft er mit seiner Versuchsanordnung zu diesem dämlichen Heiligen hochgeklettert war. Immer wieder tat sich ein neues Problem auf.

Die vom Fleischer vorsorglich präparierte und mit frischem Blut gefüllte Saublodern durfte ja keinesfalls zu sehen sein, sondern musste tief verborgen unter den Falten der abgezogenen bartholomäischen Haut ruhen. Dort würde das tiefgefrorene, zuvor leicht perforierte Gewebe aufgrund der steigenden Temperaturen in dem bestimmt bis auf den letzten Platz gefüllten kirchlichen Innenraum auftauen und das Blut langsam zu tropfen beginnen. Dass sich bei diesem Vorgang auch ein wenig Tauwasser ins Blut mischte, das konnte natürlich nicht vermieden werden, was aber weiter nicht schlimm war. Hauptsache, die profane Schweinsblase fiel nicht vor aller Augen zu Boden. Und das war ganz und gar nicht einfach zu bewerkstelligen. Der Bartl hatte keine Ahnung, wie man die starre Blase am besten und absolut blickdicht unter die hölzerne Heiligenhaut schmuggeln konnte, die ja aufgrund ihrer Beschaffenheit nicht zu den flexibelsten Werkstoffen gehörte. Und im Grunde war's ihm auch egal. Derartige Details gehörten seiner Ansicht nach nicht mehr zum Fleischerhandwerk, sondern ins Repertoire eines Leichenbestatters. Die kannten sich besser mit der Dekoration von totem Gewebe aus.

»Sakrament, Leut, wie stellts eich des denn vor?« Bartl wusste, wie man Schweinen das Fell über die Ohren zog, aber woher sollte er wissen, wie man Heiligen eine Schweinsblase um die Hoden präparierte? Das grenzte ja nahezu an plastische Chirurgie.

Der Böllinger, der stets zugegen war, wenn's dabei nur schweinisch genug zuging, fühlte sich vom Bartl in seiner Rolle als Obersteiger übergangen und schmollte, weil man ihn nicht auf die Leiter gelassen hatte. »Matschger net alleweil, denk lieber!«

»Superkleber?« So was konnte wirklich nur einer Frau einfallen. In diesem Falle der Bibiana, die auf Hermines Geheiß hin das Grünzeug rund um den Altar auf »Upper Class« zu stylen hatte.

»Also mir bleibt der alleweil auf der Haut picken, wenn ich was kleben will.«

»Na, geh, wast net sagst!« Der Böllinger wollte sich für die erlittene Demütigung des Leiterverbots rächen, wozu ihm die Bibiana wie gerufen kam. Mit dieser aufgeblasenen Funzen ließ sich immer gut dischkurieren, weil die meistens schneller eingeschnappt war als ein Vorhängeschloss.

»Kleb dir doch mal an Lippenstift an. Dann müsstest nämlich das Maul halten.«

»Das lass ich mir nicht bieten, ich —«

»Leute, es reicht!« Bevor die beiden ihr unchristliches Gedankengut in mehr als nur in Worte umsetzen konnten, schritt wie immer der Schuldirektor ein. Er hatte für einen gediegenen geistigen Rahmen samt musikalischer Begleitung Sorge zu tragen und besah sich unter Anleitung seines schlaksigen Sohnes, der Computerwissenschaften studierte, gerade das technische Equipment.

»Wäscheklammern?« Auch Hermines praktischer Beitrag entstammte einem eindeutig weiblichen Erfahrungsschatz.

Langsam verlor auch der Bürgermeister die Geduld. »Guter Gott, so ein Schwachsinn!« Aber die kürbisaffine Hermi war natürlich nicht kompetent in fleischlichen Dingen, da musste man wohl nachsichtig sein. Dachte er.

Mittlerweile war der Bartl allerdings selbst auf eine Lösung gestoßen. Sein Bauchgefühl, wegen der nahenden Essenszeit bereits ein wenig verstimmt, hatte ihn auf den Rollbraten gebracht, der seit gestern Abend bei ihm im Rohr stand. Den hatte er eigenhändig mit Spagat verschnürt.

»Mit starkem Bindfaden müsstn mir das Zeugs schon irgendwie fixieren können«, meinte er nun.

»Und wie kriegen wir die Saublodern dann wieder weg?«, wollte der Bürgermeister wissen.

»Abschneiden.«

»Vor den Augen der Neugierigen?« Feyertag war mit Recht überzeugt davon, dass der Kapelle nach dieser himmlischen Offenbarung keine besinnliche Minute mehr vergönnt sein würde. »Das wird eine ununterbrochene Wallfahrt hierher geben, da kann dann keiner mehr dort oben herumkraxln.«

Das sahen dann doch wieder alle ein.

Aber es fehlte nur noch eine knappe Woche bis zu ihrer himmelstürmenden Karriere als göttliches Ausflugsziel mit bodenständiger Küche und niveauvoller Freizeitgestaltung. Da durften sie wegen einer logistischen Lappalie doch keinesfalls die Flinte ins Korn oder besser gesagt die Blase auf geweihten Boden werfen.

Also wurde auf Befehl des göttlichen Substellvertreters weiter nachgedacht. Und tatsächlich schien der Draht des Priesters zur Obrigkeit ein wenig kürzer zu sein als der seiner unbegnadeten Mitmenschen, denn wieder war es ausgerechnet Corolianus Hafernas, der eine machbare Idee gebar. »Wir brauchen ein Loch.«

Alle Anwesenden starrten ihn entgeistert an.

»Sie meinen, Hochwürden …?«

»Für die Blase.«

»Wie, was?«

»Also, äh, man muss Fäden an die Haut nähen und wenn sie …« Der Pfarrer schaffte es nicht, »ausgeblutet« zu sagen, das klang so entsetzlich brutal, »also wenn das gute Stück seinen Dienst zum Wohle der Gemeinde getan hat, dann zieht man es einfach durch ein Loch in der Mauer nach draußen.«

Das klang überlegt, durchführbar und nicht einmal sehr aufwendig. Die anwesende kirchliche Zweckgemeinde war wieder einmal äußerst angetan von der Geistesschärfe ihres Seelenhirten.

Passenderweise stand die Statue des heiligen Bartholomäus in einer kleinen Nische neben dem Seitenaltar, in gut drei Meter Höhe, was gleich doppelt von Vorteil war. Zum einen ermöglichte diese exponierte Lage eine uneingeschränkte Sicht auf das Mirakel, an dem somit auch die hinteren, weniger prominent besetzten Bankreihen teilnehmen konnten, zum anderen wurde die entsprechende rückwärtige Seite des Gebäudes von einem im wahrsten Sinn des Wortes undurchschaubaren Gewirr an Büschen, Kletterpflanzen sowie den Ausläufern einer kolossalen Tanne verdeckt.

Nun musste nur noch ein kleines, leicht zugängliches und schwer erkennbares Loch in die Mauer gebohrt werden. Rasch wurden zwei Gruppen gebildet, ein Spähtrupp und eine Bohrmannschaft, aber Letztere musste auf der Suche nach einem Schlagbohrer samt Zubehör zurück ins Dorf.

Die Verbliebenen vertrieben sich die Wartezeit inzwischen bei einer g'schmackigen Jause. Der Bartl hatte netterweise ein paar frische Wurstkränze im Auto gehabt, die nun in seiner Abwesenheit und ganz im Sinne der Nächstenliebe aufgeteilt wurden, während der Pfarrer für sich und seine Schäfchen ein paar Flaschen roten Benedicts aus der Messwein-Reserve opferte.

»Jetzt tat nur noch a Sauhaxn fehlen«, kommentierte der Böllinger Sepp belustigt das Geschehen. Mit einem fetten Wurstradl in der Hand und einem ansehnlichen Schluck Wein im Krug stellte selbst der frühere Spritzenmann seine Giftspritzerei vorübergehend ein und mutierte ansatzweise zum Menschenfreund.

»Ja, des wär' was! Da würd' die Kapelle ihrem Namen endlich a echte Ehr' machen.« Sogar der Bürgermeister konnte dieser Vorstellung durchaus humoristische Seiten abgewinnen. Sich auszumalen, wie der heilige Bartholomäus mit zwei Sauhaxn auf dem Podest stand, während ihm das Schweinsblut auf die Klauen tröpfelte, das hatte schon einen gewissen Unterhaltungswert.

Die geografisch grenzlastig gelegene Bauernkathedrale trug ihren Spitznamen »Klachlkapelle« ja erst seit den frühen siebziger Jahren, als die Fleischweihe vom Ort weg auf den Märtyrermugl verlegt worden war, was die wirtshaussitzenden Kirchenbankflüchtlinge seinerzeit zutiefst empört hatte. Sie hatten halt andere Vorstellungen von besinnlicher Einkehr gehabt als der Pfarrer.

Doch das ganze Gejammere war umsonst gewesen, die Fleischweihe blieb in einsamer Höhenlage.

Aber weil die Menschen damals um einiges ärmer gewesen waren als heute, hatten nicht alle genügend G'selchtes oder geräucherte Zungen besessen, um den Korb bis obenhin damit zu füllen. Also behalf man sich in seiner Not mit Klachln, die als billiger Stelzenersatz unter Osterpinzen, rote Eier und Krenwurzn gestopft wurden. – Damit alles seine wohl proportionierte Ordnung hatte, denn die Schande, mit einem halb leeren Leichtgewicht von österlichem Fresskorb vor dem Altar zu stehen und deshalb von den Leuten als »Hungerleider« oder »Körndlfresser« bezeichnet zu werden, die wollte niemand riskieren.

Heute war den geflochtenen Körben natürlich weitaus mehr edelteiligeres Schwein beschieden, aber der Name war der kleinen Kirche aus dem 18. Jahrhundert seit damals geblieben.

»Jetzt könnten's aber langsam schon wieder da sein«, nörgelte der Schuldirektor und zog zum x-ten Mal seine goldene Taschenuhr hervor, eine im Grunde rein angeberische Geste, denn die große Uhr auf dem Glockenturm war für jedermann gut zu erkennen.

»Die werdn halt 'tankt auch noch wo haben«, meinte Hermine schicksalsergeben. Ihrer Ansicht nach saß der Bohrtrupp sowieso nur im Gasthaus herum.

»Na, solang's net volltanken.« Auch der Herr Pfarrer kannte seine Herde gut genug. Dennoch musste er noch zwei Flaschen seines exzellenten roten Cuveés vom nahe gelegenen Weingut Göttlicher Friede an den Korken gehen, bevor sich die Handwerker im Dienste des Heiligen wieder einfanden.

Als der Bartl, den schwer bepackten Gemeindesekretär im Schlepptau, wieder auf den Vorplatz der Kirche trat, hatten seine geräucherten Bärlauchblunzn natürlich längst fremde Verdauungskanäle betreten. Der Fleischer grunzte verstimmt, schwieg aber.

Da der sprichwörtliche volle Bauch aber nicht nur ungerner studiert, sondern auch ungelenkiger Mauern perforiert, musste der Bartl jetzt auch noch selbst für das Loch sorgen. Die anderen sahen ihm vom Boden aus belehrend zu, und hin und wieder drang ein sattes Rülpsen zu ihm hoch.

Nur der Sohn des Schuldirektors stand nicht mit erhobenem

Haupt herum, ganz im Gegenteil, er kroch auf beinahe allen vieren durch das kleine Kirchenschiff, weil er seine ganzen klangkünstlichen Geräte und Apparaturen wieder auseinanderstecken musste, um aus vielen kleinen Einzelstücken ein passendes Verlängerungskabel für die Bohrmaschine zu basteln. Niemand hatte daran gedacht, dass Steckdosen nicht zum Standardinventar von Gotteshäusern zählten.

Endlich begann der Bohrkopf zu rotieren, und eine Mörtelwolke ergoss sich über die Zuschauer.

»Pass auf, da fliegt ja da ganze Verputz runter, Herrgottnochamoi!«

»Du musst an Siebener nehmen, der Neuner is viel z'groß!«

»Des is ka Schweinskopf, des is a Kirchenmauer!«

»Wart nur, bis i wida runtersteig!«

Während das Gebohre und Gezänke immer lauter wurde, sandte der Pfarrer ein stilles Stoßgebet zum Himmel. Beinahe bereute er, auf diese im Grunde gotteslästerliche Idee gekommen zu sein, aber auch er träumte insgeheim von volleren Bänken und gläubigen Betbuchtouristen. Nur war es um das kirchliche Marketing in den letzten Jahrhunderten ja zunehmend schlechter bestellt, weshalb ein wenig Eigeninitiative durchaus angebracht war.

»Es kommt wer!«

Die Bibiana, die man zum Schmierestehen auf der Treppe abgestellt hatte, rauschte ins Innere. Kein Mensch, und vor allem kein Plutzenberger, durfte vor der Zeit von der wundertätigen Inszenierung erfahren.

Schnell stieg der Bartl von der Leiter und verschob seinen Arbeitsplatz unter die Empore. Dann drehte der Pfarrer rasch das Licht ab. Im Halbschatten war die angebohrte Seitenwand nur noch schemenhaft zu erkennen.

»Halleluja, braucht's jetzt schon Gottes Beistand für eure Sitzungen?«

Balthasar Schragl, der Fremdenverkehrschef von Plutzenberg, traute seinen Augen nicht. Was zum Teufel hatte es zu bedeuten, dass der halbe Gemeinderat von Gfrettgstätten in Arbeitsmontur um den Hochaltar stand?

»In einer Woche ist Ostern. Wir bereiten halt unsere Auferstehung vor. So wie jedes Jahr«, erwiderte Alois Feyertag und ging dann sofort in die Offensive über. Angriff war immer noch die beste Verteidigung. »Aber was treibt eigentlich dich in derart gottesfürchtige Nähe? Das schaut ja aus, als wenn's bei euch keine Kirchen mehr gäb'.«

Nun fühlte sich der Plutzenberger Platzhirsch doch ein wenig fehl am Platz. Immerhin war schwer zu leugnen, dass es tatsächlich ein gutes Dutzend kleiner und großer Bethäuser auf dem Gemeindegebiet gab. Genau genommen stand beinahe auf jedem Weinhügel eine Kapelle oder zumindest ein Betstöckl herum, nur einen eigenen Gemeindepfarrer hatten sie seit Jahren nicht mehr. Aber er konnte seinem Erzrivalen den wahren Grund seines morgendlichen Andachtsanfalls ja nicht auf die neugierige Nase binden.

»Na, geh, jetzt sei doch net gleich so aufgebracht, Alois! Bei euch is die Aussicht halt viel schöner.«

Feyertag rümpfte die Nase. Diese Ausrede stank derart zum Himmel, dass einem beim Zuhören schon schlecht davon wurde.

»Das freut mi aber, dass es dir so g'fallt bei uns. Bist auch jederzeit herzlich willkommen«, meinte er süffisant. »Und falls schnell noch die Beichte ablegen willst, der Herr Pfarrer hat sicher ein offenes Ohr für dich. Wir hören auch alle weg.«

Damit brachte er Corolianus Hafernas in schwere seelsorgerische Bedrängnis, denn in der Klachlkapelle stand natürlich kein Beichtstuhl herum. Aber der rivalisierende Ortsvorsteher war ohnedies nicht hergekommen, um sein Herz zu erleichtern, sondern um die Sichtverhältnisse von der Kapelle auf den Plutzenberger Hauptplatz zu studieren.

»Sehr lieb von dir, aber mein Gewissen is so rein wie frisch gefallener Schnee.«

Offenbar war Schragl nichts wirklich Sauberes eingefallen, das auch im Damischtal vorhanden war. Winterweiße Niederschläge gehörten jedenfalls nicht zur landschaftlichen Grundausstattung dieser Gegend.

Doch bevor Feyertag zu einer entsprechenden Entgegnung ansetzen konnte, dröhnte die Bohrmaschine lautstark auf.

»I hab ka Zeit zum Vertun«, brummte der Bartl dazu und perforierte mit sadistischer Hingabe einen Betstuhl.

»Lass dich nicht aufhalten, mich ruft eh die Pflicht.« Schragl klopfe dem Bürgermeister auf die Schulter, nickte allen freundlich zu und verzog sich nach draußen.

»Geh, Bibiana, magst schauen gehen, was der alte Depp da draußen noch treibt?« Feyertag wollte nicht das geringste Risiko eingehen.

Der Herr Pfarrer hingegen besah sich besorgt den Schaden am perforierten Stuhl. Drei kleine Löcher hatte dieser Schweinskopf hineingebohrt.

»Regens Ihnen net auf, Hochwürden, der Betstuhl schaut eh schon ganz wurmstichig aus. Da fallt des gar net auf«, suchte der Gemeindesekretär den aufgebrachten Pfarrer zu beruhigen.

»Der Schragl is weg, aber da kommen noch zwei die Treppen rauf«, rief die Bibiana nun alarmiert vom Eingang her.

Kurz darauf betraten ein paar verschwitzte Radfahrer das Gotteshaus. »*Pozdravljeni*!«, grüßten sie höflich und wischten sich den Schweiß von der Stirn. Offenbar Slowenen, die Kirche lag ja beinahe auf der alten Staatsgrenze.

»*Dober dan*«, stellte der Schuldirektor seine Sprachkenntnisse unter Beweis, die damit allerdings auch schon zu Ende waren.

»Schleichts eich, Tschuschen«, brummte der Bartl, während der Pfarrer ihm vorsichtshalber die Bohrmaschine aus der Hand nahm.

Die beiden Touristen waren beim Weihwasserbecken stehen geblieben und wuschen sich rasch das Gesicht. Schockiert riss der Gottesmann die Augen auf und wollte einschreiten, aber da zogen die Slowenen bereits eine beschauliche Runde durch das Kirchenschiff. Vor dem Hochaltar blieben sie stehen und betrachteten das Kruzifix und die vielen Männer in Montur, aber wegen der schlechten Lichtverhältnisse gab es nicht viel zu sehen. Ein wenig enttäuscht wandten sie sich wieder dem Ausgang zu, der Größere der beiden warf im Vorübergehen ein paar klingende Münzen in den Opferstock und mit einem herzlichen »*Na svídenje!*« verließen sie das Gotteshaus.

Hafernas rief ihnen noch ein aufrichtiges »Vergelt's Gott!« nach, aber die beiden waren bereits verschwunden.

Endlich konnten sich die Geburtshelfer des Osterwunders wieder an die Arbeit machen. Die Hermine mühte sich ab, Nadel und Faden durch die dicke Haut der Schweinsblase zu ziehen, der Bartl hatte sein Lochwerk vollendet, der Gemeindesekretär trug die Leiter nach draußen, der Pfarrer und der Schuldirektor suchten nach einer passenden Bibelstelle, Lorenz, der Sohn des Direktors, kabelte seine technische Ausrüstung zum zweiten Mal zusammen, und der Böllinger wurde seiner Traumrolle als Obersteiger letztlich doch noch gerecht. Man hatte ihn, weil der immer noch eingegipste Umweltreferent zum bewegungslosen Sofadisieren in den eigenen vier Wänden verdammt war, in den Wald geschickt, um eine Vogelfamilie zu delogieren. Irgendwie musste das Loch in der Mauer kaschiert werden und, was fast noch wichtiger war, der Rückzug der entleerten Blase durfte auf keinen Fall von unten zu sehen sein, damit der gläubige Bodensatz nicht auf frevlerische Gedanken kam. Und der beste, weil ganz natürlich wirkende Sichtschutz war ein großes, mit viel Zweigen und Gestrüpp aufgestocktes Vogelnest.

Die Sonne stand schon tiefer am Himmel, als endlich die Generalprobe begann. Der Bartl, den man zur Premiere durch einen schmächtigen, aber kletterwanderfahrenen Feuerwehrrekruten ersetzen würde, hatte dem Heiligen die leere Blase bereits unter seine Intimteile gebunden, wo sie zusätzlich vom Faltenwurf der Heiligenhaut verdeckt wurde, und lehnte nun an der Außenseite des Turms, wo ihn die dicken Äste der mächtigen Tanne ordentlich piesackten.

    Auf ein Kommando vom Pfarrer hin zog er vorsichtig an den feinen Fäden, und wie von Zauberhand glitt der blutleere Fetzen Fleisch wunschgemäß nach draußen.

    Im Kirchenschiff erhob sich begeisterter Applaus. Die schwierigste Hürde war genommen, der verbesserungswürdige Rest stellte keine großen Herausforderungen mehr an die versammelte Mannschaft.

    Das schwarze Nähgarn des Herrn Pfarrers etwa hob sich zu sehr vom Hintergrund ab, da musste man das nächste Mal fleischfarbenen Zwirn nehmen. Aber der war in Hermines Handarbeitskästchen bestimmt vorhanden. Und was Bibianas Idee mit dem

Superkleber betraf, die würde letztlich auch noch zum Einsatz kommen, damit die Äste, Hälme und Zweiglein des Vogelnests während der gesamten Aktion auch wirklich unverrückbar an Ort und Stelle blieben.

»So, Leut', des wär g'schafft.« Der Böllinger klatschte sich begeistert auf die Schenkel, während der Bartl die Bohrmaschine in den Kastenwagen legte.

»Sonst noch was? Meine Fadln warten.«

»Herrschaften, das war's! Jetzt gehen mir auf einen g'scheiten Spritzer zum Kirchenwirt. Auf Gemeindekosten!« Der Bürgermeister strahlte, als hätte er soeben einen Wahlsieg errungen, und bot dem Fleischer galant eine Zigarette an.

Der Schuldirektor klappte die liturgischen Wälzer zusammen, in die er sich gemeinsam mit Hochwürden Hafernas vertieft hatte, und griff nach seinem Gehrock. »Ja, wenn der Alois zahlt, dann müssen wir das wohl ausnutzen. Nicht, dass der gute Mann zu billig davonkommt.«

»Dass't uns den Saustall da noch ordentlich aufräumst«, wies Feyertag noch schnell den Gemeindesekretär an, dem der Herr Pfarrer bereits Putzeimer und Besen in die Hand gedrückt hatte.

»Ich komm nicht mit, ich muss noch ein paar Klanginstallationen ausprobieren.« Klöpfers Sohn robbte mit verbissenem Gesichtsausdruck zwischen Kandelabern, Kelchen und Kabelrollen umher, wobei er recht antichristlich über die vorsintflutliche technische Ausstattung der Kapelle schimpfte. Dreimal hatte der desolate Sicherungskasten mitten in den Tonproben seinen schwächlichen Geist aufgegeben, was dem Equalizer gar nicht bekommen war. Sein kurzschlüssiges Röcheln hatte den Beschallungsprofi an den Rand eines Tobsuchtsanfalls getrieben. Und dann hatte diese sauertöpfische Holzapfel auch noch eine randvoll gefüllte Blumenvase auf seinen nagelneuen Subwoofer gestellt. »Mit den Osterglocken drauf sieht das Ding ja gleich viel schöner aus«, hatte diese dämliche Funzen gemeint und dabei schwungvoll ein wenig Wasser auf das empfindsame Gerät gespritzt.

Lorenz wäre beinahe aus der Haut gefahren, so hatte er sich aufgeregt. Nicht genug, dass er in seinen kostbaren Semesterferien ständig als Bürgermeisterministrant fungieren musste, manchmal riskierte er inmitten dieser musikalischen Nackerbatzerln zudem einen veritablen Kulturschock. Etwa, wenn ihn seine schrumpfhirnigen Cousins zum Konzert der Sterz-Buam mitnehmen wollten oder die Mutter den halben Tag lang ihr Hackbrett malträtierte. Aber wehe, er ließ diese Bauerntrampeln mal Tecktonic oder Jerk hören, dann brach umgehend eine Migränewelle aus.

Zumindest für heute war er beinahe fertig mit den Vorbereitungen. Wenn der Gemeindesekretär endlich seine Bodenpediküre beendet hätte, dann könnte er das Ganze noch rasch auf Bässe und Lichtspiele prüfen, bevor der für ihn eindeutig angenehmere Teil des Tages beginnen würde.

Leider gehörte der auserkorene Meister Proper nicht zu den Schnellsten seiner Art. Der gute Mann ging mit buchhalterischer Präzision vor und schien die Fliesen offenbar einzeln zu zählen, denn nach exakt zweiundzwanzig Stück – Lorenz hatte mitgezählt – verschwand er jedes Mal in der Sakristei, um neues Wasser zu holen. Und das maß er vermutlich auch noch mit dem Messbecher ab.

Der Sohn des Schuldirektors drehte sich genervt einen Joint und ging nach draußen, um ein wenig runterzukommen. Die kleine Kapelle mit ihrem Rapunzelturm sah im Grunde ja wirklich recht heimelig aus, fand er. Nur seltsam, dass ständig zwei laut zeternde Nebelkrähen um den Turm flogen.

Allein die Zeit, die verflog nicht. Noch beinahe eine halbe Stunde wurde seine jugendliche Geduld auf eine zunehmend härtere Probe gestellt, bis der gemeindeeigene Waschlappen endlich von dannen zog.

Klöpfer junior warf umgehend seine akustisch-optische Inszenierung an und hopste zu den Klängen von »Call me a Spaceman« ekstatisch vor dem Hochaltar herum.

»*At the speed of light I'm gonna make it*«, sang er jubilierend mit und sandte ein paar Laserblitze zum Glockenturm hinauf, »*I know you've been expecting me.*« Hops, hops, yeah, yeah!

»Ai wos ikschpektet yu tu!« Bibiana fand diese hysterische Musik zwar schlimmer als die konzertante Aufführung eines Rasenmäherensembles, aber sie war nicht zurückgekommen, um über Harmonielehre zu diskutieren. Wobei ein paar passende oder besser gesagt paarende Akkorde schon angenehm wären, aber letztlich ging es ihr natürlich um einen effizienten Nachhall. Sie wollte endlich schwanger werden und hatte sich den Lorenz zum Samenspender erwählt. Da die sogenannte reife Männergeneration leider wenig mehr zustande gebracht hatte als vergängliche Eruptionen ohne jedes nachhaltige Ergebnis, ruhten all ihre guten Hoffnungen nun auf diesem Jungspund. Angeblich ließ die Qualität der Spermien mit zunehmendem Alter ja nach, und wenn sich die mickrigen Restexemplare dann auch noch im Schilcherfluss verloren, dann sank offensichtlich die ohnedies geringe Chance auf ein fruchtbares Zusammentreffen in Richtung null. Daher hatte sie den Jüngling bereits vor ein paar Tagen probeweise verführt, und er hatte sich besser angestellt als erwartet. Aber ein Mal war bekanntlich kein Mal. Zudem waren ihre Eisprünge mittlerweile sprunghafter als ein Känguru, weshalb sie ohnedies auf Quantität statt Qualität vertrauen musste. Das hatte sie der Reinfall mit dem Umweltreferenten gelehrt. Sie wähnte sich empfangsbereit, doch ihre Gebärmutter hatte ihr einen blutroten Strich durch die Rechnung gemacht.

»*So let me in!*«

Lorenz mochte zwar unreif sein, aber er besaß Takt, Zielstrebigkeit und ein gutes Rhythmusgefühl. Nur der Blick auf den leidenden Christus über ihm hemmte seine sperminatorischen Aktivitäten. »Gott, das pack i net!«

»Lorenz, du kannst doch jetzt nicht aufhören!« Bibiana wollte keinesfalls leer ausgehen.

»Keine Angst, aber ich vögel lieber im Freien.« Mit diesen Worten griff er, da er keine Picknickdecke mitgenommen hatte, nach dem Altartuch und zog seine halb nackte Genitalgymnastikpartnerin an der Hand nach draußen.

Die Kapelle war ringsum von einem breiten Streifen Wiese umgeben, auf dem ein paar vereinzelte Bäume und mehrere Gruppen an Hollerstauden und Haselbüschen standen. Wo ein Wille, da fand sich sogar in göttlichen Gefilden noch das sprichwörtliche Gebüsch. Rasch verzogen sich die beiden dorthin. Lorenz breitete das Altartuch auf dem Boden aus, dann folgte Bibiana der Schwerkraft. Sie hatte mehrmals gelesen, dass die Chancen auf

Empfängnis stiegen, wenn die Frau sich in Rückenlage befand. Lorenz war's egal. Er hatte nichts gegen eine schnelle Nummer mit der Dopplerin, die nahezu doppelt so alt war wie er, denn es ging ihm ohnedies nur um Sex. Tiefe Gefühle und langes Gerede brauchte er nicht. Und da kam die Mittvierzigerin ihm im wahrsten Sinn des Wortes gerade gelegen.

»Ah, gib's mir!«, stöhnte diese nun und versuchte, sich nicht an den Ameisen zu stören, die ihr in den Hintern bissen.

»Oh, *good*«, keuchte Lorenz, dem langsam der Schweiß ausbrach.

»Oh Gott«, konterte Bibiana, weil irgendetwas über ihren Körper krabbelte, das nicht Teil ihres Lovers war.

»*Yeah, yeah, yeeeeaaaah* …!« Der nicht sonderlich sinnliche, aber sehr stoßfeste Student hatte seinen Zielsprint erfolgreich beendet und rollte sich von seiner schnaufenden Unterlage herunter auf das zerknitterte Tuch. »Oide, das war geil«, meinte er, was in seinen Ohren durchaus als Kompliment zu verstehen war.

Derweil lag die »Alte« unbeweglich da, presste die Schenkel zusammen, um nur ja kein Spermium vom richtigen Weg abzubringen, und schickte ein paar flehentliche Seufzer gen Himmel.

»Ich brauch jetzt an Joint.« Lorenz, der mit Romantik nichts am Hut oder sonstwo hatte, stand unvermittelt auf und eilte zur Kapelle zurück, um sich ein feines Kraut zu drehen. Die Dopplerin würde bestimmt noch geraume Zeit abliegen. Das hatte sie vorgestern auch schon gemacht.

★★★

Hochwürden Hafernas saß zufrieden inmitten seiner angeheiterten Gefolgschaft und überlegte gerade, ob ein dritter Schilcherspritzer die Spendierhosen des Bürgermeisters überdehnen würde, als ihn beim Anblick der soeben servierten sauren Suppe ein fürchterlicher Verdacht überkam.

In der Früh, nachdem ihm die Hermi bei der Bestandsaufnahme der Hostienreserven ein wenig zur Hand – oder besser gesagt an die Hose – gegangen war, da hatten sie ja in der Sakristei der Kapelle gestanden, wo sich die gute Frau fürchterlich am Tabernakelschrank gestoßen hatte. Ihm selbst war während dieser gottlosen Handlungen das Telefon mitten im Gespräch mit dem Bürgermeister zu Boden gefallen, weil er in seiner Ekstase zu heftig herumgezuckt hatte. Leider war sein sündiger Samenerguss dann auch noch durch einen lärmenden Trupp morgensportlicher Pfadfinder gestört worden, die sich auf dem Vorplatz der Kapelle flächendeckend breitgemacht hatten, um kurz zu verschnaufen. Verstört hatte der Pfarrer seine Kutte zugemacht und war dann rasch auf den Glockenturm gestiegen, um das Läutwerk für die Dauer der wundertätigen Präparationen vorübergehend zu blockieren. Als er wieder heruntergekommen war, hatte der Fleischer Bartl mit seinem blutigen Bündel voller Schweinsblasen bereits vor dem Altar gewartet, und der junge Klöpfer war mit einem Maßband fluchend vor selbigem herumgekrochen. Daran konnte er sich noch gut erinnern, nicht aber an die kurze Zeitspanne zwischen Kommen und Gehen, also nachdem er in den Hostienkelch gekommen und bevor er auf den Glockenturm gegangen war. Hatte er den befleckten Kelch eigentlich gereinigt oder nicht?

    Zunehmend besorgt blickte er auf die dampfende Brühe vor sich, deren milchig-weiße Konsistenz ihn so schmerzhaft an seine frevelhafte Tat erinnerte. Er konnte sich den exakten Verlauf des Vormittags einfach nicht mehr ins Gedächtnis rufen, so angestrengt er auch nachdachte. Seine grauen Zellen dampften schon ähnlich vor sich hin wie die saure Suppe, aber es wollte und wollte ihm nicht einfallen.

    Dieser furchtbare Zweifel ließ ihn nicht mehr los. Natürlich war ihm klar, dass Gott ohnedies alles sah, also auch seinen wollüstigen Fehltritt mitbekommen hatte, aber zumindest die Gemeinde durfte nichts von seinen weltlichen Verfehlungen ahnen.

    Es half alles nichts, er musste Gewissheit haben, sonst wäre es fortan schlecht um sein Seelenheil bestellt. Einen derart unfrommen Wunsch wie den nach spurloser Sauberkeit des Hostienkelchs konnte er wohl kaum in sein Abendgebet einschließen, und den Messdiener zum Putzen zu schicken, das war auch keine praktikable Lösung. Der gute Geist der Pfarrgemeinde mochte den Verstand eines Schafwollpullovers haben, aber er war ein Mann mit allen dazu vorgesehenen Requisiten. Und zwei Augen im Kopf hatte er auch.

Schweren Herzens ließ Hochwürden Hafernas den halb vollen Suppenteller stehen, verzichtete noch schwereren Herzens auf ein weiteres Gemeindekostengetränk und erhob sich. »Jetzt hätt ich doch um ein Haar meine seelsorgerischen Pflichten vergessen«, stammelte er und tat so, als würde er entsetzt auf seine Taschenuhr blicken.

»Aber deshalb werdens doch die gute Suppn net stehn lassen«, wollte ihn der Kirchenwirt gekränkt zurückhalten, »es wird ja wohl ka letzte Ölung sein.«

»Damit wär' ich bei unserer derzeitigen Ölqualität sowieso a wengerl vorsichtig«, warf der Bürgermeister ein, der die Sache mit der Kernölpantscherei immer noch nicht verdaut hatte. »Nicht, dass du ausgerechnet im Namen Gottes zum Mörder wirst!«

Feyertag hatte ein ziemlich flaues Gefühl in der Magengegend, wenn er daran dachte, dass es nach wie vor keine Spur vom Giftmischer gab, der für die intestinale Misere am Kraxnhof verantwortlich war.

Jeden einzelnen Winzer zwischen Slowenien und Graz hatten sie tagelang auf Herz, Nieren und Glykolbestände überprüft, denn vor beinahe einem halben Jahrhundert hatte sich diese unbekömmliche Veredelungsmethode besonders unter den Weinbauern einiger Beliebtheit erfreut. Das hatte letztlich nicht nur zu etlichen Vergiftungsfällen, sondern auch zum größten Weinskandal der Nachkriegszeit geführt. Aber die Schilcherproduzenten hatten damals wie heute weder Dreck am Stecken noch Gift im Fass gehabt. Vermutlich lohnten sich unsaubere Machenschaften gar nicht bei derart geringen Anbauflächen.

Das beschämende Ergebnis ihrer dilettantischen Ermittlungen hatte jedenfalls aus zwei Watschen für den Balthasar Schragl und einem Tritt in seinen Allerwertesten bestanden. Bei derartigen Unterstellungen verstanden die Winzer offenbar keinen Spaß. Danach hatten sie besser nachgedacht und waren zu dem Ergebnis gekommen, dass es wohl das Kernöl gewesen sein musste, denn Wein getrunken hatten nahezu alle der Anwesenden. Bis auf die Kleinkinder halt. Doch selbst die erprobten Säufer hatten später schlimmstenfalls über Kopfweh geklagt. Aber ein echtes steirisches Kernöl, das der Gesundheit derart abträglich war, das hatte es bislang noch nie gegeben, sah man von diesen chinesischen Imitaten einmal ab. Das musste vorsätzlich vergiftet worden sein. Feyertag konnte nur hoffen und beten, dass der Giftmischer vom Schmankerlfest nicht Geschmack an der Sache gefunden hatte, zum Wiederholungstäter mutierte und ausgerechnet während der Osterfeierlichkeiten auferstand, um erneut für volle Krankenhäuser und leere Buschenschanken zu sorgen.

Vielleicht hätte er den Herrn Pfarrer um ein paar diesbezügliche Fürbitten anflehen sollen, aber dafür war es jetzt zu spät. Der Geistliche hatte das Wirtshaus bereits verlassen.

»Schon a braver Mensch, unser Herr Pfarrer«, kommentierte der Bürgermeister dessen überstürzten Abgang resigniert und löffelte des Pfarrers halbvolle Rahmsuppe aus.

»Ja, wer mit Gott verheiratet ist, der hat aber auch weniger Schereeien als unsereins«, stellte der Schuldirektor nachdenklich fest, »da kommt man seltener auf schlimme Gedanken.«

»Und heimkommen kann er a, wann er will«, gab der Böllinger zu bedenken, obwohl der als Geschiedener eigentlich gar nicht mitreden durfte.

Vielschichtiges Schweigen machte sich breit. Der Wirt brachte vorsorglich eine Runde stimmungsaufhellender Alkoholika, damit sein Umsatz nicht von derart trübsinnigen Überlegungen eingebremst wurde. Ans Heimgehen vor dem Abendessen durfte jetzt wirklich nicht gedacht werden. »Geht aufs Haus«, ließ er daher alle wissen und prostete den Trübsalbläsern aufmunternd zu.

Und weil der rosa Schilcher oft schneller wirkte als jegliche Gesprächstherapie, machte sich schon bald wieder allgemeine Heiterkeit breit.

Derweil keuchte der Pfarrer zum zweiten Mal an diesem Tag die steile Treppe zur Kapelle hoch. Alles lag ruhig und friedlich da. Die Sonne versank langsam hinter den Bäumen, die Vögel zwitscherten ihr Abendlob, und der rötliche Schimmer verlieh dem weiß getünchten Kirchlein einen ungemein romantischen Anstrich.

Hafernas blieb einen Moment stehen, dankte Gott für diesen herrlichen Anblick und schnappte ein wenig nach Luft. Es fehlte ihm eindeutig an Kondition, denn zeit seines Lebens hatte seine nahezu einzige Bewegung darin bestanden, den Weihwasserkessel zu schwingen oder betend auf die Knie zu fallen.

Andächtig bewunderte er die Herrlichkeit der Schöpfung. Paradiesische Zustände waren das hier, wie zu biblischen Zeiten.

»*Fuck,* der Pfaff!«

Lorenz' erneut erwachte Manneskraft verpuffte wie ein geplatzter Luftballon, Bibiana hielt entsetzt den Atem an.

»Was sollen wir jetzt tun?«, flüsterte sie und versuchte, mit dem schon arg ramponierten Altartuch ihre gut geformte Blöße zu verdecken.

»Du bleibst da liegen und rührst dich nicht!« Der Student überlegte fieberhaft, wie er den Pfarrer auf Abwege bringen konnte.

Da hätte der Gottesdiener allerdings Augen gemacht, wenn ihm in seinem vermeintlichen Paradies ganz nach teuflischem Drehbuch auch gleich zwei Nackerte über den Weg gelaufen wären. Wie Adam und Eva sahen Lorenz und Bibiana allerdings nicht aus, eher wie derangierte Pornodarsteller auf der Suche nach dem ultimativen Kick.

Einem sexuell offenbar recht freizügigen Gott war es jedenfalls zu verdanken, dass der schwitzende Pfarrer seine Brille abnehmen musste, die es ihm wegen der erhöhten Transpiration beschlagen hatte. Lorenz nutzte den günstigen Moment, in dem Hafernas von Blindheit geschlagen war, und robbte ins Gotteshaus. Dort legte er zielsicher einige Schalter um und drehte so lange an unzähligen Knöpfen und Reglern, bis sich von überall her ein leises, vielstimmiges Summen erhob. Schnell hetzte er weiter in die Sakristei und spähte aus dem kleinen Fenster ins Freie.

Draußen stand Hochwürden Hafernas, der seine Gläser schon wieder aufgesetzt hatte, und sah sich suchend um. Lorenz erstarrte und verfiel in ein bemerkenswertes physikalisches Paradoxon: Obwohl er am ganzen Körper eine Gänsehaut hatte, arbeiteten seine Schweißdrüsen auf Hochtouren.

Nicht auszudenken, wenn der alte Depp über die Bibiana stolperte! Dann müssten sie garantiert einen Notarzt rufen, und der Skandal wäre perfekt. Dieser präsenile Kuttenkasperl hatte in seinem keuschen Leben bestimmt noch nie eine nackte Frau gesehen, noch dazu eine, deren formidabler Busen von einem fleckigen Altartuch umweht wurde. Das würde zumindest für einen mittleren Herzinfarkt reichen. Aber Lorenz hatte keine Lust auf einen Einsatz als Rettungsmann. Ein Jahr Zivildienst hatte ihm sein nächstenliebendes Gedankengut zu Genüge ausgetrieben.

Beim Gedanken, dass Bibiana den geifernden Pfaffen zwecks Mund-zu-Mund-Beatmung dann küssen müsste, konnte er ein Lachen kaum unterdrücken. Allerdings nur beinahe.

Denn der Pfarrer hatte sich nun zielstrebig in Richtung Büsche in Bewegung gesetzt. Die beiden Schilcherspritzer drückten bereits seit Längerem schmerzhaft auf seine Blase. Vor einem Haselstrauch blieb er stehen, raffte seine Kutte nach oben und machte sich einhändig an seiner Hose zu schaffen. Mit einem seligen Lächeln auf den Lippen brach sich die Erleichterung Tropfen für Tropfen Bahn.

Und dann geschah es, das erste Wunder seines Lebens!

Knapp über dem Haselbusch züngelte eine rote Flamme auf, dann eine gelbe, dann eine orange, und auf einmal sah es aus, als würde der ganze Busch brennen. Es knisterte und knasterte, prasselte, zischte und loderte, dennoch verspürte der Pfarrer keine Hitze.

Er erschrak so sehr, dass er sich den linken Schuh anpinkelte, aber dafür hatte er jetzt natürlich keine Augen. Wie gebannt sah er diesem unglaublichen Schauspiel zu.

»Komm nicht näher!«, dröhnte eine harsche Stimme, die von überall herzukommen schien.

Hafernas zuckte zusammen und stellte das Pinkeln ein.

»Leg deine Schuhe ab, denn der Ort, wo du stehst, ist heiliger Boden.«

Erschrocken ging der Priester in die Knie und zog an seinen Schnürsenkeln herum. Dass einer davon völlig durchnässt war, fiel ihm auch jetzt nicht auf. Das Buch Exodus, Kapitel drei, ging es ihm durch den Kopf. Für weitere Gedanken war definitiv kein Platz.

Gebieterisch fuhr die Stimme fort, zu ihm zu sprechen: »Ich

bin der Gott deines Vaters und habe das Elend in deinem Dorf gesehen, ihr Leid gehört, ihr Darben vernommen.«

Der Geistliche hatte mittlerweile das Atmen eingestellt und stand wie in Wachs gegossen im kühlen Gras.

»Und du, Corolianus Hafernas, du wirst nun hinabsteigen zu ihnen, um sie der Hand ihres unchristlichen Schicksals zu entreißen. Du wirst sie in eine Zukunft führen, in der der Wein aus dem Wasserhahn fließt und die Würste an den Bäumen hängen, wo die Touristen strömen und die Neider verdorren, und das Geld wird wachsen wie Weizen auf einem gut gedüngten Feld.«

Lorenz konnte sein Glück kaum fassen, in diesen voluminösen Schmökern auf Anhieb eine Stelle gefunden zu haben, die wie geschaffen für diese heikle Situation war. Gottes Gnade war eindeutig mit ihm. Und sein Improvisationstalent sowieso.

»Denn ich bin mit dir auf all deinen Wegen. Und nun eile zu meinem Volk nach Gfrettgstätten und verkünde ihnen die frohe Botschaft. Ein Wunder wird geschehen! Aber nur, wenn sie heute Nacht alle zusammen auf diesen Berg kommen, um mich zu ehren.«

Dann huschte Lorenz zurück ins Kirchenschiff, um das feurige Lichtspiel mit ein paar gezielten Lasereffekten bis in den Himmel wachsen zu lassen.

Leider schien der Pfarrer in den Energiesparmodus verfallen zu sein. Er machte keinerlei Anstalten, sich eilig von den feuchten Socken zu machen, in denen er immer noch herumstand.

Lorenz musste ihn irgendwie aus dieser Schreckensstarre erwecken. »Corolianus Hafernas, mein Sohn und Diener, hast du meine Stimme vernommen?«

Schweigen.

»So antworte doch, wenn Gott, dein Herr, zu dir spricht!«

Schweigen. Der gute Mann war offenbar in unerreichbare religiöse Sphären abgedriftet.

»Wenn du mich verstanden hast, so hebe die rechte Hand.«

Langsam, unendlich langsam gelang es dem Pfarrer, seine linke Hand um etwa zwanzig Zentimeter zu heben.

Zumindest hatte er sich bewegt, wenngleich mit der motorischen Eleganz eines Maikäfers bei Morgenfrost. Lorenz war dennoch einigermaßen beruhigt.

»Und nun ergreife deine Schuhe und eile auf schnellstem Weg zum Kirchenwirt. Dort wirst du alle um dich versammeln, sie bei der Hand nehmen und ihnen von meinen Worten berichten.«
Bewegungsloses Schweigen.
»Jetzt mach schon und geh endlich!«
Auch wenn diese letzten Worte nicht ganz dem Tonfall einer göttlichen Offenbarung entsprachen, sie zeigten Wirkung. Ungelenk bückte sich der Pfarrer nach seinen Schuhen und tapste auf Zehenspitzen davon. Erst am Fuße der Stiege, die er wohl kopfüber hinabgestürzt wäre, hätte es kein Geländer gegeben, hielt er inne, ließ sich schwerfällig auf die vorletzte Stufe nieder und zog seine Latschen wieder an. Den offenen Hosenschlitz hatte er längst vergessen, aber der fiel unter der Kutte nicht weiter auf.

Lorenz hingegen, der immer noch nackt in der Sakristei stand, hätte am liebsten lauthals losgelacht. In seinem ganzen Leben hatte er sich noch nie so himmlisch amüsiert. Sein göttlicher Auftritt war einfach megageil gewesen. Das hätte der Vatikan nicht halb so professionell hingekriegt. Verglichen mit dieser Nummer war Sex nicht erregender als Filethäkelei. Und der Pfarrer würde dieses Wunder wohl sein Leben lang nicht mehr vergessen.

★★★

Der diensthabende Arzt vom Plutzenberger Landeskrankenhaus war Unfallchirurg, kein Seelenklempner. Daher konnte Dr. Messerschnitt diesem Trio Infernal, das seit einer halben Stunde die Notaufnahme okkupierte, nur wohldosierte Fassungslosigkeit entgegenbringen. Wäre er nicht so müde gewesen, hätte das Ganze durchaus einen gewissen unfreiwilligen Unterhaltungswert besessen. Aber er war seit vierunddreißig Stunden im Dienst und sehnte sich allein nach Ruhe, Frieden und einem Bett. Doch diese Aussicht hatten die drei Gestalten gerade in weite Ferne gerückt.

»Ich bin ein Auserwählter vor dem Herrn«, wiederholte der Pfarrer jetzt schon zum zehnten Mal, »denn heute hat Gott zu mir, Corolianus Hafernas, gesprochen.« Dann zog er seine Taschenuhr hervor und wollte, ebenfalls bereits zum zehnten Mal, aufspringen. »Es ist Zeit, unseren Gott und Gebieter gebührend zu loben und zu preisen. Wir müssen gehen!«

Leider hatten weder sein Geist noch sein Herz mit diesem auf Dauer doch recht steilen Kreuzweg auf den Märtyrermugl Schritt gehalten, und deshalb saßen sie nun hier. Der Bürgermeister und der Schuldirektor kamen sich vor wie zwei Statisten im Raumschiff Enterprise, hinweggebeamt in eine ferne Galaxie. Dabei war es nicht einmal eine Stunde her, da hatten sie noch zusammen beim Kirchenwirt gesessen und Karten gespielt, als der Herr Pfarrer mit wehender Soutane hereingestürzt und direkt vor ihrem Tisch kollabiert war.

»Der Haselbusch! Wir müssen auf der Stelle den Haselbusch ehren«, hatte er mit dem Teint einer gut abgelegenen Leiche gestammelt.

Entsetzt waren sie alle aufgesprungen, um dem gestürzten Gottesmann mit vereinten Kräften auf die Beine zu helfen. Der Böllinger Sepp hatte sogar sein siegreiches Pik-As kommentarlos aus der Hand gegeben, um Hafernas mit einem gekonnten Rettungsgriff unter die Arme zu greifen.

Aber der verwirrte Geistliche hatte unaufhörlich gezittert und transpiriert, während er unverständliche Worte von sich gegeben hatte. »Gott der Allmächtige hat das Wunder gebenedeit. Er ist seinem unwürdigen Diener erschienen.«

Panik war ausgebrochen.

»Der Herr hat mir, Corolianus Hafernas, aufgetragen, sein Volk einem tristen Schicksal zu entreißen und durch die Nacht zu führen.«

Der Kirchenwirt hatte versucht, dem Delirierenden ein paar hochprozentige Tropfen einzuflößen, aber der Pfarrer hatte dessen Hand unentwegt fortgestoßen, worauf sich der Schnaps wenig hilfreich auf den Boden ergossen hatte.

»Wir müssen gehen, damit die Würste an den Bäumen hängen, aber lasst uns barfuß gehen. Exodus drei. Der Herr und die flammende Schweinsblase.«

Offenbar hatten die Vorbereitungen zum Gfrettgstättner Osterwunder den Geistlichen in einen derart schweren Gewissenskonflikt gestürzt, dass sein christliches Substrat mit dem schweinisch-profanen Oberbau zu heftigen Kurzschlüssen in der Großhirnrinde geführt hatte, verbunden mit beträchtlichen kollateralen Kardialschäden. Der Mann hatte ausgesehen, als würde er schon bald vor dem Himmelstor stehen.

Sie hatten ihn umgehend in ärztliche Obhut bringen müssen, sonst hätte er womöglich noch auf dem Wirtshausboden das Zeitliche gesegnet. Und für eine authentische Auferstehung zum Osterfest würde sein bescheidener Platz in der Kirchenhierarchie dann bestimmt nicht ausgereicht haben.

Der Kirchenwirt hatte gleich die Sperrstunde ausgerufen, und mit vereinten Kräften hatten sie den verwirrten Priester zu seinem Wagen geschleppt, um ihn heil ins Krankenhaus zu chauffieren. Der Bürgermeister und der Schuldirektor hatten sich links und rechts vom Pfarrer auf die Rückbank gezwängt und versucht, den Tobenden zu beruhigen.

»Ihr Sünder vor dem Herrn! Wir müssen barfuß gehen«, hatte der empört gestammelt und immer wieder die Wagentür aufreißen wollen. Und als der Wirt auf die Bundesstraße eingebogen war, hatte er sie angebrüllt: »Das ist die falsche Richtung!« Dabei hatte er so heftig um sich geschlagen, dass dem Klöpfer die Brille von der Nase geflogen war.

Als sie endlich im Krankenhaus angekommen waren, hatten auch die beiden Beisitzer bereits notärztlichen Bedarf gehabt, zumindest, was das Verbandsmaterial betraf.

Für den verwunderten Pfarrer hingegen brauchte es nun härtere Bandagen. Die Schwester hatte dem armen Mann bereits eine Leitung gelegt, während der Arzt teilnahmslos verkündete: »Als Erstmaßnahme Nitroglycerin, Clopidogrel, etwas Morphin, und dazu nehmen wir noch Triflurprozamin wegen der Übelkeit.«

Eifrig kramte die Schwester in den Arzneimittelschränken herum.

»Sobald sich der cardiovaskuläre Zwischenfall stabilisiert hat, halte ich die Verabreichung eines sedierenden Neuroleptikums für angebracht«, ließ er den angeschlagenen Begleitschutz wissen. »Ich denke, eine ausreichende Dosis Haldol sollte für eine geistige Gesundung erst mal genügen.«

Feyertag und Klöpfer sahen sich zweifelnd an. Wenn der verwirrte Herr Pfarrer gedanklich gesundete und dem Arzt womöglich wahrheitsgetreu etwas über die traumatisierenden Auswirkungen von Schweineblutblasen erzählte, dann war mit einer frühzeitigen Entlassung wohl kaum zu rechnen.

Der Countdown läuft

Während im Damischtal bereits die Osterglocken den Countdown zu den bevorstehenden Jahrhundertereignissen einläuteten, erklang in St. Marienburg noch das Geknatter der Schneefräsen. Sechshundert Meter Höhenunterschied machten sich halt in vielerlei Hinsicht bemerkbar. Da griffen die Südsteirer schon nach dem Sonnenöl, derweil die Hochsteirer noch das Eis von den Scheiben kratzten, und während die Buschenschanken bereits den Wein kühlten, wurde in gebirgiger Höhe noch Met und Bärenfang kredenzt.

Dennoch liefen die Vorbereitungen zur qualitätsprüfenden Pilgerwegbegehung laut Punkt vier des erzbischöflichen Masterplans 2017 zur Förderung und Entwicklung eines qualitätsvollen Wallfahrts- und Pilgerwegnetzes auf schweißtreibenden Hochtouren. Der Obmann der Lebzelterei hatte seine gesamte Verwandtschaft in die Backstube abkommandiert, wo die riesigen Hochsteiermark-Herzen langsam, aber sicher Form annahmen. Vor lauter Betriebsamkeit summte es wie im Bienenstock – ein Eindruck, der durch den intensiven Honiggeruch noch verstärkt wurde. Wegen der besseren Schutzwirkung hatte der Oberlebzelter seine traditionelle Rezeptur allerdings durch eine Doppeldosis Zement verstärkt, um der knusprigen Rüstung eine besondere Härte zu verleihen. Leider entsprach das geschmackliche Ergebnis nun nicht mehr den traditionellen Anforderungen an den Pilgerproviant, was insgeheim schon sehr an der Berufsehre des Lebzelters nagte. An so einer Wegzehrung hätte man sich bestenfalls einen Zahn ausgebissen. Aber dafür waren die Auftragsbücher gefüllt wie selten zuvor in dieser Jahreszeit. Und dass der Zweck die Mittel heiligte, war in St. Marienburg natürlich nicht besonders verwunderlich.

Der Apotheker hingegen hatte sich weisungsgemäß mit dem Weihwasserbeauftragten zusammengetan, um einen heilsamen Zaubertrank zu entwickeln. Nach langen durchwachten Nächten, einigen Magenverstimmungen und diversen Vollräuschen hatten sie endlich ein passendes Mischungsverhältnis für die hochgeistigen Ingredienzien gefunden. Das Ergebnis bekam den klingenden

Namen »Marienburger Magenritter« verliehen, was ausgezeichnet zur Lebkuchenrüstung passte. Da den Berufspilgern die Aussicht auf das neue Streckenstück mitten durchs gemeingefährliche Damischtal allerdings schon Tage vor ihrem Abmarsch im Magen lag, waren die Bestände des heilsamen Trunks bereits ein wenig geschrumpft, als die Gruppe sich auf ihre offizielle Mission begab.

Alles in allem waren die getroffenen Vorkehrungen jedoch so weit gediehen, dass den Wanderern nur noch der launische Wettergott gefährlich werden konnte. Immerhin tat der April bekanntlich, was er will. Dennoch: Regenschutz, Heftpflaster, Blasensalben, Schutzhandschuhe, Sonnenbrillen, Kartenmaterial, GPS-Geräte (mit denen sich ihn Wahrheit niemand auskannte) und Gebetbücher waren ordnungsgemäß eingepackt, der bischöfliche Segen erteilt, und übermorgen würden sie sich nahe der Grenze bei Petri Ptuji auf den jungfräulichen Weg Richtung Feindesland machen.

★★★

Auch zweihunderteinundzwanzig Kilometer weiter südlich, in Plutzenberg, ging es im wahrsten Sinne des Wortes hoch her, aber eine dreizehn Meter hohe Statue aus Kürbisfleisch zu errichten, das stellte nicht nur die Statiker vor ungeahnte Herausforderungen. Als beinahe ebenso schwierig wie die bauliche Stabilität erwies sich die exakte Zusammensetzung des Verbundstoffes, der nicht nur aus Kürbisfleisch, sondern darüber hinaus aus Sand, Mörtel und etwas Goldstaub für einen glänzenden Anblick bestand. Selbst die Suche nach ausreichenden Mengen intakter Kürbisse war nicht ganz einfach gewesen, denn frische gab es noch nicht, und die alten waren meist rund um Halloween ausgeschlachtet worden, sofern sie ihr Innenleben nicht ohnedies schon den Ölmühlen geopfert hatten. Dank groß angelegter Haussammlungen kam aber letztlich doch noch eine ausreichende Menge an Bauplutzern zusammen.

Gottfried Rothschädl, der Kunstschmied, hatte bereits ein tragendes Skelett vom Erzherzog Johann gegossen, auf das die goldgelbe Masse anschließend schichtweise aufgetragen wurde.

Zum Schluss musste die ungewöhnliche Skulptur nur noch ähnlich wie Salzteig durch Hitze stabilisiert und auf dem Marktplatz aufgestellt werden. Balthasar Schragl, der Fremdenverkehrsobmann des Ortes, hatte sich sogar extra zur Klachlkapelle begeben, um sicherzustellen, dass die freie Weitsicht auf das Plutzenberg'sche Weltwunder durch keinerlei störende Auswüchse in der Botanik eingeschränkt wurde. Damit die frommen Pilgerscharen, die am Ostersonntag auf den Märtyrermugl einmarschieren würden, auch gebührend bewundern konnten, was ihre Gemeinde so alles auf die Beine zu stellen vermochte.

Hierzulande galt der Herzog nach wie vor als eine Art Heiliger für den steirischen Hausgebrauch. Das Land hatte dem innovativen und sozialen Fortschrittsdenker wirklich viel zu verdanken, der süd- und untersteirische Weinbau sowieso. Zudem erwies sich der herzögliche Trachtenlook seit Jahrhunderten als Bestseller der Lodenindustrie, während der Erzherzog-Johann-Jodler zu den Klassikern des heimischen Gaumengurgelrepertoires zählte. Nur zu kulinarischen Ehren hatte es der innovative Habsburger bislang leider nicht gebracht. Da hatte Mozart das eindeutig bessere Marketing.

Aber dank der himmelstrebenden Initiative von Plutzenberg würde der Landespatron zumindest symbolisch gesprochen schon bald in aller Munde sein. Davon war Schragl felsenfest überzeugt. Einzig Hermine Holzapfel hatte ein mulmiges Gefühl. Als Obfrau der katholischen Kernölfraktion hatte man sie in dieses stratosphärische Unterfangen zwar einweihen müssen, obwohl sie auf Feindesland wohnte, doch überschritt die vorzeitige Preisgabe der Plutzenberger Geheimoffensive eindeutig die territorialen Grenzen. Daher wurde ihr als ansässiger Gfrettgstätternerin absolutes Stillschweigen auferlegt. Sogar schwören hatte man sie lassen, bei allem, was ihr heilig war. Was in Hermines Fall aber vor allem der Herr Pfarrer war. Und der gehörte betrüblicherweise ebenfalls zur gegnerischen Partei.

Leider war Hochwürden Hafernas derzeit in keinster Weise ansprechbar und hatte selbst für Hermine kein offenes Ohr, was die innerlich gespaltene Frau umso mehr betrübte, weil ihr dieser Gewissenskonflikt schon schwer auf der Zunge lag. So konnte sie nur ihrem lädierten Wetterhahn von den beidseitig bedenklichen Bestrebungen beichten. Und der erteilte ihr keinerlei Absolution.

★★★

Die letzten Tage vor den, wenn schon nicht welt-, so zumindest damischtalbewegenden Ereignissen waren sprichwörtlich im Handumdrehen vergangen. Zumindest für alle auf handwerklichem, kulinarischem, organisatorischem oder orthopädischem Gebiet Involvierten. Der Countdown war abgelaufen, das Himmelfahrtskommando konnte im wahrsten Sinn des Wortes losgehen.

Die Pilger hatten sich bereits pünktlich auf ihren steinigen Weg gemacht, die Plutzenberger polierten die fertiggestellte Statue hinter den verschlossenen Toren des Schrottfriedhofs auf Hochglanz, und die Gfrettgstättener hatten einen Stellvertreter für ihren delirierenden Pfarrer aufgetrieben und indoktrinierten den bedauernswerten Ersatzmann mit den lokalpolitischen Zehn Geboten. Selbst der Fleischer hatte Überstunden gemacht und zur Sicherheit gleich drei Schweinen den Rüssel umgedreht. Zudem war Inspektor Kapplhofer, den man erneut auf Mittagstischdiät gesetzt hatte, für den sicheren Ablauf des gesamten Pilgerreigens verantwortlich. Am Sonntag würde ihn Polizeihauptmann van Trott, gleichfalls aus Gründen der Sicherheit, sogar persönlich dabei unterstützen. Verglichen mit dem Damischtaler Gemeingefährdungspotenzial schien dem das zeitgleich in Graz stattfindende Jahrestreffen der höllischen Motorradengel um einiges weniger bedrohlich.

»Die paar ausgeflippten Roadrunner verpesten eh nur die Luft«, hatte er seinen verständnislosen Kollegen erklärt. »Aber diese Gelbfüßler dort unten, die haben das Zeug zum Völkermord!«

Eine Ansicht, die Rüdiger Bartenstein voll und ganz teilte. Als seine immer noch hinkende Gattin ihm kurz vor seinen inniglich herbeigesehnten Osterferien erklärt hatte, an diesen regionalen Großfeierlichkeiten unbedingt teilnehmen zu wollen, weil die Gfrettgstättener sie als Wiedergutmachung immerhin auf eine ganze Urlaubswoche eingeladen hatten und sie diese nette Geste doch nicht ausschlagen durften, da hatte er gerade zur Rasur vor dem Badezimmerspiegel gestanden. Einen schlechteren Zeitpunkt für diesen hinterhältigen Eröffnungsschlag hätte Hildegund also nicht finden können. Zwei tiefe Schnitte später lieferten sie sich am Frühstückstisch orkanartige Schreiduelle, während das Blut Rüdigers unheilverkündend auf das zuvor gestrichene Brötchen tropfte. Sie bestand auf einer versöhnlichen Hin-ins-Damischtal-Bewegung, er erwog zum wiederholten Male eine Weg-von-der-Frau-Bewegung. War dieses Weib, das ihm in solchen Momenten fremdartiger vorkam als ein aztekischer Hohepriester, nun adrenalinsüchtig oder lebensmüde? Er wusste es nicht.

Dafür wusste sein Sohn, wie er dem Vater rhetorisch in den Rücken fallen konnte, denn der Junge war hellauf begeistert von der Aussicht auf ein Wiedersehen mit seinen dortigen Freunden.

Lautstark verlieh er seiner Begeisterung Ausdruck. Womit es zwei gegen einen stand. Nach diesem demokratischen Triumph verließen Frau und Kind voller Vorfreude auf zukünftige Abenteuer das Esszimmer, während das zu Tode gekochte Hühnerei an Hildegunds Stelle den Kopf hinhalten musste.

Das Wandern ist des Pilgers Frust

Voller Vorfreude auf seelische Läuterungen und körperliche Genüsse waren die etwa zweihundert willigen Wallfahrer aus den umliegenden Gemeinden. Sie hatten sich pünktlich zum Sonnenaufgang am verabredeten Treffpunkt eingefunden, um auf die geistliche Delegation aus St. Marienburg zu warten, welche ihre Truppe nun auf gottgefälligen Spuren durchs Damischtal geleiten würde.

Die hohen Herren des WWOK sahen dem Tag zwar etwas weniger frohgemut entgegen, aber auch sie trafen rechtzeitig ein. Und nach einem kurzen gemeinsamen Morgengebet brach die Gruppe auf und zog in tiefem Schweigen auf der jungfräulichen Pilgerwegetappe von Petri Ptuji über das slowenisch-steirische Grenzland dahin. Allerdings schwiegen sie weniger aus andächtig-meditativen Gründen, sondern weil sie sich bislang auf kein allgemein akzeptiertes Wanderlied hatten einigen können. Auf den ersten paar Kilometern war noch aus vereinten Kehlen »Im Frühtau zu Berge« geträllert worden, doch drei karge Strophen reichten auf Dauer nicht aus, um eine zwölf Kilometer lange Wegstrecke abzusingen. Außerdem blieben ihnen die fröhlichen »Falleras« im Laufe der vielen kräftezehrenden Steigungen recht bald im Hals stecken.

Als sie endlich den letzten Höhenzug ihrer Etappe erreicht hatten und wieder einigermaßen geräuschfrei atmen konnten, kam bei den konditionell besser ausgestatteten Laienbrüdern erneut eine ungebremste Sangeslust auf. »Das Wandern ist des Müllers Lust« klang in den Ohren der kirchlichen Wegnetzqualitätsprüfer allerdings nahezu blasphemisch. Sie befanden sich auf keinem zünftigen Betriebsausflug, und Lustgefühle auf Buß- und Betpfaden verboten sich ohnedies. Als geistlichen Ausgleich zu diesem unpassend profanen Liedgut hatten die St. Marienburger Pilgerprofis umgehend »Geh mit uns durch das Tal der Plagen« angestimmt, aber das war den Übrigen wiederum nicht recht gewesen. Zum einen wanderten sie gerade auf einem Gebirgskamm dahin, zum anderen fühlten sie sich von ihren Blasen an den Füßen bereits ausreichend geplagt.

Danach versuchten es ein paar kompromissfreudige Weggefährten mit »When the saints go marching in«, doch auch ihnen war kein positives Echo beschieden. Der Gospelrhythmus würde die Schrittgeschwindigkeit zu sehr beschleunigen, wurde lautstark kritisiert, wie sollten sie da noch Muße für die Buße finden? Und die, die kein Englisch konnten, waren sowieso dagegen und grummelten schnaufend vor sich hin.

Letztendlich hielten dann alle den Mund und starrten stattdessen hinunter ins Drautal, wo die grünen Felder und Wiesen noch von einem leichten Dunstschleier verhüllt waren. Je näher sie der ehemaligen Staatsgrenze kamen, desto häufiger standen ihnen windschiefe, verrostete Warnschilder im Weg, auf denen »Achtung Staatsgrenze« stand. Beinahe ein halbes Jahrhundert lang hatte sich die Grenzziehung in diesem Gebiet oft mitten auf der Straße, im Weinberg oder zwischen Milchkammerl und Kuhstall befunden, aber seit dem zehntägigen Unabhängigkeitskrieg Sloweniens lief man beim Überqueren einer Straße keinerlei Gefahr mehr. Zumindest nicht durchs Militär.

Zur Mittagszeit, als die Sonne bereits spürbar auf die Büßerhäupter niederbrannte und die Stimmung umgekehrt proportional zu den bewältigten Höhenmetern sank, wurde die erste einvernehmliche Entscheidung des Tages beschlossen: Eine Rast musste her. Immerhin waren sie bereits gute acht Kilometer im Namen des Herrn und des völkerverbindenden Fremdenverkehrs marschiert. Es war höchste Zeit für einen stärkenden Einkehrschwung. Gesunde Luft und göttliche Liebe machten die erschöpften Wanderer letztendlich halt doch nicht satt.

Kaum zeigten sich hinter einer Wegbiegung die ersten einladenden Holzbänke unter blühenden Obstbäumen, fielen die ausgehungerten Pilger wie ein biblischer Heuschreckenschwarm über die lauschige Buschenschank her. Branko, der verdatterte Wirt, stierte ungläubig auf das groteske Bild, das sich ihm bot. Das Inferno schien geradewegs auf ihn zuzukommen. Vor Schreck erstarrte er vorübergehend zur Salzsäule. Der bärtige Mann hatte zwei Kriege hinter sich, einen langen und einen kurzen, zudem zwei Frauen überlebt, eine böse und eine blöde, und er hatte Invasionen an Ausflüglern über seinen Grund ziehen sehen, zu Fuß, mit dem Fahrrad, auf dem Pferd oder in athletischer Marathonformation. Beim legendären Welschlauf durch die Weinlandschaft etwa kam einem schon einiges vor Augen, das an verkleidungstechnischem Einfallsreichtum kaum zu überbieten war. Läufer mit vollen Schubkarren, im Schlumpfgewand oder Biene-Maja-Outfit, selbst fässerrollende Muskelprotze liefen oft mit. Aber das, was gerade seinen Hof okkupierte, das war ihm noch nie über den Weg gelaufen. Sogar der Hofhund hatte bei diesem spektakulären Anblick das Bellen eingestellt.

»*Ljubica, pridi hitro*!« Branko war völlig aus dem Häuschen und brüllte durch das kleine vergitterte Fenster der Gaststube nach drinnen, während er mit weit aufgerissenen Augen auf diese einzigartige Inszenierung starrte. Da er seine Brille nur beim Kartenspielen trug und nicht bei der Hofarbeit, fehlte ihm allerdings der nötige Scharfblick, um das Ausmaß des Wahnsinns im Detail zu erfassen.

Aber bereits ein schemenhafter Überblick genügte ihm, um ernsthaft seine Trinkgewohnheiten zu überdenken. Womöglich saß er einfach nur einem Trugbild auf, und so, wie anderen weiße Mäuse erschienen, so sah er riesige Herzen über seinen gepflegten Gastgarten spazieren, mit einem Kopf, zwei Armen und zwei Beinen. Ein besonders pompös dekoriertes Herz erinnerte ihn vage an einen Geistlichen, denn unter dieser seltsamen Verkleidung ragte eine lange schwarze Kutte hervor. Einige der Beherzten schienen zudem auffällig zu schwanken, während sie sich umständlich niederließen, was aber bestimmt an diesen kolossalen Behängungen lag, deretwegen sie ständig das Gleichgewicht verloren. Wie die besoffenen Hühner purzelten sie herum. Andere wiederum blieben standhaft und prosteten sich mit kleinen Flaschen verschwörerisch zu. Was eh besser war, denn der Wirt hatte nicht genügend Bänke für diesen seltsamen Großaufmarsch. Er schickte eines seiner ganz seltenen Stoßgebete zum Himmel und harrte der Dinge, die da noch kommen mochten.

Und dem Gott der anständigen Trinker sei Dank: Sie kamen. Einige Minuten später bog auch die Nachhut gemächlich um die Kurve, mit Rucksack, Wanderstock und eindeutig menschlichen Zügen. Ein ungemein beruhigender Anblick, wie Branko fand. Am Most lag es also nicht.

Eine Werbetour für den Valentinstag konnte dieser karnevaleske Umzug auch nicht sein, denn der war schon seit Wochen vorüber. Das wusste Branko mit Bestimmtheit. Dragica, seine jetzige, dritte Frau hatte ihn eine ganze Woche lang nicht in ihren Damensattel gelassen, weil er an diesem beziehungskritischen Tag ohne Blumen und Bonbonniere, dafür aber mit einem Mordsrausch nach Hause gekommen war.

Möglicherweise gab es ja einen internationalen Tag der Herzkrankheiten oder dergleichen, überlegte er angestrengt. Er las nur selten Zeitungen, und wenn, dann allein die Sportergebnisse und Todesanzeigen. Vom Weltgeschehen hielt er sich seit Ende der letzten bewaffneten Auseinandersetzungen vorsorglich fern. Hier, an den waldigen Grenzen der Zivilisation, hier hatte er definitiv seinen Frieden gefunden. Zumindest bis vor fünf Minuten.

Eins jedoch stand jetzt schon fest. Wenn diese Völkerwanderung auch nur halb so verhungert war, wie sie aussah, dann würden seine Vorräte nicht reichen. Besser, er wandte sich gleich an die Nachbarn, um kalorische Verstärkung und logistischen Beistand zu erbitten.

Während sich die Pilger kampfeswütig ins allgemeine Gerangel um einen Sitzplatz auf den Bierbänken warfen, was dem christlich-pazifistischen Gedankengut ein wenig zuwiderlief, brach im Innern der Buschenschank hektische Betriebsamkeit aus. Nie zuvor hatten sie eine derartige Menge an aufgerissenen Mäulern zu füttern gehabt. Zwischen gestammelten »*Dober dans*«, »*Hvala lepas!*« und komplexeren sprachlichen Verrenkungen gelang es Branko und seinem Hilfstrupp nach geraumer Zeit aber doch, die versammelte Meute zur allgemeinen Zufriedenheit mit ausreichend Mostkrügen, Brettljausen, Verhackerttöpfen, roten Eiern, Osterwünschen und frisch gebackenen Gubenicas zu versorgen. Und kaum war für das leibliche Wohl gesorgt, legte sich wundersamerweise eine friedliche Stille über die Tische, was eindeutig für die Überlegenheit des Fleisches über den Geist sprach. Überall unter den duftenden Obstbäumen war ein derart zufriedenes Schmatzen und Schlucken zu hören, dass selbst der vielstimmige Gesang der Vögel davon übertönt wurde.

Nur die St. Marienburger Profipilgertruppe saß in bewundernswert aufrechter Haltung auf den wackeligen Buschenschankbänken, denn aus Angst vor eventuellen Heckenschützen hatten sie ihre Lebkuchenpanzer nicht abmontiert, was dem ganzen Tafelgeschehen eine ungewöhnlich steife Note verlieh.

Branko hingegen, flankiert von Frau, Kindern, Enkelkindern und der gesamten gehfähigen Nachbarschaft – selbst die Gorkic-Oma war mit ihrem Rollator angewackelt gekommen – versuchte angestrengt, die kunstvoll dekorierten Aufschriften der Herzerl zu deuten. »Zieht aus mit Glück, kämpft für Wahrheit und Recht! Psalm 45,5« stand auf einem besonders hübschen Teil, das mit grün-weißen Girlanden und einem Muttergottesbild verziert war. Aber weil Bibelsprüche seit historischen Zeiten nicht zur Alltagslektüre der slowenischen Bevölkerung zählten, konnte keiner der Umstehenden den tieferen Sinn dieses Ausspruchs erkennen. Für sie klang das eher nach Parteipropaganda.

»Vielleicht ist das ja eine abgespeckte Variante der Kreuzritter oder so«, meinte eines der gaffenden Mädchen zweifelnd.

»Da würden sie ja Waffen tragen«, entgegnete Branko entschieden. Wer zwei Kriege hinter sich hatte, der hatte auch ein scharfes Auge für verstecke Bedrohungen.

»Die Wege des Herrn sind richtig und die Gerechten wandeln drauf, Hosea 14,10« stand auf einem anderen XXL-Lebkuchenherz zu lesen. Das klang zwar irgendwie verständlicher, aber einen Hosea kannten sie dennoch nicht.

Mit den Texten auf der Hinterseite kamen sie schon besser klar. Die Propheten des heimischen Fremdenverkehrs rissen auch in ihrem Land zunehmend das Maul auf.

»Himmlisch, herzig, heilig – unser Luftkurort St. Marienburg«, pries eines.

»Gewinnen Sie gesunden Genuss – ein Gratis-Wochenende auf der Pilgeralm«, verlockte ein anderes.

Aber das war Brankos Ansicht nach zu klein geschrieben, denn um die filigranen Buchstaben überhaupt entziffern zu können, musste man dem Herzbuben schon ziemlich aufdringlich auf den Arsch starren. Und eventuelle erotische Missverständnisse wollte er keinesfalls riskieren. Immerhin waren hier eindeutig Kirchenmänner vertreten. Da konnte eine falsche Bewegung bestimmt rasch ins Auge oder sonst wohin gehen. Also beschlossen die Wirtsleute, lieber nicht zu genau hinzusehen.

Die einprägsame Symbolik der Herzen jedoch, die ging Branko nicht mehr aus dem Kopf. Wenn Gefühle mit ins Marketingspiel kamen, dann war die Werbewirksamkeit gleich doppelt so hoch. Zumindest hatte er das irgendwo einmal gelesen. Vielleicht sollte er seiner banalen Buschenschank auch einen etwas aussagekräftigeren Namen verleihen. »Bastic Branko Gostilna« klang halt nicht annähernd so suggestiv wie etwa »Einkehr zum herzigen Pilger« oder gar »Herzblut-Schenke«. Die Idee, sein Lokal aus der Hölle der Cholesterinsünden in den Himmel romantischer Gefühle zu katapultieren, gefiel ihm zunehmend besser. Das musste er gleich mit seiner Dragica besprechen. Dann würden sie die Knödel in Zukunft in Herzform servieren, das machte optisch sicher was her.

Der Wirt war ganz in seine gewinnbringenden Gedanken versunken, als im Inneren des alten Steingebäudes gellendes Geschrei losbrach. Eilig rannte er ins Haus, wo er Augenzeuge einer nahkampfartigen Auseindersetzung zweier Herzdamen wurde. Zum Ohrenzeugen reichten seine Deutschkenntnisse leider nicht aus.

»Ich verbitte mir diesen Ton!«, kreischte eine leicht ergraute Gestalt mit auftoupierter Frisur, während sie ihre wasserstoffblonde Kontrahentin kräftig an den Haaren riss.

»Das wirst du noch bereuen, du Zwiderwurzn, du!«, keifte die künstliche Blondine zurück und trat ihrer Sparringpartnerin gezielt gegen das Schienbein, was diese mit quiekendem Gejammer quittierte.

So ein Tritt mit einem Bergschuh aufs nackte Wadl tat bestimmt höllisch weh, dachte Branko in einem Anflug von Mitleid, das ihm angesichts des fulminanten Vergeltungsschlages der Getretenen aber gleich wieder verging. Diese hatte ihre Rivalin nämlich unvermutet an einem der samtigen Brustbänder zu fassen bekommen und versuchte nun angestrengt, der wild um sich Schlagenden den Panzer vom Leib zu reißen.

»Dein Verfallsdatum als Titelbild vom Adventsmarkt-Prospekt ist hiermit abgelaufen«, setzte sie verbal noch eins drauf und erstrahlte in siegessicherem Glanz.

»Lass mich los, du vertrocknete Schnapsdrossel, du!«, zeterte die Chemieblondine in panisch hohen Tonlagen.

»Das würd dir so passen, du Matratzenpendlerin!«

»Dreckschleuder!«

»Schlampiges Saubartl!«

»Bissgurn ...«

Branko kam sich vor wie im Kino. Einen derart furiosen Ringkampf bekam man sonst höchstens in alten italienischen Spielfilmen zu sehen. Am liebsten hätte er die beiden ja angefeuert, aber dann siegte doch die Vernunft über den Sportsgeist. Ein vorsätzlich verstopftes Klo versprach selten mehr als große Scheiße, und die konnte er in seinem Gasthaus nicht brauchen. Also musste er einen Ausweg finden, um die beiden Kampfhennen, die immer noch in der Türöffnung zum WC feststeckten, vorsichtig aus ihrer Zwickmühle zu befreien.

Langsam trat er auf die Ringerinnen zu, deren eingeschränkter Aktionsradius keine weitreichenden Rundumschläge zu erlauben schien. Aber die Krallen ausfahren, das konnten sie immer noch. Und zwar mit unverminderter Energie. Zum ersten Mal in seinem bewegten Leben bekam der sprachlose Friedensstifter die Härte von künstlichem Nagelmaterial zu spüren. Der Schmerz war schlimmer als alles, was seine halbwilden Hofkatzen ihm je angetan hatten. Und dann verkrallte sich eine dieser Furien auch noch in seinem Bart. Das war zu viel für den alten Veteranen. Branko vergaß alles, was er je über Gastfreundschaft gelernt hatte.

»*Kráva neumna!*«, röhrte er los und fuhr seine geballte Rechte aus.

Aber die kunsthandwerkliche St. Marienburger Rüstungsindustrie hatte mit ihrem Lebkuchenpanzer ganze Arbeit geleistet. Den honigsüßen Herzen konnte ein Faustschlag auf Partisanenmanier nicht viel anhaben, stattdessen ging Brankos Hand beinahe zu Bruch. Jetzt brannten ihm die diplomatischen Sicherungen komplett durch, und er mutierte von der Friedenstaube zum Säbelzahntiger. Den beiden Weibsteufeln würde er zeigen, wo ein Branko den Most holte.

»*Napad!*«

Auf seinen Schlachtruf hin kam auch Dragica wutentbrannt aus der Küche geeilt. Nichts hasste sie mehr, als beim Germteigkneten gestört zu werden. Sie warf einen kurzen Blick auf die drei Raufbolde, holte tief Luft und stürzte sich mit der Kraft ihrer hundertzwanzig Kilo gegen die drei unzertrennlichen Türsteher. Ihr meteoritenhafter Aufprall riss ein großes Loch in die organische Masse, die mit einem dumpfen Plumps zu Boden ging. Der Kampf war beendet, die Verstopfung zum Klo befreit, die beiden Herzen knapp am Materialinfarkt. Auf ihren knusprigen Oberflächen zeichneten sich tiefe Risse ab.

Zufrieden mit ihrer Konfliktbereinigungskompetenz zog Dragica wieder ab. Auch in Slowenien ließ man Germteig nicht gern warten. Und ihrem Mannsbild auf die geknickten Beine zu helfen, das fiel ihr sowieso nicht ein. Der kam auch ohne weibliches Zutun wieder hoch, das wusste sie aus Erfahrung.

Und so war es. Branko biss seine dritten Zähne zusammen, stand stöhnend auf und zog fluchend ab, um anderswo nach dem Rechten zu sehen.

Die beiden Walküren kamen weniger galant auf die Beine. Dank der schweren Herzen lagen sie wie zwei gekenterte Maikäfer auf dem Rücken und starrten sich böse an. Weitere Handgreiflichkeiten schlossen sich aufgrund der ungünstigen Lage zwar aus, aber aufgeschoben war nicht aufgehoben. Der private Nibelungenkrieg der beiden Kampfhennen war keinesfalls zu Ende.

Dabei hatten die Furien bis vor nicht einmal zehn Minuten noch friedlich miteinander parliert. Doch dann war der Blonden der Fauxpas mit der Toilettentür passiert. Beide hatten einen dringlichen Druck auf der Blase verspürt, aber nur einen einzigen Rückzugsort vorgefunden, durch dessen Vorhof auch nur ein einziges Herz gepasst hatte. Also mussten sie aufgrund der beengten Verhältnisse einen Moment lang innehalten, und den nutzte Daniela, die Jüngere der beiden, um den fatalen Schritt zu machen. Statt Ernestine den Vortritt zu lassen, drängte sie sich an ihr vorbei nach drinnen. Dabei brach sie der Wanderfreundin nicht nur ein Bröckchen Kuchenmasse aus dem Dekor, sie hatte vor allem die lokale St. Marienburger Rangordnung zutiefst verletzt.

Ernestine war die Gattin des Apothekers, und dessen hoch angesehener Arzneimittelladen befand sich seit sechs Generationen in prominenter Lage mitten auf dem Hauptplatz. Daniela hingegen mochte zwar die äußerlich unbestrittene Miss Marienburg sein, aber im Inneren blieb sie dennoch eine Zuwanderin dubioser Provenienz, die zudem über die Auffassungsgabe eines Zitronenfalters verfügte. Da konnte sie mit den Hüften schwingen, wie sie wollte, das Privileg der Erstbegehung hatte sie sich dadurch in keinem Fall verdient. Zumindest nicht in den Augen Ernestines, die eine derartige Herabwürdigung ihrer gesellschaftlichen Stellung nicht unkommentiert hinnehmen konnte. Und so nahm der Unfrieden seinen Lauf, der sich über die verbleibenden vier Kilometer erstrecken sollte.

Als das gesättigte Geschwader am frühen Nachmittag von den Bierbänken abheben musste, bedurfte es bereits zahlreicher strategischer Manöver, um überhaupt eine praktikable Marschordnung herzustellen. Letztendlich hatte man zwei Reihen frommer Fremdlinge als militärische Pufferzone zwischen Apothekersgattin und Schönheitskönigin abkommandieren müssen, damit die Pilgerprozession ihrem pazifistischen Gedankengut auch nur ansatzweise entsprach.

Allerdings kam die mit Osterfleisch gestopfte Gruppe ohnedies nur langsam in die Gänge. Viel lieber hätten sie jetzt auf der faulen Haut gelegen, statt fleißig auszuschreiten und ihre Sünden, die bestimmt nicht so schwer wogen wie ihr derzeitiger Mageninhalt, zu büßen.

Zum Glück für die Teilnehmer kam der flache Höhenkamm der Bremsnigg Alm ihrem Motivationsverfall geländemäßig sehr entgegen. Weit und breit war keine schweißtreibende Steigung mehr in Sicht, stattdessen mäanderte der Weg gemütlich zwischen blühenden Obstbaumkulturen, rustikalen Bauernhäusern und saftig grünen Wiesen dahin. Sogar die hartnäckigen Nebelfelder hatten sich mittlerweile aufgelöst, und der strahlend blaue Himmel erlaubte einen atemberaubenden Blick bis auf die Lavanttaler Alpen.

»Mein Gott, wie erhebend!«, entfuhr es einer entzückten Pilgerin aus dem hinteren Abschnitt des Gebetsbataillons, das für die herzlosen Nicht-Marienburger Laienpilger reserviert war. Ihr Mann, vor dessen gleichfalls erfreutem Auge ein prächtiges Hinterteil wackelte, konnte dem nur aus tiefster Überzeugung zustimmen.

Der Wallfahrtsverantwortliche und der Weihwasserbeauftragte, die gemeinsam mit einigen Geistlichen an vorderster Front das Tempo vorgaben, hatten derweil ihre Rosenkränze hervorgezogen und murmelten gebetsmühlenartig vor sich hin. Kein Fahrzeug, kein Kindergeschrei, kein Hundegebell, nicht einmal das übliche Großgruppengezänk störte die ungewohnte Ruhe. Ganze zwei Stunden lang wanderten sie einhellig auf dem Breitengrad der Friedfertigkeit dahin.

»Halt, keine Bewegung!«

Auf diesen Befehl hin hielt nahezu die gesamte Truppe gleichzeitig in der Bewegung inne. Es sah aus wie eine erfolgreich einstudierte Choreografie beim Synchronschwimmen. Der jahrzehntelange Konsum von Fernsehkrimis hatte sie offenbar tiefgreifend konditioniert. Nur der bischöfliche Abgesandte marschierte noch ein paar Meter weiter, bis ihm das fehlende Echo seiner Schritte bewusst wurde. Aber der tief religiöse Mann besaß auch kein Fernsehgerät.

Die St. Marienburger starrten indes bewegungslos auf ihre Schuhspitzen, um so klein wie nur irgendwie möglich zu scheinen. Keiner von ihnen hatte den Mut, nach hinten zu sehen, von wo die bedrohliche Stimme erklungen war. Nur der Fernsehabstinenzler war nicht ausreichend indoktriniert, um Angst zu verspüren. Langsam wandte er seinen Kopf und runzelte die Stirn. Als nichts geschah, blickten auch der Weihwasserbeauftragte und der Wallfahrtsverantwortliche ans Ende der Pilgergruppe. Dort war die Nachhut gesammelt auf die Knie gefallen und kroch mit bloßen Beinen über den Schotterweg. Nur eine rotgesichtige Komplementärfarbenträgerin in den besten Jahren stand etwas abseits und rührte sich nicht.

Ein derartig ausgeprägter Anfall von Selbstgeißelung jedoch schien selbst den Kirchenhardlinern ein wenig überzogen. Pilgern, Beten und Büßen waren schon anstrengend genug, man musste sich wirklich nicht so demonstrativ in den Staub werfen und bis aufs Blut quälen.

Einer der Schwarzröcke ging nach hinten, um diese unauthorisierte Selbstkasteiung zu unterbinden, doch kaum näherte er sich dem krabbelnden Bodensatz der Laienkirche, brüllte die farbenfroh gekleidete Dame panisch los: »Stehen bleiben, oder es kracht!«

Dann wurde ihr offenbar bewusst, dass sie soeben einen Geistlichen angeschrien hatte, und sie fügte etwas sanfter hinzu: »Ich habe meine linke Kontaktlinse verloren.«

Darauf wusste selbst ein Schwarzrock nichts zu erwidern. Er machte mit fliegenden Schößen kehrt, informierte seine Mitbrüder über den Vorfall und genehmigte sich anschließend einen doppelten Marienburger Magenritter, um die Wartezeit einigermaßen sinnvoll zu befüllen.

Beinahe zwanzig Minuten dauerte der Stillstand, bis endlich großer Jubel und freudiger Applaus ausbrachen. Man hatte das Ersatzauge unversehrt wiedergefunden, was angesichts der steinigen Bodenverhältnisse an ein echtes Wunder grenzte.

»Das konnte allein durch Gottes Hilfe geschehen«, belehrte daraufhin ein Pfarrer seine müde Ministrantenschar, die untertänigst nickte.

Kurz darauf setzte das Rosenkranzklappern wieder ein, der Marsch wurde fortgesetzt. Zumindest bis zum nächsten Zwischenfall.

»Und was nun?«

Diesmal wurden die kirchlichen Draufgänger in ihrem nachmittäglichen Vorwärtsdrang unversehens eingebremst. Der Chef vom St. Marienburger Tourismusamt, assistiert von zwei langjährigen Betbrüdern, war verantwortlich dafür, dass sie nicht vom rechten Weg abkamen. Was angesichts der Menge an unterschiedlichen Wanderwegnetzen in dieser unberührten Gegend gar nicht so einfach war. Da kreuzten Grenzlandwege die Panoramaweinstraßen, Dichterpfade kamen der Kirchturmroute in die Quere, und dazu wurde man von einem tiefgrünen Schilderwald mit Hinweisen auf unaussprechliche Labstellen und gurgelnde Gesundheitsquellen zusätzlich verwirrt. Doch damit sich das Zielpublikum nicht hoffnungslos verlief und die Barfußfreaks versehentlich auf den Promillepfad abbogen, hatte man jede Route mit einfachen, wenngleich nicht sonderlich logischen Symbolen versehen, welche auf strategisch positionierten Bäumen aufgemalt waren. Die Grenzlandwanderer folgten dem grünen Dreieck, die von der

Poesie getriebenen einem roten Quadrat, und für die Pilger hatte man eine weiße Fahne gewählt.

Nun aber stand der Fremdenverkehrschef vor einer Weggabelung und wusste nicht weiter. Auf der wegweisenden Blutbuche prangte eine weiße Fahne. Auf der Sommerlärche, die an der Einmündung des Pfades linker Hand stand, auch. Und die Tanne, die eine Abzweigung weiter rechts markierte, hatte man gleichfalls mit diesem Symbol verziert.

Der Gedanke, so kurz vor dem Ziel noch in die Irre geleitet zu werden, fand allgemein keinen Anklang. Und selbst die höchsten geistlichen Würdenträger sahen ein, dass die Warterei auf ein göttliches Zeichen zu viel Zeit beanspruchen könnte, wollte man pünktlich zum letzten Abendmahl erscheinen. Eine demokratische Abstimmung schien gleichfalls wenig Sinn zu machen, denn Volksbefragungen führten in Österreich nur selten zum angestrebten Ziel. Also musste man konventionelle Orientierungshilfen bemühen.

Die Fortschrittsverweigerer kramten ihr Kartenmaterial hervor, ehemalige Pfadfinder studierten den Sonnenstand, und Modernisierungspropheten drückten auf dem GPS herum. Leider war allen nur wenig Erfolg beschieden. Die Kartenleser fanden keinen Anhaltspunkt, wo sie sich eigentlich befanden. Schließlich waren sie die letzten paar Kilometer durch keine einzige Ortschaft gekommen. Nicht einmal ein Weiler hatte auf ihrem Weg gelegen, und wie Brankos Buschenschank auf Slowenisch hieß, das konnte natürlich niemand sagen. Die GPSler fanden zwar ihren aktuellen Standpunkt heraus, doch wusste das elektronische System nichts über einen Pilgerweg zu berichten. Der war offensichtlich zu neu, um sich bereits in Satellitenkreisen herumgesprochen zu haben. Am besten erging es noch den Pfadfindern, die zumindest einer Meinung waren, was die ungefähre Richtung nach Plutzenberg betraf. Man müsse sich jedenfalls links halten, dann würde man irgendwann auf den Wadlpass stoßen. Von dort war es nicht mehr weit bis zum Ziel.

Weil niemand einen besseren Vorschlag hatte, wurde letztlich, wenngleich nicht einstimmig, der Rat der Pfadfinder angenommen. Die Wallfahrer wandten sich nach links, der Sommerlärche zu. Wer immer sich diesen Spaß mit den verdreifachten Wegmarkierungen erlaubt hatte, er würde dafür in der Hölle schmoren. Dafür wollte die St. Marienburger Hochamtsgewalt mit vereinten Gebeten Sorge tragen.

★★★

Auf dem Plutzenberger Marktplatz herrschte der Ausnahmezustand vor. Die Strahlenbelastung war derart hoch, dass man den Anwesenden aus Gründen der persönlichen Sicherheit zu Schutzmaßnahmen wie Sonnenbrillen und Schilcherspritzern geraten hatte. Nicht genug, dass die Sonne mit außergewöhnlicher Strahlkraft vom Himmel blitzte und die Pflastersteine, Gastgartenstühle und Fensterscheiben auf Hochglanz poliert waren, auch die Menschen strahlten übers ganze Gesicht. In freudiger Erwartung der großen Enthüllungsshow waren sie bereits vor Stunden zu Hunderten eingetroffen und hatten vorsorglich die besten Plätze okkupiert. Nun saßen sie im Schatten der ausladenden Kastanien und warteten auf die aufregenden Dinge, die da in Kürze kommen sollten.

Wobei ja eigentlich nur noch die Pilgerschar eintreffen musste, denn alle anderen waren schon da. Die epochale Erzherzog-Johann-Statue hatte man in der Nacht zuvor heimlich, still und leise auf ihren Sockel gehievt und mit der riesigen Festzeltplane verhüllt. Nun stand der Herzog sozusagen in einer Plastikburka mitten auf dem Platz und erinnerte an einen überdimensionalen geschlossenen Sonnenschirm. Würde dieses Meisterwerk erst einmal entkleidet sein, so wäre dessen goldiger Glanz bestimmt bis nach Graz zu sehen. Oder zumindest bis zur Klachlkapelle. Die ganz Vorsichtigen unter den einheimischen Eingeweihten hatten sogar ihre Schutzbrillen mitgenommen, die sie seit der letzten Sonnenfinsternis vorsorglich im Nachttischschränkchen aufbewahrt hatten.

Selbst die zwei wunschgemäß entsandten Funktionäre vom Guinnessbuch der Rekorde hatten bereits Stellung bezogen. Mit ihren dunklen Anzügen, farblosen Krawatten und grauen Ledermäppchen passten sie ins trachtig bunte Plutzenberger Ortsbild wie zwei Saatkrähen in den Pfauengarten. Aber das schien sie nicht weiter zu stören. Und die Umstehenden auch nicht, denn deren Augen waren allesamt auf den fernen Horizont gerichtet, wo sich hoffentlich bald die Silhouette der frommen Wandersleute abzeichnen würde.

Nur die Wirte mussten am Rande des bis zu den Regenrinnen mit bepflanzten Zierkürbissen dekorierten Platzes ihr köchelndes Dasein fristen. Damit die aufsteigenden Dämpfe der bodenständigen Schmankerl nicht versehentlich die freie Sicht auf die Statue vernebelten, hatte man sie an die Peripherie des Geschehens verbannt. Dort brieten und brutzelten sie nun, vorausschauend flankiert von der Feuerwehr, seit den frühen Morgenstunden auf eigens gezimmerten Outdoor-Herden herum. Sogar ein richtiges Spanferkel drehte sich über der Glut. Und an der zünftigen Osterjause fehlte es sowieso nicht. Tausend rote Eier, vierzig Krenwurzen und einhundert Kilo Selchfleisch lagen mit Gottes Segen und einer dicken Schicht Crasheis versehen im herausgeputzten Sautrog bereit. Daneben standen der Ploderer Franz und der Baumhackl Karl mit riesigen Kochlöffeln und bewachten das geweihte Frischluftbuffet vor tierischen Räubern aller Art.

Auf einmal ging ein konzertanter Aufschrei durch die Massen: »Sie kommen!«

Die Plutzenberger Trachtenkapelle riss ihre Hörner, Tuben und Posaunen in Position und ließ zur Probe einen ersten Tusch erschallen. Umgehend setzte frenetisches Köpfe- und Sesselrücken ein. Man war schon ziemlich gespannt auf diese hochoffizielle Pilgerprozession, von deren Fürsprache die Damischtaler Zukunft als Wallfahrtswegetappe abhängen würde. Angeblich war selbst der Erzbischof mit von dieser kirchlichen Wanderpartie. Doch seine hochwürdige Exzellenz schien ihnen viel zu betagt zu sein, um auf Schusters Rappen dem frommen Distanzsport zu huldigen. Das war bestimmt nur ein Gerücht. So wie das wirre Gerede über die Lebkuchenmännchen, die der Unterkofler Poldl von seinem Acker aus gesehen haben wollte. Schon den ganzen Tag redete der arme Greis von nichts anderem mehr. Wie die Herzbubn hätten's ausg'schaut, die St. Marienburger Pfaffen, hatte er ganz aufgeregt erzählt. Aber es war halt ein besonders heißer Tag. Wahrscheinlich hatte die Sonne dem alten Mann ein Loch in die Hirnschale gebrannt.

Eine derartige Hitze im April war auch wirklich sehr ungewöhnlich. Beinahe fünfundzwanzig Grad zeigte das Thermometer an. Da konnten einem durchaus ein paar Sicherungen durchschmelzen, aber die größte Sorge der Plutzenberger galt ohnedies nicht der geistigen Gesundheit vom Unterkofler, sondern dem körperlichen Wohlergehen ihrer Statue. Unter der dicken Festzeltplane mussten mittlerweile saunaartige Temperaturen herrschen. Nicht, dass der kostbare Goldlack davon in seiner Strahlkraft beeinträchtigt würde. Balthasar Schragl stand bereits eine dicke Schicht Angstschweiß auf der Stirn, aber das fiel bei diesem Wetter beruhigenderweise niemandem auf. Immer wieder warf er zunehmend besorgte Blicke auf das verhüllte Weltwunderwerk, auf dem all seine touristischen Hoffnungen ruhten.

Derweil kamen die Pilger langsam, aber unübersehbar, näher. Auch ihnen hatte der verfrühte Hochsommer arg zugesetzt, denn an derartige Witterungsverhältnisse waren sie als Kirchgänger natürlich nicht gewöhnt. Nicht einmal ein sanftes Weihrauchlüfterl hatte der Himmel geschickt, um sie auf den letzten Kilometern zu erfrischen. Aber nun lag ihr Etappenziel in greifbarer Nähe, die Vorbeter packten entschlossen ihre Rosenkränze ein, die laizistische Nachhut holte Lippenstift und Schminkspiegel hervor.

»Gemma, gemma, gleich sind's da!«

Schragl, der örtliche Hohepriester des Fremdenverkehrs, versuchte verzweifelt, seinem Empfangskommando Beine zu machen. Bis zum Ortsbeginn wollten sie der illustren Runde entgegenziehen und diese von dort mit allen Ehren zum Hauptplatz geleiten. Die Blasmusik war bereits losmarschiert, gefolgt von drei Volksschülerinnen mit kleinen Blütensträußen für die kirchliche Prominenz. Nur den Einheimischen war die Lust auf einen hochsommerlichen Fußmarsch abhandengekommen. Sie hatten an den schattigen Gastgartentischen schon gemütlich Wurzeln geschlagen und wollten ihre guten Plätze keinesfalls mehr verlieren.

»Nur net hudln!«, war alles, was Schragl auf seinen dringlichen Aufruf hin zu hören bekam. Und weil die Musik bereits ums Eck verschwunden war, zog er verärgert allein nach.

Die erschöpften Wallfahrer hingegen legten beim Endspurt noch einen beträchtlichen Zahn zu. Die Aussicht auf Speis, Trank und Sitzgelegenheiten spornte sie zu Höchstleistungen an, die Landschaft verlor zusehends ihre Reize.

»Du guter Himmel, das schaut aus wie beim Almabtrieb«, bemerkte eine schnaufende Pilgerin auf der Zielgeraden und blickte argwöhnisch auf die aufgeputzten Rindviecher, die mit ihren Glocken für stimmige Wallfahrtsklänge sorgten. Auf Befehl des Gemeinderats hatten die zwei Bauern, deren Weiden direkt ans Ortsgebiet grenzten, ihren Rindern so ziemlich alles umgehängt, was das Heimatkundemuseum an Ornamentalistik für Wiederkäuer auf Lager gehabt hatte.

»Bist du deppert? Die schauen ja aus wie beim Almabtrieb«, meinte die zweite Klarinette zum Fagott und starrte ebenso skeptisch auf die schwer beladenen Gestalten, denen die Herzen vor lauter Müdigkeit schon beinahe bis zu den Kniekehlen hingen.

Tatarattäää!

Der Erzbischof, der kurz zuvor tatsächlich seinem Dienstwagen entstiegen war, um seine Schäfchen zumindest auf den letzten Metern gebührend anzuführen, hatte kaum die Ortstafel erreicht, als ein feierlicher Willkommens-Tusch erklang. Die Kühe stoben muhend davon, die Pilger hielten verdutzt an, und drei kleine Mädchen traten schüchtern vor, um den hohen geistlichen Herren ihre winzigen Blumensträuße zu überreichen.

Dazu machten sie einen vorbildlichen Knicks und deklamierten auf ein Zeichen ihrer Lehrerin hin mit hochroten Wangen und zitternden Stimmchen los:

»Liebe Pilger groß und klein,
in Plutzenberg, da ist es fein.
Und war der Weg auch richtig weit,
jetzt habt ihr einen Abend Zeit,
um zu genießen schöne Sachen,
die wir gerne für euch machen.
Mit Gottes Segen seid's gereist,
von Menschen Hand werdet's gespeist.
Wir sind erfreut und hoch entzückt,
dass ihr uns heute hier beglückt.«

Nach diesem mühevoll einstudierten Gedicht verbeugten sie sich erneut, bevor sie mit fliegenden Zöpfen erleichtert das Weite suchten. Noch Monate später würden sie all ihren Klassenkameradinnen von diesen Spielkartensoldaten aus Fleisch und Blut erzählen, die aussahen wie bei »Alice im Wunderland«, aber offenbar von Gott kamen oder dorthin unterwegs waren. So genau hatten sie das selbst nicht verstanden.

Balthasar Schragl, der es ebenfalls kaum erwarten konnte, endlich zu seiner großen Enthüllungstat zu schreiten, sagte noch rasch ein paar kurze, aber äußerst salbungsvolle Begrüßungsworte von Seiten der Gemeinde auf, für die sich der Erzbischof von ganzem Herzen und im Namen der Pilgerschar bedankte, dann setzte die Musik ein, und der Triumphzug bewegte sich zu den bravourösen Klängen des steirischen Harmonikamarsches im Gleichschritt auf den Marktplatz zu. Nur schade, dass die Blechbläser dem virtuosen Akkordeon die musikalische Show stahlen.

Der St. Marienburger Propagandamarsch hingegen war perfekt orchestriert und bis ins Detail aufeinander abgestimmt. Während der Erzbischof und sein Stellvertreter aus großen Säcken kleine Lebkuchenherzen an die Bevölkerung verteilten, fungierte der Weihwasserbeauftragte als routinierter Mundschenk. »Mit Gottes Segen auf all Ihren Wegen«, murmelte er unablässig und drückte jedem ein Stamperl Magenritter in die Hand. Hinter ihm folgten ein paar Reihen besonders aussagekräftiger Herzen, und zu guter Letzt beglückte der Tourismuschef die staunenden Menschen noch mit einem druckfrischen Fremdenverkehrsprospekt.

Vor so viel mustergültigem Missionierungseifer müsste man beinahe seinen Steirerhut ziehen, dachte Schragl insgeheim und machte sich in Gedanken eine Aktennotiz für die nächste Gemeinderatssitzung. Die katholische Kirche war ihnen in Sachen Menschenfang halt doch um einige Jahrtausende voraus.

Die beiden Herren vom Guinnessbuch indes hatten bereits ihre Mappen hervorgekramt und schrieben sich nun die Finger wund. Das waren bestimmt die größten Lebkuchenherzen der Welt. Und niemand hatte sie darüber informiert. Es war ihnen zwar irgendwann einmal zu Ohren gekommen, dass die Hochsteiermark bekannt für ihren ausgeprägten Romantizismus war, aber dass ausgerechnet die katholische Kirche als Werbeträger für derartig sinnliche Botschaften auftrat, verwunderte doch sehr. Vielleicht markierte dieser Auftritt ja einen ersten vorsichtigen Schritt zur Abschaffung des Zölibats. Oder aber zur Einführung von mehr praktizierter Nächstenliebe. Natürlich nur rein symbolisch gesehen. Mit dieser Frage würden sie sich später befassen, jetzt hatten sie Wichtigeres zu tun.

So wie alle anderen auch. Die helfenden Hände der freiwilligen Feuerwehr waren unentwegt im Dauereinsatz, um den brennenden Durst aller Anwesenden zu löschen, während die Mitglieder der katholischen Kernölkoalition schwer beladen von Tisch zu Tisch wankten, um jedes aufflackernde Hungergefühl im Keim zu ersticken. Der 1. FC Plutzenberg hatte sich vollzählig hinter der Statue versammelt, um für deren Enthüllung zum ersten Mal in der Geschichte des Damischtaler Fußballs an einem Strang zu ziehen, der Männergesangsverein Schücherpülcher stand in voller Trachtenmontur neben der Frischluftschank und schmierte sich die ausgetrockneten Kehlen durch erfrischende Alkoholika, Inspektor Kapplhofer hechelte seinem patrouillierwütigen Vorgesetzten hinterher und die verspätet eingetroffenen Bartensteins lechzten nach einem Parkplatz, der diesen Namen auch verdiente.

Dreimal hatten sie dieses vermaledeite Kuhdorf schon umkreist. Aber bislang ohne Erfolg. Kein freier Fleck weit und breit. Selbst die Vorgärten waren bis auf den letzten Grashalm zugeparkt. Ein besonders talentierter Rangierkünstler hatte seine Karre sogar gekonnt zwischen Schneewittchen und sieben Gartenzwerge manövriert. Rüdigers während der langen Anreise gesammeltes Schweigen schwoll um ein weiteres Kapitel an. Sein kilometerlanges Kommunikationsdefizit hatte bislang allerdings weder Frau noch Kind im Geringsten betrübt. Hauptsache, die Sonne schien, und das Damischtal rückte näher.

»Mensch Rüdiger, so guck doch mal, da ist ja richtiggehend die Hölle los!« Hildegund war in einen euphorischen Erregungszustand verfallen, von dem ihr Gatte seit Jahren nur noch träumen konnte.

»Hilda«, so nannte er sie stets, wenn er auf innere Distanz ging, »Hilda, was redest du nur? Es ist Ostersamstag und nicht Halloween! Hier findet ein geweihtes Fest statt und keine politische Propagandaveranstaltung.«

Auch wenn man das aufgrund der zahlreichen herumstehenden Plutzer durchaus hätte denken können. Zwar gab sich Rüdiger keinesfalls der Illusion hin, dass auf einem Damischtaler Platz der himmlische Frieden herrschen könnte, aber da er sich mit seiner Reiseverweigerung nicht durchsetzen hatte können, rächte er sich nun durch konsequente Konsensverweigerung für die erlittene Niederlage im partnerschaftlichen Geschlechterkampf.

»Weiß ich doch, Schnuckiputz.« Seine Frau war immun gegen mieselsüchtige Anfälle und zwackte ihrem Angetrauten liebevoll in die Wange. »Dann sage ich eben, hier geht's offensichtlich mörderisch heiß her.«

Allein beim Wort »mörderisch« zog es Rüdiger gleich wieder in die innere Emigration.

Doch dann rief Kevin-Karl plötzlich: »Papa, schau, ein Parkplatz!«, und durchbrach mit diesen magischen Worten seine intellektuelle Aufnahmesperre.

Tatsächlich. Der Junge hatte wieder einmal ein scharfes Auge bewiesen. Zwischen einem mächtigen Nussbaum und einer vergleichsweise mickrigen Wäschespinne war noch ausreichend Platz für einen Wagen. Rüdiger verspürte zwar nicht die allergeringste Lust, sich in greifbare Nähe dieser unberechenbaren Brauchtumsfundamentalisten zu begeben, aber wie stets blieb ihm keine andere Wahl. Und im Auto gesessen hatte er schon lange genug.

Gerade noch rechtzeitig zum skulpturalen Striptease erreichten die Bartensteins den Marktplatz. Der Erzbischof hatte dem versammelten Ort soeben seinen obersten Segen erteilt, und Schragl fasste sich angesichts der Großwetterlage ebenfalls recht knapp.

»Liebe Pilger, liebe St. Marienburger und natürlich liebe Plutzenberger, wir haben uns heute aus gleich zwei feierlichen Anlässen versammelt. Zum einen wurde dank dieser tapferen und frommen Menschen die längst fehlende Wegstrecke von Petri Ptuji bis ins schöne Damischtal offiziell eingeweiht.«

Die Kapelle spielte einen weiteren Tusch, die Menge applaudierte, die Wallfahrer prosteten sich zu.

»Zum anderen werden alle hier und heute Versammelten dank

der bahnbrechenden Kreativität und Handwerkskunst von uns Plutzenbergern zu Zeugen eines Ereignisses, das in die Geschichte des Damischtals eingehen wird.«

Erneuter Applaus wallte auf. Diesmal prosteten sich die Plutzenberger mit bedeutsamer Miene zu.

»Vor euren ungläubigen Augen wird sich sogleich die weltweit, und hier meine ich, was ich sage, also die weltweit größte Statue aus Kürbisfleisch erheben!«

An dieser Stelle fuchtelte der Fremdenverkehrsobmann derart ausladend mit seinen Armen herum, als wollte er tatsächlich die ganze Welt umfassen – eine Geste, die ihn beinahe zu Fall brachte. Aber er fasste sich schnell.

»Andächtig werdet ihr und noch Generationen nach euch auf die Knie fallen vor diesem Wunderwerk, wie es nur hier in Plutzenberg ersonnen und erschaffen werden konnte. Dreizehn Meter hoch, eine Tonne schwer, mit echtem Goldstaub und aus einheimischen Plutzern gebaut«, Schragl legte eine letzte strategische Pause ein und holte noch einmal tief Luft, »wird hier an dieser Stelle fortan unser verehrter Erzherzog Johann bis in alle Ewigkeit über unser geliebtes Damischtal wachen!«

Frenetischer Applaus brandete auf, diesmal jedoch ausschließlich auf Seiten der Plutzenberger, denn die St. Marienburger Gottesmänner hatten an diesen herätischen Reden wenig Gefallen gefunden. Nicht nur die »ungläubigen Augen« waren ihnen innerlich schwer aufgestoßen, auch der offene Aufruf zur falschen Götzenverehrung lag ihnen spürbar im Magen. Das Wohlwollen gegenüber ihren Gastgebern hatte sich so weit abgekühlt, dass eine diplomatische Eiszeit in greifbare Nähe gerückt war.

Der Erzbischof ging in Gedanken bereits eine Liste möglicher Bedenken hinsichtlich einer positiven Wallfahrtswegsbescheinigung durch. »Das werden wir Brüder im rechten Glauben uns nicht bieten lassen«, prophezeite der geistliche Würdenträger bedeutungsschwanger, »schon gar nicht von diesen primitiven Gelbfüßlern!« Der offensichtliche Affront auf sein Primat der Gottesnähe hatte ihm eine unheilverheißende Zornesröte ins Gesicht getrieben.

Und während der Männergesangsverein aus voller Brust den

Erzherzog-Johann-Jodler anstimmte, gaben sich die Marienburger aus ganzem Herzen ihren Rachegelüsten hin. Dass der gigantische Damitschtaler Götze gerade seine blickdichten Hüllen fallen ließ, bekamen sie gar nicht mit.

»Hoch lebe unser Erzherzog Johann!«

»Hoch, hoch, hoch!«

In einem Anfall konzentrierter Massenhysterie hatte sich die Menge von den Stühlen erhoben und johlte wie beim legendären 3:2 des österreichischen Nationalteams gegen die amtierenden deutschen Weltmeister. 1978 war das gewesen, in Córdoba, aber seit damals hatte sich ein derartiges Wunder nicht mehr wiederholt.

Die Stimmung war trunken vor Begeisterung. Hunderte Bravo-Rufe erhoben sich gemeinsam mit Tausenden bunten Luftballons in die aufgeheizte Luft. Selbst die voller Neugierde angereisten Gfrettgstättener vergaßen vorübergehend ihre traditionellen Antipathien und tobten lautstark mit. Nie und nimmer hätten sie ausgerechnet den lahmarschigen Plutzenbergern eine Leistung mit Hand und Fuß zugetraut. Auf dem Fußballplatz hatten sie Derartiges jedenfalls noch nie zustande gebracht.

Die Statue des steirischen Landespatrons war wirklich phänomenal. Im Sonnenschein funkelte sie wie ein gigantisches Kunstwerk aus Swarovski-Kristallen. Nur etwas heller und schöner halt.

»Bemerkenswert«, befand sogar einer der beiden Herren vom Guinnessbuch. Der Besuch hier am Ende der zivilisierten Welt schien sich tatsächlich gelohnt zu haben, was ihn persönlich sehr verwunderte, denn er hatte diese Sterzfresser bislang eher für die lebendige Antithese von Fortschritt und Innovationskraft gehalten. Wenn sie da so vor ihren Keuschen saßen, mit dem Steirerhut auf dem Kopf und dem Suffkrug in der Hand, da erinnerten sie doch eher an die personifizierte Rezession der menschlichen Entwicklungsgeschichte. Aber offenbar hatte der Schein getrogen.

»Bist du narrisch?«, entfuhr es auch dem Böllinger Sepp, als sein Blick auf die meterhoch geschichteten Getränkereserven fiel, die die Plutzenberger Gastwirtschaft kistenweise am Rande des Marktplatzes aufgestapelt hatte. Die Aussicht auf einen ordentlichen

Rausch erfreute ihn weitaus mehr als die auf kunsthandwerkliche Genüsse.

»Blasphemie, das ist eine unverzeihliche Blasphemie!«, tobte der Erzbischof, als die örtliche Blasmusik jetzt auch noch »We are the Champions« intonierte. Das kam einer akustischen Kriegserklärung gleich. Es war immerhin Ostersamstag. Am liebsten hätte er mit den Posaunen von Jericho zum Gegenangriff geblasen, aber die befanden sich leider allein in Gottes Hand.

Dennoch verlief das weitere Geschehen einigermaßen friedlich, sah man vom üblichen Gerangel am Schilcherausschank einmal ab. Selbst die Bartensteins hatten ihren Ehekrach vorübergehend auf Eis – oder besser gesagt auf Eisbein – gelegt und schlugen sich in harmonischer Eintracht die Mägen voll. Nur auf Kernölprodukte verzichteten sie in beidseitigem Einvernehmen.

Langsam ebbte auch die allgemeine Ergriffenheit wieder ab. Es wurde ruhiger, die Sonne wanderte allmählich ihrem Untergang zu, die drückende Hitze hatte endlich ein wenig nachgelassen.

Auf einen Schlag herrschte Dunkelheit.

»Kinder, wie die Zeit vergeht«, meinte Balthasar Schragl, ohne seinen Blick vom Teller zu erheben. Da die Glocken am Gründonnerstag wie stets nach Rom geflogen waren und daher niemandem die Kirchturmuhr schlug, nahmen die meisten der Anwesenden einfach an, es wäre eben später als gedacht.

Erst als das misstönende Gekrächze anhob, blickten einige erstaunt nach oben. Und was sie dort sahen, ließ ihnen den Wein in den Adern gefrieren. Der Himmel hatte sich nahezu nachtschwarz verfärbt. Tausende Krähen kreisten in einem bedrohlichen Schwarm über dem Plutzenberger Marktplatz. Hitchcock hätte seine Freude an diesem Spektakel gehabt. Aber der war nicht hier. An seiner Stelle rieb sich der Erzbischof frohgemut die Hände. Gottes gerechte Strafe für diesen Sündenpfuhl war offenbar im Anflug.

Zum zweiten Mal an diesem denkwürdigen Tag sprang die Menge aufgeregt von ihren Stühlen. Nur wurde diesmal weder gejohlt noch geklatscht. Stattdessen waren die Menschen ins kollektive Wachkoma verfallen, während die ersten Krähen bereits die Statue erreicht hatten, wo sie sich triumphierend auf dem

Hut des Erzherzogs niederließen. Sekunden später war von dem goldgelb patinierten Mann nichts mehr zu sehen. Die gefiederte Ausgeburt der Hölle hatte das kulinarische Kunstwerk flächendeckend eingenommen. Mit ihren scharfen Schnäbeln pickten sie der bedauernswerten Gestalt Brocken um Brocken aus dem Leib.

Balthasar Schragl erwachte als Erster aus der allgemeinen Schreckensstarre. »Wir müssen was tun!«, brüllte er in tiefster Verzweiflung. »Wir müssen was tun! Kurtl, lauf und hol die Puffn!«, wies er seinen Nachbarn an, der wie die meisten im Ort einen Jagdschein besaß.

»Na geh, Balthasar, ich kann doch den Erzherzog net mit Schrot durchsiebn! Wie schaut denn des aus?«

Da hatte der Jägermeister allerdings recht. Ein Beschuss der Krähen würde auch dem Kunstwerk bleibenden Schaden zufügen. Andererseits hätte Plutzenberg damit seinen Jahresbeitrag zur behördlich genehmigten Krähenhetzjagd gleich an einem einzigen Tag erfüllt. Immerhin hatte die steirische Landesregierung 16.889 Nebel- und Rabenkrähen aus Gründen des Landwirtschaftsschutzes zum Abschuss freigegeben. Wer diese jedoch zählen würde, das hatte einem niemand gesagt. Die Krähen wären Schragl auch völlig egal, aber den erlauchten Johann konnte man wirklich nicht einfach so abknallen. Selbst wenn der gute Mann schon seit mehr als hundertfünfzig Jahren tot war, in den Köpfen der Bevölkerung lebte er immer noch.

»Dann ersäufen mir die Brut halt! Hauptsache, die Viecher krepieren.« Schragl würde sich seinen Triumph bestimmt nicht von einer Horde wild gewordener Saatkrähen ruinieren lassen. Außerdem war das letale Vergrämen der Rabenviecher, wie die hohen Herren der Politik den Abschuss dieser gefiederten Teufel aus Tierschutzgründen nannten, von behördlicher Seite sogar ausdrücklich erwünscht.

In Windeseile und mit Brachialgewalt wurde der gesamte Platz evakuiert. Nur die beiden Herren vom Guinnessbuch wichen nicht von der Stelle. Ein dritter Rekord an einem einzigen Tag, damit hatten sie es in ihrer ganzen langjährigen Laufbahn noch nie zu tun gehabt. Das stellte im Grunde selbst schon einen Rekord dar. Sie waren sich nur nicht ganz einig darüber, ob eine lebende

Krähenskulptur nun in den Bereich Natur oder doch eher in den der Kunst fiel.

»Wasser Marsch!«

Aus sieben dicken Schläuchen sprühten die Fontänen gen Himmel. Wer nicht schnell genug das Weite gesucht hatte, wurde von den nassen Massen förmlich hinweggeschwemmt, denn die Treffsicherheit der Florianijünger war zu dieser späten Stunde bereits etwas beeinträchtigt. Schilcherwein war halt kein Zielwasser.

Binnen kürzester Zeit glich das Areal einem nachrichtentauglichen Überschwemmungsgebiet. Auf den Wellen trieben ein paar lädierte Krähen herum, die Zierkürbisse dümpelten zwischen den Bierbänken dahin, und das Spanferkelskelett verlieh der tristen Brühe den deprimierenden Charme eines armutsgefährdeten Notstandgebietes.

»Das war ein echter Schlag ins Wasser«, frotzelten die Gfrettgstättener und kriegten sich vor lauter Schadenfreude auf dem ganzen Heimweg nicht mehr ein.

»Ein gerechtes Zeichen des Himmels«, frohlockte die fromme Pilgerschar und verwies auf die Symbolik der Rabenvögel, an denen bereits die Bibel keine gute Feder gelassen hatte.

»Das war ein sehr schlechtes Omen«, fabulierte Rüdiger und sah seine Familie bereits kopfüber ans Kreuz genagelt. Mit ungewohnt heftiger Autorität rang er Mutter und Kind noch am selben Abend das Versprechen ab, sich ab sofort und während jeder einzelnen Minute, die sie sich noch an diesem finsteren Ort befinden würden, einen sicheren Fluchtweg offen zu halten, egal, ob in der Kirche oder auf dem freien Feld. Aus Gründen der persönlichen Unversehrtheit bekam Hildegund zudem ein ganztägiges Stöckelschuhverbot auferlegt. Ohne Laufschuhe, Regenjacke und Schweizer Messer würde niemand mehr das Haus verlassen. Oder zumindest nur noch über seine Leiche. »Ist das klar?«

Zur besseren Tiefenwirkung seiner Worte hieb das Familienoberhaupt derart schlagkräftig auf den alten Holztisch der Pension, dass die liebevoll befüllte Blumenvase mit einem Sprung das Weite suchte und auf dem Fußboden in tausend Stücke zersprang.

Hildegund war baff. Von dieser militanten Seite hatte sie ihren Gatten noch nie erlebt. Sie war derart angetan von seinem gebieterischen Gehabe, dass sich in ihrem separierten Ehegemach bald darauf eine äußerst fleischliche Auferstehung längst vergessener Leidenschaften vollzog. Scherben brachten halt manchmal wirklich Glück.

Kevin-Karl hingegen, der es nebenan immer heftiger rumpeln und poltern hörte, begann aus beinahe christlicher Nächstenliebe für den zerbrechlichen Nippes im elterlichen Schlafgemach zu beten. Die Frau Filipič, ihre sammelwütige Zimmerwirtin, wäre über den Anblick pulverisierter Deko-Objekte bestimmt nicht beglückt.

Der Niedergang der Auferstehung – eine Ostertragödie

Ein Blick in den frühmorgendlichen Himmel genügte, um sich Gottes Gunst gewiss zu sein. Kein Wölkchen weit und breit, das ihnen durch sonntägliche Niederschläge die Hochstimmung zu verderben drohte. Beruhigt trat Alois Feyertag vom Balkon. Auf Gfrettgstättener Gemeindegebiet würden sich die Heerscharen an Besuchern bestimmt keine nassen Füße holen, so wie gestern in Plutzenberg. Fröhlich vor sich hin pfeifend, zwängte er sich in sein schmuckes Sonntagsgewand, das ihm seine Frau bereits am Vortag zurechtgelegt hatte. Leider saß das gute Stück um die Leibesmitte herum schon etwas knapp, aber wenn er die Knöpfe vom Janker einfach offen ließ, würde er es einigermaßen locker bis zu Klachlkapelle rauf und wieder retour schaffen. Rasch stürzte er seinen Häferlkaffee runter und machte sich auf den Weg. Ein wundervoller Tag stand ihm bevor.

Als er nach halbstündigem Fußmarsch die Kapelle erreicht hatte, wartete der Mostburger Bartl bereits ungeduldig auf ihn. Der hatte sich dank elektronischer Wecktechnik schon vor den Hühnern aus den Federn gequält, weil er seine wundertätige Schweinsblase so rasch wie möglich an den heiligen Mann bringen wollte. Kurz darauf erschien auch Klöpfers Sohn, um seine klangkünstlerischen Verkabelungen bis zur letzten Steckdose vor zerstörerischen Zugriffen zu schützen. Jetzt fehlten nur noch die beiden Jungspunde von der Feuerwehr, aber die nahmen es mit der Pünktlichkeit offensichtlich nicht so genau.

Drei Stunden Zeit blieben ihnen noch, bis der Reservepfarrer und die ersten Messebesucher gegen neun Uhr eintreffen würden. Da Hochwürden Hafernas sich noch nicht vollständig von seinen halluzinatorischen Anfällen erholt hatte und sein Ersatzmann natürlich nichts über ihr unchristliches Vorhaben wusste, musste alles arrangiert sein, bevor der Sonntagsprediger mit der österlichen Auferstehungszeremonie begann.

Kurz nach sechs fanden sich schließlich die beiden Florianijünger ein. Obwohl es noch angenehm kühl auf dem Märtyrermugl war, sahen die beiden richtiggehend verschwitzt aus. »'tschuldigung, wir haben ein Problem mit dem Motor g'habt«, bedauerten Felix und Fabian völlig außer Atem.

»Haben die Wecker heut auch schon an Motor?«, blaffte der Bürgermeister, der sich genau daran erinnern konnte, dass die Spritzenwägen am Vortag problemlos bis nach Plutzenberg und retour gekommen waren. Vermutlich hatten es die beiden Junghupfer wieder mal mit der persönlichen Einspritzung übertrieben.

Der Bartl grunzte nur genervt und biss auf seinen dreckigen Nägeln herum. Er wollte die Sache so rasch wie möglich hinter sich bringen, daheim warteten noch ein paar dringliche Angelegenheiten auf ihn. »Motz net, gemma!«, fuhr er den Bürgermeister an und betrat mit einer für ihn recht ungewöhnlichen Eile das Gotteshaus.

Im Kirchenschiff herrschten noch beinahe spätwinterliche Temperaturen vor, was ihrer Sache sehr förderlich war. Der Fleischer platzierte seinen bis obenhin mit Eiswürfeln gefüllten Sektkübel auf dem blitzblanken Fliesenboden und wartete auf weitere Anweisungen.

Felix, der jüngere der beiden Hilfskräfte, stellte diensteifrig die Leiter auf, während der Bürgermeister mit spitzen Fingern in den Eimer griff und die tiefgefrorene Saublodern hervorzog. Die brave Hermine hatte das schweinische Wunderwerk auftragsgemäß mit einem feinen Gespinst aus nahezu unsichtbaren Fäden versehen, um das der Bartl in einem Anfall von einzigartiger Fleißarbeit noch zusätzlich ein Stück feinsten Naturdarm drapiert hatte. Weil doppelt ja angeblich besser hielt.

Feyertag war immer wieder von der Motivationskraft des schlechten Gewissens erstaunt. Wer am meisten Dreck am Stecken hatte, kehrte seinen Hof am saubersten aus. Wahrscheinlich war das gesamte Damischtal überhaupt nur deshalb so herausgeputzt, weil für jeden Fleck auf der weißen Weste ein bunter Blumentopf vor die Haustür gestellt wurde. Aber ihm war's letztlich egal. Hauptsache, das Ergebnis konnte sich sehen lassen. So wie eben jetzt.

»A saubere Arbeit!« Anerkennend klopfte er dem Fleischer auf die speckige Schulter.

Nun musste das wundertätige Objekt nur noch fachmännisch an der Statue befestigt werden. Aber dafür gab's ja die nichtsnutzigen Rekruten der freiwilligen Feuerwehr.

»Bub, das schiebst dem Heiligen jetzt vorsichtig unter die Eier«, wies Feyertag den baumlangen Blondschopf an, wobei er sich jeglichen Kommentar über die schlampige Adjustierung der beiden verkniff. Insgeheim jedoch hatte er allerlei auszusetzen an deren Erscheinungsbild. Wenigstens die Uniform hätten sich die zwei Hallodris ordentlich zuknöpfen können, fand er, und fragte sich zum wiederholten Male, wozu es eigentlich noch Mütter gab. Derart derangiert hätte ihn seine Frau Mama – Gott hab sie selig – nicht einmal zum Greißler um ein Butterschmalz geschickt.

»Zu Befehl, Herr Bürgermeister«, entgegnete Felix gehorsam und verbiss sich seinerseits jede Bemerkung über österliche Brauchtumspflege. Stattdessen griff er wenig begeistert nach der blutig marmorierten Schweinsblase, die größer als ein Osterei war, um dem heiligen Bartholomäus das eklige Ding so rasch wie möglich unterzuschieben. Verborgen von den zahlreichen wurmstichigen Falten, die dessen abgezogene Haut warf, konnte man den Blutbeutel beruhigenderweise kaum sehen. Zumindest nicht, wenn man auf ebener Erde, also dem Kirchenboden, stand. Als das geschafft war, reichte er die Rückholfäden aus dem kleinen Loch in der Wand nach draußen, wo sein Kumpel auf einer uneinsichtigen Astgabelung saß und wartete.

Fabian, der ältere der unfreiwillig Freiwilligen, hatte bei dieser ganzen Inszenierung den im wahrsten Sinn des Wortes aufreibendsten Part inne. Er musste, kaum würde die Auferstehungsfeier begonnen haben, erneut auf diese mächtige Tanne steigen und sich den Hintern so lange von deren Nadeln vollpieksen lassen, bis der Bürgermeister ihm das vereinbarte Zeichen zum Rückzug gab. Und das konnte eine halbe Stunde oder länger dauern, wie er vom Bartl erfahren hatte.

Dennoch verlor auch er kein lautes Wort darüber und fügte sich widerspruchslos in die unangenehme Lage. Schnell fixierte er die Fäden, an denen fortan das Schicksal der ganzen Gemeinde hing, an einem robusten Zweig, bevor er zum vorletzten Mal seinen improvisierten Hochsitz verließ.

»So, Burschen, das war's fürs Erste. Gut habt's es g'macht. Jetzt könnt's euren Brand löschen gehen. Aber bitte mit Wasser, nicht mit Wein.«

Sogar das kritische Auge des Bürgermeisters sah keinen Verbesserungsbedarf mehr, zumindest nicht, was die mirakulöse Installation betraf. Es hätte schon einer innerkirchlichen Frostperiode bedurft, um dem heiligen Blutfluss jetzt noch Einhalt zu gebieten. Aber dafür müsste ein wahrlich wundersamer Wetterumschwung geschehen. Und das war in Anbetracht der globalen Klimaerwärmung wenig wahrscheinlich.

»In zwei Stunden seid's mir wieder da, aber bitte geschniegelt und gestriegelt. Ihr macht's ja da ganzen Feuerwehr eine Schand', so wie ihr ausschaut!«

Felix und Fabian sahen stillschweigend zu Boden, obwohl sie dem Siedepunkt innerlich sehr nahe waren. Ständig wurde auf ihnen herumgehackt, ständig mussten sie schweinisches Zeugs erledigen, statt gegen ein Flammenmeer anzukämpfen, ständig behandelte man sie wie die Nachwuchsdeppen vom Dorf. Sie hatten die Nasen gestrichen voll von der örtlichen Feuerwehr. Von wegen »Ehrenamt«. Mehr Schimpf und Schande hatten sie nicht mal während ihrer Zeit als Kleinkriminelle auf sich gezogen. Zumindest nicht, solange man den Böllinger nicht in Ruhestand versetzt hatte. Erst dieser Unmensch hatte ihnen seinerzeit das ertragreiche Handwerk gelegt und sie einige Male hinter Gitter gebracht, weil er sie auf mehr oder weniger frischer Tat halt manchmal ertappt hatte. Dieser Depp schlich ja ständig herum und sah den Leuten bei Dingen zu, die niemand zu sehen brauchte. Selbst heute, wo sie aufgrund behördlicher Auflagen, eines ewig langen Vorstrafenregisters und mit Hilfe ihres Bewährungshelfers auf dem angeblich rechten Weg wandelten, hatte der ehemalige Feuerwehrmann nicht mit seinen Schikanen aufgehört. Und das ganze Dorf nach und nach gegen sie aufgehetzt. Dabei war der viel gerühmte rechte Weg derart beschissen, dass es in Wahrheit längst an der Zeit war, erneut von ihm abzukommen.

Der Bürgermeister und der Mostburger Bartl, die vor der Kapelle eine Rauchpause eingelegt hatten, sahen den beiden erstaunt nach, wie sie im Laufschritt den Märtyrermugl nach unten rasten.

Beinahe im Gleichschritt hatten die zwei Hallodris auf dem Absatz kehrt gemacht und grußlos das Weite gesucht.

»Die kriegn die Pappn wohl a nur zum Saufen auf«, meinte der Fleischer und schüttelte so missbilligend den Kopf, dass sein Dreifachkinn schwabbelte.

»Vielleicht haben sie sich bei ihren Gespielinnen ja die Zungen verbrennt«, sinnierte das Gemeindeoberhaupt, der die beiden bereits ein paarmal in weiblicher Begleitung angetroffen hatte.

»Die san ja selber noch ganz grün hinter die Löffel.« Der Bartl konnte sich beim beschränktesten Willen nicht vorstellen, dass zwei derartige Pickelgesichter ausgerechnet dort zum Ziel kamen, wo er bereits in den Anfängen scheiterte.

»Tja, die Jugend von heut' hat's halt faustdick hinter die Ohren.« Auch der Bürgermeister liebte Allgemeinplätze. Da betrat man niemals vermintes Gebiet, was beim Sexualleben des Mostburgers durchaus der Fall sein konnte.

Beruhigenderweise wollte der Bartl das Thema nicht weiter erörtern. »I geh«, sagte er stattdessen.

»I ah«, erwiderte Feyertag und trat seine Zigarette sorgfältig aus, während der Bartl seinen Tschick schwungsvoll in den Haselbusch geschnippt hatte.

Vom Fuße des Hügels hörte man bereits das Motorengeräusch des alten Spritzenwagens, mit dem die beiden Feuerwehrfalotten das Weite suchten, als sich der Bürgermeister und der Fleischer auf den Rückweg ins Dorf machten.

»Kommst noch mit auf an Spritzer?«

»Na, auf mi wart' a Butsch.«

»Heut' ist Auferstehung! Da kannst doch keine Sau stechen!«

»I stichs eh net, im Gegenteil. I muss ihr wieda auf die Haxn helfen.«

Das kam Feyertag zwar äußerst seltsam vor, aber der Bartl war auch ein seltsamer Mensch. »Na dann, alles Gute. Und dank dir.«

»Gern g'schehn.«

Auf dem Weg zum Kirchenwirt überlegte der Bürgermeister, ob er dem Fleischer zu vorgerückter Stunde mal einen Tipp zur menschlichen Klauenpflege geben sollte. So von Mann zu Mann sozusagen. Der Bartl hatte ja Fingernägel, dass es der sprichwörtlichen Sau noch grausen musste. Kein Wunder, dass die Frauen ihn nicht an sich ranließen. Im Grunde war der Meister des Fleischerhandwerks also selbst ein armes Schwein, da er ein Leben ganz ohne fleischliche Genüsse lebte, zumindest, seit ihn die Gretl verlassen hatte. Und solange er so ungepflegt daherkam, würde sich das auch nicht ändern.

Seltsamerweise dachte auch der Mostburger auf dem Weg zu seinem Traktor intensiv über Körperpflege nach, wenngleich eher zum Zwecke der Lebens- als der Liebesrettung. Denn es gab Fälle, wo ein Trostpflaster keinesfalls zum Überleben reichte. Und ein solcher war heute früh bei ihm eingetreten.

★★★

Der vielstimmige Glockenklang, der zur Auferstehungsfeier rief, hätte selbst Tote aus ihrer ewigen Ruhe geschreckt, so laut war er. Von jedem einzelnen Glockenturm auf Gfettgstättener Gemeindegebiet, und das waren immerhin ein gutes Dutzend, erschallte die österliche Frohbotschaft weithin hörbar übers Land.

Damit nicht genug, stieg auch noch die kakofonische Volksmusik der beiden konkurrierenden Blasmusikkapellen in den blauen Himmel auf. Der erschöpften Pilgerschar dröhnte von diesem Anschlag auf die Harmonielehre zunehmend der Kopf. Hinter ihnen marschierten die Plutzenberger Blechbläser, vor ihnen stolzierten die Gfettgstättener Harmonikaspieler. Beide spielten laut, falsch und mit Begeisterung, was an sich schon schlimm genug wäre. Aber beide wollten auch noch partout den letzten Ton haben, weshalb sich die ohrenbetäubende Darbietung Runde für Runde wiederholte.

Erst vor der Steigung des Märtyrermugls wurden die Plutzenberger Blechbläser von einer kollektiven Kurzatmigkeit zur Aufgabe ihres musikalischen Marathons gezwungen. Die Gfettgstättener frohlockten noch ein paar hundert Meter ob ihres besseren Durchhaltevermögens, dann ließen auch sie die Finger von den Quetschen. Die Pilger atmeten erleichtert auf. Der akustische Kreuzweg hatte ein Ende. Beinahe beschwingt nahmen sie das letzte Steilstück Richtung Kirche in Angriff.

Vor der Klachlkapelle erwartete sie bereits das bürgermeisterliche Empfangskomitee, das für einen geordneten Eintritt in das Gotteshaus zu sorgen hatte. Den Vortritt erhielten natürlich der Erzbischof und dessen St. Marienburger Gefolge, danach kamen die Laienwallfahrer und Ausflugsgäste, gefolgt von den Plutzenbergern, und ganz am Schluss erst die Einheimischen. Sie hatten in jeder Hinsicht das Nachsehen und mussten sich mit den wenigen Stehplätzen ganz hinten im Kirchenschiff begnügen.

Diese ungewöhnliche Reihenfolge entsprang allerdings nicht der Willkürherrschaft des Alois Feyertag, sondern strategischem Kalkül. Es half ihnen ja das schönste Wunder nicht, wenn dieses im Interesse ihrer Auferstehung als Tourismusdestination nicht durch entsprechende Mund-zu-Mund-Propaganda verbreitet würde. Und da zählte das Wort jedes Fremden um ein Vielfaches mehr als das Gerede der Einheimischen, die als Zeugen naturgemäß befangen waren. Selbst beharrliche Skeptiker schenkten eher den nüchternen Erläuterungen eines Erzbischofs denn dem trunkenen Stammtischgeschwafel einer dörflichen Schilcherrunde Glauben. Davon war der Bürgermeister zutiefst überzeugt.

»Geht das jetzt endlich in eure Bauernschädl hinein?«, hatte er bei der letzten außerordentlichen Gemeinderatssitzung zu diesem Thema in den vollen Sitzungssaal gebrüllt, weil ständig jemand um eine Ausnahmeregelung von seiner zweckdienlichen Stehplatzvergabe ansuchen wollte.

»Na, geh, Bürgermeister, ich kann doch nicht hinten stehen, wenn ich vorne nach die Blumen sehen muss«, warf etwa die Doppler Bibiana schmollend ein, während sie aufreizend mit den Wimpern klimperte. Wozu hatte sie sich dieses verführerische Kostüm aus reiner Rohseide gekauft, wenn ihr letztlich nur ein einheimischer Kirchgänger statt eines potenziellen Fremdgängers auf den Arsch starren konnte? Wo diese Ostermesse doch ihre große Chance auf Empfängnis war. Es musste ja beileibe keine unbefleckte sein, aber eine derart große Vielfalt an unverbrauchten Samenspendern würde ihr nie wieder über den Weg laufen. Was lag ihr schon am florierenden Fremdenverkehr, wenn ihre Eierstöcke vertrockneten? Und schuld daran war nur dieser elende Gemeindediktator, der sie zu diesem unwürdigen Schattendasein verdammte. Zutiefst enttäuscht stellte sie das Wimpernklimpern ein.

Aber sie war nicht die Einzige, die sich mit der rigiden Sitz- beziehungsweise Stehordnung nicht abfinden konnte. Auch Kilian Klöpfer, der Schuldirektor, brachte gewichtige Einwände vor: »Alois, das kannst ja nicht machen. Stell dir vor, der Pfarrer vergisst seine Predigt, oder er setzt falsche Worte an falscher Stelle. Da muss ich ihm ja soufflieren! Und wie soll ich das machen, wenn ich ganz hinten steh?«

In Wahrheit nagte es natürlich nur an seinem Ego, nicht im Zentrum des Geschehens zu sitzen. Er war kein Mensch, der gern im Hintergrund stand, das sollte dieser Feyertag eigentlich wissen.

Selbiger wusste es auch, aber persönliche Präferenzen schienen ihm in diesem Fall vernachlässigbar. Und zur Souffleuse war Klöpfer ohnedies nicht geboren. Was der einflüsterte, konnte man genauso gut mit dem Megafon hinausposaunen, so laut war seine Stimme dank jahrzehntelangem Training im Klassenzimmer. Zudem gäbe es vorn ein arges Platzproblem, würde man dieses Walross zwischen die St. Marienburger zwängen. Dort, in den engen Kirchenbänken, könnte der wamperte Pädagoge glatt zum Herzensbrecher mutieren. Selbst wenn diese nur aus Lebkuchen waren.

Eine Vorstellung, die den Bürgermeister kurzfristig ziemlich erheiterte, nicht aber Kilian Klöpfer, dem das Lächeln auf den Lippen Feyertags nicht entgangen war. Erbost kehrte auch er der Versammlung den Rücken.

Doch damit war die Rebellion noch immer nicht zu Ende. Nun fiel sogar dem Kürbiswirt ein, dass er im Grunde ja viel zu schwach auf den Beinen war, um eine ganze Messe unbeschadet durchzustehen. Er würde bestimmt aus den Latschen kippen, bekäme er keine Sitzgelegenheit. Aber den ganzen Tag lang im Gastzimmer stehen, damit hatte der Lügenschippel offenbar kein Problem.

Als dann auch noch der Böllinger auf seine akute Schwerhörigkeit zu sprechen kam, welche ihn in einer solchen letztklassigen Stellung garantiert daran hindern würde, Gottes Wort in seiner vollen Pracht zu vernehmen, da verlor der Bürgermeister definitiv die Geduld.

»Wenn ich jetzt noch ein einziges Wort zu diesem Thema hör, dann werdet ihr ein Wunder erleben, dass euch Hören und Sehen auf Lebenszeit vergeht! Und damit mein ich jetzt keine blutenden Heiligen, sondern blutleere Bürokraten wie etwa die Herren vom Finanzamt. Die werden auf meinen persönlichen Wunsch hin jeden bis aufs Blut peinigen, der am Sonntag auch nur einen einzigen Schritt aus der Reihe tanzt. Das kann ich euch heute schon versprechen.«

Diese Drohbotschaft war unmissverständlich angekommen, und die Platzverteilung während der Auferstehungsfeier wurde einstimmig angenommen. Selbst die Bibiana hatte dafür gestimmt, obgleich sie als Einzige gar keine buchhalterische Schönfärberei betrieb. Aber die Vorstellung, dass irgendwelche phantasielosen Tintenscheißer ihre akribischen Aufzeichnungen über springende Eier und darauf abgestimmte Begattungssprünge zu Gesicht bekämen, die gefiel ihr ganz und gar nicht.

Als die Gfrettgstättener nun am Kirchenportal selbst den Plutzenbergern sang- und klanglos den Vortritt überließen, fiel das allerdings nur wenigen auf. Die Profipilger genossen seit jeher das Privileg einer freien Sicht auf den Hochaltar und hatten auch nichts anderes erwartet. Ihre weniger katholisch fundamentierte Gefolgschaft betrachtete sich folgerichtig als kirchliche Trittbrettfahrer und flutschte im Windschatten der christlichen Würdenträger nach drinnen. Die Touristen sahen in ihrer Vorzugsbehandlung nichts weiter als einen korrekten Dienst am Kunden, und die Kirchgeher aus der Nachbargemeinde hatten ihren Kummer über die gestrige Blamage während der Denkmalenthüllung so nachhaltig hintergespült, dass sie ohnedies noch nicht klar sehen konnten.

Allein Balthasar Schragl kam die ganze Sache ein wenig verdächtig vor. Dass ausgerechnet der rüpelhafte Kürbiswirt mit einem galanten »Aber bitte, nach dir!« vor ihm den Hut gezogen hatte, das grenzte bereits an ein Wunder. Und daran glaubte er eigentlich nicht, schon gar nicht, wenn so was auf Gfrettgstättener Gemeindegebiet passierte. Da hatte wohl irgendein Teufel seinen dreckigen Huf mit ihm Spiel.

Als dann auch noch der geltungssüchtige Schuldirektor unaufgefordert mit einem aussichtslosen Platz hinter einer dicken Säule vorliebnahm, hinter der im Übrigen schon die aufgebrezelte Bibiana stand und trübsinnig zu Boden sah, da wusste er mit Bestimmtheit, dass hier etwas nicht mit rechten Dingen zuging. Von jetzt an würde er auf der Hut zu sein, egal, was oder wer da noch kommen sollte.

Aber zuerst kam nur der fremde Pfarrer und bestieg mit vorsichtigen Schritten die Kanzel. Die Plutzenberger rissen kurzfristig die müden Augen auf. Dieser rotgesichtige und übergewichtige Mann war keinesfalls Hochwürden Hafernas. Das erkannten sie selbst mit ihrem noch größtenteils alkoholvernebelten Blick. Die geistig bereits etwas Beweglicheren unter ihnen begannen sich umgehend zu fragen, ob an dem Gerücht, dass die Gfrettgstättener ihren Pfaffen in den Wahnsinn getrieben hätten, womöglich doch etwas Wahres dran sei. Die überwiegende Mehrheit allerdings beschloss, erst einmal ihren Rausch auszuschlafen. Mochte der Auftritt des unbekannten Schwarzkittels auch noch so befremdlich scheinen, sie fühlten sich zu dieser frühen Stunde einfach nicht wach genug für komplexere Gedankengänge.

Daher fiel ihnen auch die Grabesstille nicht auf, die sich schlagartig über die dicht gedrängte Masse legte, kaum hatte sich der fremde Pfarrer verheißungsvoll ins Mikrofon geräuspert. Nur ganz vorn beim Hochaltar war ein leises Knistern und Knirschen zu hören, denn Lorenz Klöpfer, die schmalbrüstige Nachzucht des Schuldirektors, hatte soeben seine elektronische Gerätschaft aufgedreht, während die Lebkuchenherzen mit starren Gliedern auf die Knie fielen.

»Liebe gottesfürchtige Pilgerbruderschaft, liebe in österlicher Freude versammelte Gemeinde, liebe Gläubige aus nah und fern«, hob der Leih-Pater Apolonius mit einem kräftigen Bariton an, der bis in die feuchtfröhlichen Träume der Schilcherschläfer drang.

Da ihn niemand über die Anwesenheit des Erzbischofs informiert hatte, wurde dieser in seiner Ansprache auch nicht explizit erwähnt, was einen weiteren Minuspunkt auf der langen Mängelliste des St. Marienburger Wallfahrtskomitees zur Folge hatte.

»Wir haben uns hier an diesem hohen Tag des Herrn versammelt, um den Sieg von Licht und Leben über Dunkelheit und Tod zu feiern, denn heute ist Gottes Sohn, unser Erlöser, von den Toten auferstanden.«

Aus allen an den vier Eckpunkten der Kapelle angebrachten Lautsprecherboxen wogte synchron ein euphorisch-chorales »Halleluja« auf, was den Pfarrer sichtlich irritierte. Er verlor vorübergehend den Faden beziehungsweise die richtige Zeile und musste kurz innehalten, bevor er weiterlesen konnte.

»Diese frohe Botschaft hält heute strahlend Einzug in all unsere gläubigen Herzen und symbolisiert das glückliche Ende des irdischen Schmerzenreiches.«

»Halleluja!«

»Nicht länger haben wir den Tod zu fürchten, sondern allein den Abfall vom rechten Glauben. Nur wer seine Augen vor menschlichen Wunden und göttlichen Wundern gleichermaßen verschließt, nur der wird auf ewiglich in der Hölle schmoren. Allen Gotteskindern jedoch ist das ewige Leben gewiss, denn –«

»Herr, erbarme dich unser. Christus, erbarme dich unser. Herr, erbarme dich unser«, funkte ihm die Lorenz'sche Klangwolke mit einer quadrofonischen Kyrie erneut dazwischen.

Das brachte den stimmgewaltigen Ersatzprediger völlig aus dem Konzept. Er atmete tief durch, um lautstark zu protestieren, doch dann fiel ihm gerade noch rechtzeitig ein, dass er auf einer fremden Kanzel stand und sich deshalb nicht gleich bei der ersten Predigt im kirchlichen Ton vergreifen sollte. Also schluckte er seine Widerworte hinunter und hob stattdessen zum ersten Mal die Augen von seinem Manuskript, um zumindest einen verärgerten Blick auf die Störenfriede unter ihm zu werfen. Das hätte er besser nicht getan, denn dort saß der leibhaftige Erzbischof und starrte um vieles verärgerter zurück.

Erschrocken wandte Pater Apolonius den Blick ab, griff sich theatralisch ans Herz, schnappte noch einmal nach Luft und flog mit wehender Soutane bis vor den festlich geschmückten Hochaltar, wo ein blutroter Teppich seinen Aufprall dämpfte.

»Um Himmels willen!« Ein Aufschrei des Entsetzens ging durch die vorderen Reihen.

Die St. Marienburger sahen sich in ihren schlimmsten Befürchtungen bestätigt. Dieses Tal lag eindeutig im Einzugsgebiet der Hölle. Womöglich hatte der göttliche Gegenspieler seinen Wohnsitz ja zur Gänze hierher verlegt. Nicht auszudenken, wenn …

In Todespanik versuchten die Gläubigen, sich aus ihrer gebückten Lage zu befreien, um dem gefallenen Diener Gottes zu Hilfe zu eilen, bevor die ewige Finsternis ihn verschlang. Dabei verkeilte sich der Weihwasserbeauftragte rettungslos zwischen Beichtstuhl und Kirchenbank, während der Erzbischof in einem wortlosen Akt der Solidarität mit dem Pfarrer ohnmächtig zu Boden sank. Der Rest fuchtelte planlos mit den Armen herum, stand sich gegenseitig im Weg und hoffte auf eine Eingebung von höchster Seite.

»Wenn nur …«

»Könnten wir nicht …«

»Vielleicht sollten wir ja …«

Aber kein einziger Gedanke führte zu einer hilfreichen Tat, stattdessen bewies das Chaos die These von der wundersamen Vermehrung. Die Szene erinnerte immer mehr an zeitgenössischen Ausdruckstanz vor der Kulisse der sinkenden Titanic.

»Gnade uns Gott!«, wehklagten die Weltuntergangspropheten mit weinerlicher Stimme und plünderten in Erwartung der bevorstehenden Apokalypse den Hostienkelch. Dabei beriefen sie sich auf die Zeichen des Herrn, die deutlicher nicht hätten sein können. Hatten die satanischen Vögel nicht bereits gestern den Himmel verdunkelt? Hatte der fliegende Priester nicht auffallend einer Krähe geglichen? Hatten die teuflischen Machenschaften seinerzeit nicht auch mit einem fallenden Engel begonnen? Es konnte kein Zweifel bestehen, diese ganzen finsteren Gestalten waren gekommen, damit sie nun für den wahren Glauben Federn lassen mussten. Einige der Ablebenseuphoriker begannen bereits, sich in vorauseilendem Gehorsam und unter ekstatischem Stöhnen büschelweise die Haare vom Kopf zu reißen.

Beruhigenderweise war der kirchliche Mittelstand weniger apokalyptisch imprägniert, vielleicht, weil er weder Gehirnwaschungen noch Weihwasserdämpfen im Übermaß ausgesetzt war.

Das erwies sich nun als ein Vorteil, denn die Laienbrüder und -schwestern hatten offenbar einen ausreichend klaren Kopf bewahrt, um nun ein paar praktische Schritte zu tun. »Einen Arzt, wir brauchen einen Arzt«, riefen sie mit vereinten Stimmen, dass es beim Glockenturm hinaus bis in den Himmel schallte, während die Kräftigsten unter ihnen versuchten, Pfarrer und Erzbischof zu den Ansätzen einer Auferstehung zu bewegen.

Derweil blickten sich die Einheimischen, die in jeder Hinsicht ins Hintertreffen geraten waren, voller Begeisterung an. Sie sahen zwar allesamt nichts, aber zumindest hören konnten sie.

»Da ist bestimmt grad ein Wunder g'schehn«, flüsterte der Bürgermeister dem Schuldirektor freudestrahlend ins Ohr, als er den allgemeinen Aufschrei vernahm.

Feyertag hatte ja selbst ein schweres Messopfer gebracht und mit einem der Säulenplätze vorliebgenommen, weshalb auch ihm kein Blick auf den blutenden Bartholomäus vergönnt war. Aber er konnte sich die ekstatischen Blicke der Augenzeugen bestens vorstellen, denn im vorderen Teil der Kapelle war unüberhörbar der Teufel los. Und das konnte nur ein sehr gutes Zeichen sein.

»Aber irgendwie sind's offenbar von Blindheit geschlagen«, flüsterte der Schuldirektor zurück und zog die Stirn bedenklich in Falten.

»Wie meinst' denn das?«

»Ich mein, dass der arme Bartholomäus ja wohl keinen Doktor mehr braucht, selbst wenn er noch so stark blutet. Und die da vorne haben grad unmissverständlich nach einem Arzt gerufen.«

»Geh, sei nicht so pitzlig, du Wortklauber, du. Das ist halt eine lebensechte Inszenierung.« Der Bürgermeister würde sich seine Jahrhundertlaune bestimmt nicht von den spitzfindigen Haarspaltereien eines wichtigtuerischen Fettspeichers mit Glatze verderben lassen.

»Na, dann bin ich aber beruhigt. In dem Fall wird der Heilige wohl auch um Hilfe rufen, wenns gar zu arg wehtut«, spottete Klöpfer und grinste süffisant.

»Hilfe! So helft mir doch!«

Feyertags Festtagsstimmung verpuffte wie der Heilige Geist am Hindukusch.

Klöpfer hingegen blies sich vor lauter Genugtuung zur doppelten Größe auf, während er seufzte, wie es nur langjährige Lehrer taten, wenn ihre Schüler das Dogma von der Überlegenheit des menschlichen Geistes wieder einmal gekonnt widerlegt hatten. Dann marschierte er entschlossen nach vorn, wobei seine Erscheinung nahezu religiöse Gefühle hervorrief, denn er teilte die Menschenmasse wie einst Moses das Meer. Aber das lag wahrscheinlich eher an seinen biblischen Ausmaßen als am begnadeten Charisma.

Erst kurz vor dem Hochaltar gab es auch für ihn kein Durchkommen mehr. Was sich hier vor seinen ungläubigen Augen abspielte, hatte er in dreißig Jahren didaktischer Kriegsführung unter erschwerten Bedingungen noch nicht gesehen. Selbst die Kastrationsrituale in Papua-Neuguinea konnten nicht mit diesem Schauspiel konkurrieren. Im Mittelgang zwischen den Kirchenbänken lag der Erzbischof und brüllte andauernd: »Ich bin verdammt, verdammt, verdammt in alle Ewigkeit!«

Auf den Bänken standen diese eigenartigen Lebkuchengestalten und rissen sich die Haare aus, während sie dumpfe Gesänge von sich gaben, deren Refrain »*Media vita in morte sumus*« zu lauten schien.

Aber mit Weltuntergangsszenarien wollte sich Klöpfer nicht aufhalten. Zum einen gab es Dringlicheres zu tun, zum anderen war sein Haupt ohnedies unbewachsen wie ein Hühnerei. Er musste sich so rasch wie möglich bis vor den Hochaltar durchschlagen, denn dort lag der Pfarrer in voller Länge hingestreckt. Der bemitleidenswerte Mann sah aus, als wäre er direkt vom Kreuz gefallen. Allerdings würde der Schuldirektor die Unfallstelle nicht erreichen können, ohne zuvor den gleichfalls liegenden Erzbischof platt zu walzen, was so gar nicht im Sinne wahrer Nächstenliebe war. Also blieb ihm nur der Umweg über die Bänke drüber, auf denen die Untergangsapostel noch immer ihren Selbstverstümmelungen nachgingen.

Schnell fuhr er seine Stimme auf einen mittleren Unterrichtspegel hoch und schrie das lebensmüde Gesindel aufmunternd an: »Zur Hölle mit euch, ihr durchgeknallten Schwachköpfe!«

Die Angeschrienen hielten für einen Moment in ihrem

schmerzhaften Tun inne und drehten die geschundenen Häupter in Richtung Lärmquelle.

Der findige Schuldirektor nutzte die Gunst des Augenblicks und legte noch zehn Dezibel drauf, zwecks der besseren Eindringlichkeit sozusagen. »Und jetzt weg mit euch, sonst hat euer letztes Stündlein geschlagen!«

Obwohl es genau das war, worauf die apokalyptischen Haarwurzelreißer eigentlich warteten, nahmen sie das gemeinnützige Angebot dieses Walrosses nicht an und sprangen erschrocken von den Bänken. Vermutlich machte es sogar für Todessehnsüchtige einen Unterschied, ob sie durch die Hand Gottes oder die Stimme eines Meeressäugers ins Jenseits befördert wurden.

Jedenfalls war der Weg für Klöpfer jetzt frei. Ungelenk wuchtete er sich über die letzte Kirchenbank, die ihn von dem reglos daniederliegenden Geistlichen noch trennte.

Pater Apolonius schien zwar bei Sinnen, aber nicht ansprechbar zu sein.

»Herr Pfarrer, hören Sie mich?«

»Da da dadada.«

Klöpfer beugte sich ächzend und stöhnend zu dem Priester hinunter, um dessen gestammelte Worte besser zu verstehen. Dabei suchte er den Leidenden nach sichtbaren Verletzungen ab, fand aber nichts. »Was haben Sie grad eben gesagt?«

»Da da dadada.«

»Wo tuts Ihnen denn weh?«

»Da da dadada.«

»Er hat einen ganz schwachen Puls«, mischte sich nun einer der Umstehenden ein, »aber ansonsten scheint er nahezu unverletzt. Zumindest in körperlicher Hinsicht.«

Mit vielsagenden Blicken sahen sie einander an. Also ein Dachschaden.

»Da da dadada.«

»Wir müssen dringend einen Arzt rufen«, erklärte Klöpfer und griff umständlich nach seinem Telefon. Das war ein Fall für die Ambulanz. Schon wieder ein durchgeknallter Priester. Der Damischtaler Verschleiß an Gottesmännern ging langsam auf keinen Rosenkranz mehr.

Zeit seines Lebens war er um keine Ausrede verlegen gewesen, aber jetzt litt sogar er unter akutem Erklärungsnotstand. Wie sollte er diesen Vorfall nur in verständliche Worte kleiden? Der erste Pfaff' sah brennende Haselbüsche, der zweite flog freiwillig von der Kanzel – da war das Kuckucksnest nur noch eine Frage von Stunden. Und dann konnten sie gleich den »grünen Heinrich« zum neuen Ehrenbürger der Gemeinde erklären und statt Trachtenjanker Zwangsjacken tragen.

Verzagt sandte er ein schwülstiges Stoßgebet zum Himmel und blickte trübsinnig seinen frommen Wünschen nach, wie sie langsam bis zur Kirchendecke stiegen.

Und da sah er ihn auch.

In der Nische, wo eigentlich der heilige Bartholomäus auf seinem wurmstichigen Sockel stehen und wundertätiges Blut vergießen sollte, dort saß nun ein nackerter Mensch mit einem Messer im Bauch und einer Miederhose über dem Kopf. Der Mann war gut genährt, das Messer ziemlich blutig, und weil der Tote mit gespreizten Beinen auf dem Postament hockte, waren auch seine Geschlechtsteile deutlich zu sehen. Ganz im Unterschied zum Gesicht, das unter dem altrosa Schlüpfer verborgen war. Dieser Anblick war derart grauenvoll, dass dem Pädagogen jeder vernünftige Kommentar auf der Zunge erstarb. »Da da dadada«, konnte er gerade noch sagen, bevor er bewusstlos niedersank.

Aber weil er im Fallen mit der Hand Richtung Himmel gewiesen hatte, dorthin, wo die Schreckensgestalt kauerte, blickten nun alle nach oben.

★★★

Hauptmann van Trott traute seinen Ohren nicht, als er von den Vorfällen in der Klachlkapelle erfuhr. »Das darf doch nicht wahr sein!«, schnauzte er den bedauernswerten Kapplhofer an, als erwartete er von jenem umgehend den Beweis dafür, dass es sich bei dieser Horrorgeschichte nur um eine Falschmeldung handeln könne.

Noch nicht einmal ganze drei Wochen war es her, da hatte

auch er die felsenfeste Ansicht seiner Kollegen geteilt, sich in einem derartig hinterwäldlerischen Gebiet schlimmstenfalls mit Vaterschaftsstreitigkeiten in der Schweinezucht herumschlagen zu müssen.

Und nun das. Hatten diese blutrünstigen Bauernschädel die Auferstehungsfeier doch glatt zu einem Schlachtfest degradiert. Und zwar in seiner Abwesenheit.

Denn das war das Allerschlimmste an der ganzen Sache: sein persönliches Versagen. Womöglich hätte er diesem unheiligen Gemetzel rechtzeitig Einhalt gebieten können, wäre er nur persönlich an Ort und Stelle gewesen. Aber nein, ausgerechnet während des österlichen Festgottesdienstes hatte er auf dem Schrottplatz nach Spuren für den nach wie vor ungeklärten Mord an diesem Hummelbrunner gesucht. Eine Suche, die im Übrigen zu nichts außer Ölflecken auf seiner Uniform geführt hatte. Wie gern hätte er diesen dörflichen Dumpfbacken bewiesen, dass sie mit ihrer These von den großstädtischen Tierrechtsfanatikern komplett im Abseits standen. Doch ein umgehender Triebtäter schien niemanden außer ihn zu bekümmern. Dennoch, er hatte nicht aufgegeben, selbst wenn die einzigen Spuren im Gemüsebeet dieser ältlichen Jungfer geendet hatten.

Und daher hatte er den teuflischen Motorradfahrern extra den Rücken gekehrt, um den Damischtalern im Interesse der allgemeinen Sicherheit – und seiner persönlichen Karriereplanung – bei den Festivitäten aus nächster Nähe auf die mörderischen Finger zu schauen. Stundenlang hatte er am Vortag auf dem Plutzenberger Marktplatz seine Runden gezogen und dabei angestrengt Augen und Ohren offen gehalten, damit ihm nicht die kleinste kriminelle Handlung entging. Sogar das Mischungsverhältnis zwischen Wasser und Wein hatte er akribisch überprüft, da er diese Saufköpfe schon seit Längerem im Verdacht hatte, fanatische Wassersparer zu sein. Als wäre das Damischtal ein ausgewiesenes Dürregebiet.

»Z'vü Wasser is net guat, da setzt ma gach an Rost davon an«, hatte ihm so ein versoffenes Subjekt dann auch noch zu erklären versucht. Aber da war er an den Falschen geraten. Dank van Trotts tatkräftiger Intervention war der Umsatz an Vitamin-C-haltigen

Brausetabletten zur Katerbekämpfung bestimmt um die Hälfte eingebrochen. Und das war gut so, fand zumindest er.

Gar nicht gut war allein, dass er seine frommen Schutzbefohlenen heute einfach im Stich – oder besser gesagt in den Fängen des Gfrettgstättener Höllenfahrtskommandos – gelassen hatte. In einer Kirche, so hatte er fälschlicherweise bis vor Kurzem gedacht, also auf geweihtem Boden, da würde selbst in Gfrettgstätten nichts Böses geschehen. Immerhin bot das seit historischen Zeiten praktizierte Kirchenasyl sogar Schwerverbrechern göttlichen Schutz vor weltlichen Übergriffen.

Eine Ansicht, die sich leider als folgenschwerer Irrglaube herausgestellt hatte. Diese Unmenschen hier schienen sich einfach nach Lust, Laune und Großwetterlage abzumurksen, ohne Rücksicht auf religiöse Gefühle oder sakrale Gegebenheiten.

»Kapplhofer, Sie stehen mir persönlich dafür ein, dass niemand den Ort des Geschehens verlässt!«, wandte er sich nun befehlsgewohnt an seinen Untergebenen, der ihn in seiner ganzen Haltung immer mehr an lauwarmen Germteig erinnerte. Nur dass der Teig vermutlich flotter ging als dieses Riesenbaby. Aber vielleicht würde er ja wenigstens als Sündenbock noch seinen Mann stehen.

»Zu Befehl!« Der Provinzpolizist stand stramm, zumindest in Gedanken. »Aber es wird schwierig sein, die Leut' in der Kirchen einzusperren. Die trampeln sich vor lauter Angst bestimmt zu Tode. Und verpflegen können mirs da oben auch nicht g'scheit.«

Es gab Momente im Leben von van Trott, wo er die Beweggründe von Gewalttätern richtig gut nachvollziehen konnte. Eben jetzt war so ein Augenblick.

»Lieber Inspektor, wenn ich ›am Ort des Geschehens‹ sage, dann meine ich damit das verdammte großflächige Gemeindegebiet von ganz Gfrettgstätten. Ob Sie die Leut in der Blumenhandlung einquartieren oder im Spritzenhaus, das ist mir wurscht, Himmelherrgott noch einmal! Aber wenn ich mit den Vernehmungen beginne, dann haben Sie mir jeden Einzelnen unverzüglich vorzuführen.«

Neidvoll dachte van Trott an seine Kollegen in Graz. Dort hätte man einen solchen Kapazunder der Begriffsstutzigkeit längst gegen die Blattlausplage im Stadtpark abgestellt, aber bestimmt nicht mit einer Mordangelegenheit betraut. Doch ihm blieb keine andere Wahl.

★★★

»Völlig nackt soll er gewesen sein, is das nicht fürchterlich aufregend?«

Hildegund Bartenstein hatte den Schock, von den ganzen Vorfällen am Hochaltar nichts mitbekommen zu haben, noch immer nicht überwunden. Von ihrem Platz nahe dem Kirchenportal hatte sie ja in keinster Weise nach vorn gesehen, sosehr sie ihren schlanken Hals auch gereckt hatte. Und weil sie keine Stilettos, sondern Tennisschuhe getragen hatte, hatte ihr auch der Schuhspitzentanz wenig genutzt. Dafür waren sie als Erste zur Tür draußen gewesen, als die Massenflucht aus der Kapelle eingesetzt hatte.

»Siehst du, wie wichtig so ein Fluchtweg sein kann«, hatte Rüdiger sich nach dem ganzen Tohuwabohu stolz in die Brust geworfen. »In ihrer Panik hätten uns diese Leute gut und gern zu Tode getrampelt!« Wie eine Horde wild gewordener Ochsen, fügte er in Gedanken noch an.

»Aber Schatz.« Hildegunds Glaube an das Gute im Menschen war weiterhin ungebrochen. »Unter diesen Umständen kann doch jedem ein Fehltritt passieren.«

»Diese ›Fehltritte‹ haben der Plutzenberger Unfallchirurgie eine neue Hochsaison beschert«, wusste Rüdiger zu berichten. Die Gipsreserven seien nahezu aufgebraucht, hatte ihm die Zimmerwirtin kurz zuvor erzählt, weil sich die panisch flüchtenden Horden gegenseitig niedergestoßen hatten, um so schnell wie möglich den Ausgang zu erreichen. Und die Zimmerwirtin musste es ja wissen, denn irgendeins ihrer Kinder oder Kindeskinder war im Krankenhaus beschäftigt.

»Aber das ist doch ganz wunderbar!« Seine Gattin schien sich selbst über diese Nachricht aufrichtig zu freuen.

Er hingegen konnte sich wenig Unerfreulicheres vorstellen als ein paar Notärzte mit Burn-out-Syndrom, weil die bereits mit dem Schulbus angelieferten gebrochenen Gliedmaßen den Jahresdurchschnitt der Kitzbühler Hahnenkamm-Rennen überstiegen.

»Rüdiger, als ich vor Kurzem dort gelegen habe, da ging doch schon das Gerücht von der Schließung des Plutzenberger Landeskrankenhauses um. Zu wenig effizient sei es, hat mir die Nachtschwester erzählt, und daher gebe es diese Rationalisierungsmaßnahmen der wichtigen Wirtschaftsleute, was ja letztlich nur ein schöneres Wort für eine Kündigungswelle ist, und sie alle hätten Angst um ihre Arbeitsplätze, und die Schwester Hannelore sowieso, weil die hat ja einen Kredit aufgenommen, als das zweite Kind gekommen ist, wegen dem Hausbau und damit mehr Platz für die Kleinen da ist, und ...« Sie verlor den Faden, aber nicht den Enthusiasmus. »Mensch, Rüdiger, ich freu mich total für die Hannelore, wenn sie ihre Arbeit jetzt nicht verliert.«

»Wie schön für dich.«

»Für sie, Rüdiger, für sie.« Dieser Mann konnte einfach nicht zuhören.

»Papa, in einer Stunde müssen wir auf der Wachstube sein.« Kevin-Karl kam aufgedrehter als ein Formel-1-Auto ins Zimmer gestürmt.

»Wer sagt denn so was?«

»Die Frau Filipič.«

»Ist die jetzt auch schon bei der Polizei? Als Platzhalter vielleicht? Die Figur dazu hätte sie ja.«

Das war fies. Kevin-Karl mochte es gar nicht, wenn sein Vater so abfällig über diese gute Seele sprach. »Sie wird halt ihre Verbindungen haben.«

Das hatte der Bub kürzlich im Fernsehen gehört, als ein Film über die Mafia gelaufen war. »Verbindungen haben« war offenbar ein wichtiges Ding, wichtiger als ein Waffenschein oder eine Nahkampfausbildung. Aber als er dann gefragt hatte, ob Verbandsmaterial auch zu diesen ominösen Verbindungen zählte, da hatten seine Eltern ihn ausgelacht.

»Vielleicht müssen sie unsere Zeugenaussagen aufnehmen«, schlug sich die Mutter wie gewohnt auf die Seite des Sohnes.

»Was gibt es denn da auszusagen? Wir haben ja nicht einmal den Hintern vom Pfarrer zu Gesicht bekommen.«

Rüdigers reduktionistischer Realismus ging dem Rest seiner Familie bisweilen furchtbar auf den Geist.

»Immerhin waren wir am Tatort zugegen.«

»Immerhin waren das zweihundert andere auch.«

»Immerhin hätten wir etwas Wichtiges sehen können, auch wenn uns das gar nicht bewusst geworden ist.«

»Immerhin ist zumindest mir bewusst, dass wir rein gar nichts sehen konnten.«

»Ich habe diese blödsinnige Idee mit dem Fluchtweg ja nicht gehabt!«

»Diese Idee war keinesfalls blödsinnig, diese Idee hat dir einen weiteren Krankenhausaufenthalt erspart.«

»Zumindest wäre ich dort in unterhaltsamerer Gesellschaft.«

»Dann unterhalte dich doch mit diesen Geisteskranken!« Aufgebracht warf Rüdiger seiner Frau den Autoschlüssel über den Tisch.

Die aber war zu gekränkt, um ihn zu fangen, und der Schlüssel landete auf dem Fußboden.

»Papa, Mama, wo ist eigentlich dieser Wachposten?« Kevin-Karl fand den Zeitpunkt für eine Auseinandersetzung extrem schlecht gewählt. Er wollte unbedingt pünktlich zur Vorladung erscheinen, denn das war seine große und wahrscheinlich einzige Chance, fachmännisches Gehör für seine Theorie der Kernölvergiftung zu finden.

»Keine Ahnung. Ist mir noch gar nicht aufgefallen, dass es in diesem Kaff so etwas wie Polizei gibt.«

Sein Vater war derzeit eindeutig nicht der richtige Ansprechpartner für praktische Belange. Aber auf seine Mutter war wie immer Verlass. »Meine Güte, in einer Stunde hast du gesagt?«

Der Junge nickte.

»Dann mal los!« Hildegund sprang auf und hastete zum Schlafzimmer, wo sie den Inhalt ihres riesigen Koffers schwungvoll übers Bett kippte. »Ich muss mich umziehen. Mit diesem Survival-Kit am Leib kann ich unmöglich außer Haus gehen.«

Rüdiger seufzte.

Kevin-Karl strahlte.

★★★

Inspektor Kapplhofers Motivation hatte einen historischen Tiefstand erreicht. Am liebsten hätte er sich in eine seiner Schiffsbuddeln verkrochen und die Segel auf Nimmerwiedersehen gehisst. Aber leider passte er nicht in die Flasche hinein.

Seit geschlagenen vier Stunden war er nun bereits unterwegs, um jeden Einzelnen der zweihunderteinundzwanzig Ostermessebesucher in deren jeweiligen Unterkünften aufzusuchen. Sofern sie eine hatten. Mit den anderen hatte er zuvor auch noch auf Herbergssuche gehen müssen. Und bei dieser Gelegenheit zudem die sogenannten Vorerhebungen durchführen müssen. Als wäre es von irgendeiner Bedeutung, wann genau der Unterkofler Poldl oder die Oberkofler Resi das Licht der Welt erblickt hatten. Solange sie lebten, waren sie eh da. Ermittlungstechnisch problematisch wurde es sowieso nur im Falle des Todes. Weil dann waren sie halt schwieriger zu befragen.

Aber van Trott kannte kein Pardon und schon gar keine Pausen. Kapplhofer hatte das Gefühl, an diesem Tag bereits so viel gearbeitet zu haben, dass es eigentlich für den Rest seines Berufslebens ausreichen müsste.

Endlich hatte er die letzten beiden Herbergssuchenden bei einer Buschenschankwirtin untergebracht und von allen die Daten erhoben, was bei den Fremden ja noch um vieles einfacher war als bei den Einheimischen, mit denen er seit Jahrzehnten gemeinsam am Stammtisch saß.

»Ja, sag einmal, dasst dich nicht schämst, eine Dame nach ihrem Alter zu fragen«, war ihm die Bibiana rhetorisch an die Gurgel gegangen.

»Na geh, Kapplhofer, das ist doch net so schwer zu verstehen«, hatte ihn die Kirchenwirtin angeblafft, weil er ihr seltsames Nichtanstellungsverhältnis zu ihrem Mann nicht gleich verstanden hatte. »Offiziell bin ich natürlich arbeitslos, eh klar. Dass ich daheim die Gäst' bedien, mei, das mach ich nur aus Liab zu mein Mann.«

Der Grazer Polizeiamtsschimmel würde ihr das bestimmt als Sozialbetrug anlasten. Aber was sollte er machen, wenn er jedem zwischen fünfzehn und fünfundachtzig die Frage nach Geburtsdatum, Wohnsitz und Beschäftigungsverhältnis stellen musste?

»Das gilt für ausnahmslos alle«, hatte ihm van Trott eingebläut, »außer sie wohnen auf dem Friedhof.«

Der Mann hatte wirklich einen seltsamen Humor.

Leider war der schwärzeste Tag in der Geschichte des Gfrettgstättener Polizeidienstes noch lange nicht zu Ende, denn statt sich nun auf den verdienten Heimweg machen zu können, musste Kapplhofer auch noch bei der Zeugenvernehmung anwesend sein. Und zwar bei allen, die während der Messe keinen Rausch auszuschlafen hatten, was immerhin auf nahezu ein Viertel der zweihunderteinundzwanzig Kirchgänger zutraf. Es war angeblich Vorschrift, dass immer zwei Polizisten bei einer Befragung zugegen waren. Und außer ihm gab es keinen zweiten Wachmann im gesamten Damischtal. Zumindest war der bittere Kelch der Protokollführung an ihm vorübergezogen – diesen Part hatte der hagere Hauptmann dem bladen Schuldirektor anvertraut.

»Sie können ja nicht alles tun, lieber Herr Inspektor«, hatte er gemeint und dabei versuchsweise menschenfreundlich gelächelt.

Allerdings bezweifelte der Inspektor stark, dass sein Vorgesetzter zu derartigen Regungen überhaupt fähig war. Vermutlich hatte er allein deshalb den voluminösen Klöpfer erwählt, weil diesem massigen Menschen niemand eine Antwort schuldig blieb. Was man dem Polizisten verschwieg, das wurde dem Lehrer berichtet. Und Kilian Klöpfer besaß zweifelsohne ein besonderes Talent zur Informationseinholung, gepaart mit der Durchsetzungskraft eines Eisbrechers.

Zum Glück hatte sich der Herr Protokollführer rasch und vor allem rückstandslos von seinem Ohnmachtsanfall erholt. Dieser Geheimtrank der St. Marienburger schien wirkliche Wunder zu wirken. Drei Fläschchen hatten sie ihm eingeflößt, danach war Klöpfer frisch und munter von seinem Vorruhestand auferstanden.

Vielleicht sollte er sich auch so ein energetisierendes Auferstehungselixier einverleiben, dachte Kapplhofer, während er gemächlich auf das improvisierte Ermittlungsbüro im Lehrerzimmer der Hauptschule zuging. Dort gab es mehr als zwei Sitzgelegenheiten, was den zu Vernehmenden sehr entgegenkam. Und bequem waren die Stühle außerdem, was wiederum die Bandscheiben freute. Dennoch wurden seine Schritte unbewusst immer langsamer.

Er hatte einfach nicht die geringste Lust, sich auf einem dieser Sessel niederzulassen, um einer Flut an Falschinformationen über Nachbarschaftsstreitigkeiten in der Kirchenbank oder Bekleidungssünden vor dem Hochaltar zu lauschen.

Als er an der örtlichen Tankstelle vorüberkam, blieb er ganz stehen und erwog die Idee einer kleinen Wegzehrung. Dank seiner letztlich immer strenger werdenden Dienst-Diät hatte er bereits drei Kilo eingebüßt. Einen XXL-Schokoriegel durfte er sich demnach schon gönnen, sonst würde er zu sehr vom Fleisch fallen. Zumindest war seine Mutter dieser liebenswerten Ansicht.

Er griff bereits nach seinem Portemonnaie, als er den Schlurtner Fabian mit einem riesigen Industriesauger in der Hand sah, wie er sich gerade in den Spritzenwagen beugte. Und hinter ihm kam der Felix zum Vorschein, der die Felgen des alten Feuerwehrmobils auf Hochglanz polierte.

Irgendwie seltsam, dass diese beiden notorischen Taugenichtse an einem derart denkwürdigen Sonntag nicht im Gasthaus saßen, sondern Autowäsche im Großformat betrieben. Noch dazu, wo dieses Riesengefährt ja nur ein Dienstwagen war.

Er würde den Kommandanten bei Gelegenheit darauf hinweisen, den beiden nicht allzu viel aufzulasten. Im Grunde bemühten sie sich eh um eine rechtschaffene Existenz. Und von den positiven Wirkungen und Nebenwirkungen eines arbeitseifrigen Lebens war Kapplhofer selbst nicht einmal ansatzweise überzeugt.

★★★

Erneut traf es Oberarzt Dr. Messerschnitt. Schon wieder musste ausgerechnet er einem delirierenden Geistlichen die entsprechende Erstversorgung angedeihen lassen. Langsam begann er, eine Umschulung von Unfallchirurgie auf Gehirnklempnerei in Erwägung zu ziehen.

Diesmal litt der Patient, bei dem es sich angeblich um einen waschechten Erzbischof handelte (aber bei der Kirchenhierarchie kannte sich Messerschnitt sowieso nicht aus, er war praktizierender Atheist), wenigstens nicht am brennenden Haselbusch-Syndrom. Den davon betroffenen Pfarrer hatten sie während der ersten Tage ja ständig ans Bett fesseln müssen, damit er ihnen nicht auf und davon lief.

Seine Exzellenz hingegen schien überzeugt davon, den bösen Blick zu haben. »Ich hab den Pfarrer angesehen, nur böse angesehen, und auf einmal ist er geflogen. Und abgestürzt. Ich habe Schuld auf mich geladen. Wegen dem Blick, diesem bösen Blick. Oh Herr, vergib mir meine Schuld!«

Der reumütige Erzbischof war durch nichts davon zu überzeugen, dass Blicke, und seien sie noch so böse, keine Levitationserscheinungen zur Folge hatten. Das wäre ein revolutionärer und ungemein umweltschonender Ansatz für die Luftfahrt, aber Messerschnitt persönlich war kein einziger derartiger Fall bekannt. Und er musste es wissen, denn zwei seiner Brüder hatten Aeronautik studiert.

Erschöpft wies er die Schwester an, den gleichen Beruhigungscocktail wie für Hochwürden Hafernas zu mixen. Wobei ihm jetzt etwas sehr Beunruhigendes auffiel: Hatte der Erzbischof nicht soeben von einem fliegenden Pfarrer gesprochen? Hafernas aber lag ruhig in seinem Bett, der konnte es bestimmt nicht gewesen sein. Also war womöglich ein weiterer verunfallter Gottesdiener zu ihnen unterwegs. Wer flog, musste schließlich auch irgendwo landen. Und einem Seelsorger fehlte bestimmt die Übung für einen sicheren Landeanflug.

»Wissen S' was, Hanni, füllen S' am besten gleich noch ein paar dieser Mixturen ab. Dann haben wir's gleich griffbereit, wenn wieder Not am Gottesmann ist.«

★★★

Die Pflanz-Kathi und die Blumen-Christl konnten ihr Glück gar nicht fassen. An einem einzigen Tag hatten sie alles verkauft, was ihre Läden zu bieten hatten. Selbst notorische Ladenhüter wie diese gummiartigen Christusdornen, die ständig ein wenig angestaubt aussahen, waren heute anstandslos über die Theke gegangen. Die Christl hatte sogar ihren Türkranz verkauft, obwohl dieser bereits seit drei Wochen dort hing. Und die Kathi hatte ihre zwei Nichten zu allen umliegenden Bäuerinnen geschickt, mit der Bitte um entbehrliches Blumenmaterial. Zwei Euro pro Strauß hatte sie den überraschten Landwirtinnen für ihre Vorgartenzierde bezahlt. Die hatten das lukrative Nebengeschäft gern angenommen. Würden sie ihren Pensionsgästen halt in den nächsten Tagen verschrumpelte Dekokürbisse statt frischer Blumen auf den Tisch stellen. Hätten sie diese Nachfrage früher geahnt, sie hätten statt Schnittsalat bestimmt Osterglocken gesät, denn die brachten zumindest etwas Sonnenschein an die wieder einmal zur Gänze belegten Krankenhausbetten.

Die Ölspur ins Verderben

Zum ersten Mal in seinem Leben bedauerte es Polizeihauptmann van Trott, sich niemals ein echtes Laster zugelegt zu haben. Nur allzu gern hätte er sich jetzt einen Joint gedreht und dazu eine Bouteille irgendeines hochprozentigen Gesöffs gekippt, um seinen Geist ins dienstliche Nirwana zu befördern. Er beneidete seinen Kollegen von der Sitte, der ein begnadeter Wirkungstrinker war, und er beneidete sogar den Diensthund von der Drogenfahndung, weil selbst der einem probaten Rauschmittel verfallen war. Er aber hatte sich nicht einmal das Nägelkauen angewöhnt, um seinen strapazierten Nerven eine kleine Auszeit zu verschaffen. Und nichts hätte er derzeit dringender gebraucht. Seine synaptischen Gichtanfälle machten ihm schon schwer zu schaffen.

An die fünfzig erboste, verängstigte, arrogante oder alzheimerisierende Zeugen hatte er bereits vernommen, während Kapplhofer schweigend danebengesessen, blöd vor sich hin gestarrt und von Zeit zu Zeit wissend genickt hatte. Mittlerweile war van Trott bestens informiert über die sexuelle Umtriebigkeit von Hinz oder die handwerkliche Unzuverlässigkeit von Kunz, aber niemand hatte irgendetwas gesehen, das von mörderischer Relevanz war. Nicht einmal über das Verschwinden der Heiligenstatue, die ihren jahrhundertealten Stammplatz wegen einer Leiche hatte räumen müssen, wussten sie etwas zu sagen. Als wäre dieser Bartholomäus direkt und vor allem rückstandslos in den Himmel aufgefahren.

Damit nicht genug, hatte er sich auch mit diesem Schuldirektor ein im wahrsten Sinn des Wortes schweres Problem aufgehalst. Nicht, dass der Mann nicht schreiben konnte, das war es nicht. Er zeichnete sogar ausnehmend leserlich und ebenso fehlerfrei auf – aber eben nie das, was die Leute zu Protokoll gaben.

»Das kann man so doch nicht sagen«, meinte der Fettfleck jedes Mal, wenn die Formulierungskunst der Verhörten nicht dem strengen Stilbewusstsein des Schuldirektors entsprach. Was ungefähr bei jedem zweiten Satz der Fall war. »Mit Verlaub, wissen Sie, ich bin nämlich auch Literat«, brachte er dann zu seiner Rechtfertigung vor.

Diese Sonntagspoeten hätte van Trott sowieso am liebsten in

Ketten gelegt. Allesamt hielten sie sich von einer Goethe'schen Muse geküsst, nur weil sie zweimal im Leben eine dramatische Glosse über das Seelenleben von Weinbergschnecken verfasst hatten, die in irgendeiner höchst provinziellen Landluftzeitung auch tatsächlich erschienen war. Mit demselben Recht könnte sich eine Wurstverkäuferin als Autorin bezeichnen, nur weil sie »Alpenländischer Gustoschinken, nussiger Abgang, vulkanische Reifung – ein sinnesfreudiges Geschmackserlebnis der schweinischen Sonderklasse« auf die Reklametafel schrieb. Und manche der Verkäuferinnen bewiesen dabei auch noch weitaus mehr Phantasie als diese Möchtegern-Schreiberlinge. So gesehen waren ihm die dichterischen Anwandlungen von derart aufgeblasenen Sprachzertrümmerern mehr als nur wurst.

Nicht aber heute, denn in diesem konkreten wie leidvollen Fall hatte ihn der schulmeisterliche Wortklauber letztlich mehr als eine halbe Stunde der ohnehin schon knappen Zeit gekostet. Eher würde ein Schwein die Bundeshymne singen, als dass es in Klöpfers Sturschädl reinging, dass, wenn ein Zeuge »Leck mich am Arsch« sagte, auch »Leck mich am Arsch« im Protokoll zu stehen hatte, und nicht »Küss den Allerwertesten«.

Ganz besonders schwierig gestaltete sich die schriftliche Einbringung jener unsäglichen Miederhose ins polizeiliche Protokoll. Dieses figurverzerrende Objekt erfreute sich bei den Damischtaler Mördern – wobei er eine triebgesteuerte Serientäterschaft für weitaus wahrscheinlicher hielt – offenbar größter Beliebtheit. Den Fundort des vor Wochen von unbekannter Hand ins Jenseits beförderten Hummelbrunner hatte der Täter ja auch mit so einem Ding verziert. Aber egal. Jedenfalls war das eine Miederhose und kein elastisierter Fett-weg-Form-Slip, wie es diese wandelnde Speckschwarte formulierte. So ein Wort hatte er zuvor nicht einmal gekannt, aber vermutlich hatte das Walross einen ganzen Schrank voll daheim und kannte sich daher bestens mit derartigen Dingern aus. Er jedenfalls brauchte keine Fett-weg-Wäsche, er war immer noch rank und schlank. Seine Kollegen behaupteten sogar, er würde sich gut auf einem Plakat der Welthungerhilfe machen. Aber aus denen sprach natürlich der pure Neid, weil van Trott mit keinen Reserverädern um seine Körpermitte zu kämpfen hatte. Wie auch immer, in diesem spezifischen Fall konnte von Fett-weg ohnedies keine Rede sein, denn beim Opfer hatte die Unterhose eindeutig einen Kopf-weg-Effekt erzielt und ansonsten keine nennenswerten Schlankmacherwirkungen gehabt.

Der zertrümmerte Schädel des Böllinger Sepps jedenfalls war wirklich ein unschöner Anblick gewesen. Er war den Tätern, denn mehrere mussten es sein, einer allein hätte es niemals geschafft, diese Hundert-Kilo-Leiche in einer Nische abzustellen, die sich in gut drei Metern Höhe befand, also er war diesen Halunken beinahe dankbar für die Miederhosenmaskierung. Da die Augenzeugen bereits angesichts eines Nackerten mit Messer im Bauch panisch das Weite gesucht hatten und am einzigen Ausgang der Kapelle für eine blutige Massenkarambolage gesorgt hatten, wollte er sich gar nicht vorstellen, welche Auswirkungen der Anblick eines moussierten Schädels auf die österliche Unfallstatistik gehabt hätte.

Wobei man seinen Augen in dieser Gegend im Grunde gar nicht trauen durfte. Das hatte der scharfsichtige Hauptmann mittlerweile eingesehen. Zwischen Sein und Schein floss hier ein weiter und tiefer Schilcherstrom. Und dem Schein war er bereits beim ersten Mordopfer auf den Leim gegangen. Der Hendlbaron mit dem unübersehbar eingeschlagenen Schädel war, entgegen jeder Offensichtlichkeit, der Kollision mit einem Kraftfahrzeug erlegen und keinem Schlag durch einen Wetterhahn. Ob vorsätzlich oder nicht, würde sich hoffentlich noch zeigen. So wie sich der hinterhältige Schuss auf die Reiseleiterin als Folge eines gänzlich unvorsätzlichen Angriffs eines Jagdhundes auf sein Herrl entpuppt hatte. Oder der Sturz des grünen Gemeinderats. Auch der hätte tödlich ausgehen können. Und doch hatte ihn niemand gestoßen, die morschen Holzbretter waren ganz einfach vorsatzlos gebrochen. Nur die Sache mit den vergifteten Kandidaten der Kürbisbürgermeisterwahl, für die gab es noch keine Erklärung. Aber letztlich hatten alle überlebt, ob mit oder ohne Vorsatz. Und ihn hatten nur die Toten zu kümmern.

Jetzt hatte er es erneut mit einer Leiche zu tun, deren Haupt schlimmer malträtiert worden war als ein Fußball beim Weltcup-Finale. Aber ob der Mann auch daran gestorben war, das traute sich van Trott ohne Urteil der Pathologie nicht zu behaupten.

Jedenfalls hatte er den zuständigen Arzt der Rechtsmedizin bereits angewiesen, nach etwaigen Reifenspuren Ausschau zu halten, was ihm einen vernichtenden Blick eingebracht hatte.

»Glauben S' vielleicht, dass da ein Engerl am Steuer g'sessen ist, das ihn beim Reversieren übersehen hat? Und sich dann so über den depperten Fußgänger g'ärgert hat, dass eam noch schnell ein himmlisches Schlachtmesser einig'rammt hat?«

Wobei das Messer eine rein dekorative Funktion erfüllt hatte, wie ihn der Pathologe nach dem ersten fachmännischen Blick belehrt hatte. »Der war schon ausgeblutet, als man ihn abg'stochen hat«, hatte der Arzt ungewohnt umgangssprachlich doziert. Sonst hätte der Stich mitten in den Bauchraum nämlich einen starken Blutfluss zur Folge gehabt, und das war nicht der Fall gewesen. Das Messer hätte jedoch zu tödlichen Verletzungen der inneren Organe geführt. »Aber natürlich nur theoretisch, weil praktisch war der Sepp da eh schon längst ab'kratzt.«

Hauptmann van Trott fragte sich insgeheim, ob man nicht auch Toten gegenüber eine etwas weniger rüde Ausdrucksweise pflegen sollte. Aus Respekt vor den Verschiedenen und so. Aber vielleicht hatte sich der behördliche Leichenfledderer auch nur einen rhetorischen Schutzschild umgehängt, um keine allzu große persönliche Betroffenheit aufkommen zu lassen. Möglicherweise saß er jetzt ja gerade mit Tränen in den Augen in seinem Kabuff und strich dem Toten tröstend über den Schädel. Oder zumindest über das, was davon übrig geblieben war. In Wahrheit konnte man ohnedies nie wissen, wie es hinter der menschlichen Fassade aussah.

Leider musste van Trott nun genau das bei Dutzenden weiteren Blindgängern tun. Er würde so lange am Verputz kratzen, bis irgendwas Substanzielles zum Vorschein kam. Und in neunundneunzig von hundert Fällen würde die Mühe dennoch umsonst sein. So wie bei dieser moralinsauren Holzapfel, die eine halbe Ewigkeit umständlichst in ihrem Gedächtnis herumgekramt hatte, um dann triumphal zu verkünden: »Doch, jetzt fallt's mir akkurat wieda ein. Die Doppler Bibiana hat a Laufmaschn g'habt, links unten, beim Knöchl. So was hat's bei ihr sonst nie 'gebn.«

Exakt jene skandalöse Laufmaschenträgerin saß nun vor ihm

und beteuerte zum vierten Mal, nichts außer einer gotischen Säule und einem barocken Hintern gesehen zu haben.

Die Dame mit dem spröden Charme einer Gardinenstange besaß offenbar auch den Intellekt einer Blumenvase, denn es fiel ihr gar nicht auf, dass besagtes barockes Hintergestell zwei Meter neben ihr saß und mitschrieb. Allerdings hatte der Hauptmann keinen Zweifel, dass diese Aussage nicht ins Protokoll einfließen würde.

Auch der Reservepfarrer konnte kurz darauf mit keiner entwicklungstechnischen Offenbarung aufwarten: »Isch hab nischt g'schen, weil isch 'pschredigt hab.«

Der arme Pater Apolonius hatte sich bei seinem Sturz schwer auf die Zunge gebissen und kämpfte jetzt nicht nur gegen die Sünden der Welt, sondern auch gegen ein handfestes Artikulationsproblem. Aber er konnte dem Hauptmann immerhin verständlich machen, dass er nichts außer dem Erzbischof und gleich darauf den Toten erblickt habe. »Und beide hab misch bösch ang'schtarrt.«

Die St. Marienburger, also zumindest die, die nicht mit Brüchen und Prellungen im Krankenhaus lagen, die hatten wenig mehr zu vermerken. Die ganze Organisation wäre ein Desaster gewesen, man würde den Pilgerpfad auf Sensenmannweg umtaufen, der Wein sei zu sauer gewesen, und im Grunde hätten sie gar nichts Bemerkenswertes bemerken können, denn dafür hatten sie viel zu weit vorn gesessen. Was durchaus stimmen mochte, denn die ersten beiden Bankreihen direkt vor dem Hochaltar hätten schon nach hinten blicken müssen, um den Kadaver zu sehen.

Ähnlich ergebnislos verlief die Unterredung mit den zwei Piefkes, während der sich van Trott wie in einer Schlichtungsstelle für Ehestreitigkeiten vorkam. Da die beiden das Gotteshaus als Letzte betreten, als Erste verlassen und in der Zwischenzeit direkt an der Tür gestanden hatten, hätten sie genauso gut daheim bleiben können. Das fand zumindest der Hauptmann. Seltsam nur, dass der Dreikäsehoch des unseligen Paares darauf bestanden hatte, allein befragt zu werden. Nun musste er sich dessen Kinderkram auch noch anhören. Vielleicht bereicherte der Knabe das bislang farblose Protokoll durch ein paar feuerspeiende Drachen oder derlei mehr. In diesem Alter hatten die Kleinen ja meist eine blühende Phantasie.

»So, junger Mann. Nun erzähl mal, was du so alles gesehen hast.« Van Trott bemühte sich um einen sogenannten pädagogisch wertvollen Tonfall. Immerhin saß der Schuldirektor im Raum, und der Hauptmann wollte sich keiner Einschüchterung minderjähriger Zeugen schuldig machen.

»Also, gesehen hab ich nichts.«

Der Hauptmann griff nach einem Bleistift und biss zur Beruhigung herzhaft hinein. »Ah ja. Und darüber wolltest du mit mir reden?«

»Nein, ich mein«, Kevin-Karl war angesichts der versammelten Macht der Exekutive nun doch ein wenig nervös, »also, ich wollte sagen, in der Kapelle, da hab ich nichts gesehen. Aber vorher schon, nämlich den Fleischer und das Kernöl.« Erschöpft hielt Kevin-Karl inne. Auf einmal klang das alles so konfus. Selbst für seine Ohren.

Aber nun mischte sich unerwartet Kapplhofer ein, der bislang auch nur an einem Bleistift gekaut hatte, allerdings weniger zur Nervenberuhigung, sondern weil er Hunger hatte.

»Sag mal, Bub, was hat der Fleischhauer denn mit Kernöl zu tun? Kannst uns das ein bissl näher erklären?«

Der Schuldirektor nickte dem Inspektor anerkennend zu. Der Mann konnte offenbar mit Kindern. Schade, dass er keine hatte.

»Also damals, als alle wegen dieser Vergiftung bei dem Kürbisfest im Krankenhaus gelegen haben, meine Mama ja auch, aber nicht wegen dem Gift, sondern wegen der Totenköpfe –«

»Welche Totenköpf'?«, unterbrach ihn der Hauptmann in einem pädagogisch etwas weniger wertvollen Ton.

»Pssst, lassen S' ihn ausreden, den Buben, ich erklär Ihnen des nachher«, mischte sich Kapplhofer erneut ein und wandte sich dann wieder dem Jungen zu. »Also, als alle im Spital gelegen sind wegen der Vergiftung, was war dann?«

»Ja, also ich bin, aber das darf Papa nicht wissen, weil ich ihm versprochen hatte, dass ich nicht draußen spiele, sondern Mathe lerne, und Mama, die war doch im Krankenhaus, da bin ich mit Franzl und Bertl auf der Weide von diesem Metzger gewesen. Und weil ich nicht zuschauen wollte, wie er das arme Schweinchen umbringt, hab ich mich vors Haus geschlichen, weil ich ja Papa anrufen musste, damit er sich keine Sorgen macht, während er bei Mama im Krankenhaus war. Tja, und dann ...«

Er verstummte, während van Trott weiterhin seinen Stift malträtierte.

»Und dann?«, erklang es nun dreistimmig.

Kevin-Karl hatte mittlerweile einen knallroten Kopf bekommen, weil ihm aufgegangen war, dass er nun von Dingen berichten musste, die bestimmt verboten waren, etwa in fremden Müllcontainern auf Privatgelände zu stöbern, wo sogar ein »Betreten verboten«-Schild gestanden hatte. Um Zeit zu gewinnen, zog er ein paarmal die Nase hoch und suchte dann angestrengt nach einem Taschentuch.

»Hier, bitte.« Kapplhofer reichte ihm eins von seinen karierten, frisch gewaschenen und sorgfältig gebügelten Schneuztüchern.

Der Junge schniefte zweimal ordentlich hinein, bedankte sich höflich und redete weiter. Diesmal ohne Punkt und Pause. Ihm war nämlich eine Idee gekommen, warum er in den Mülltonnen gewühlt haben könnte. »Damals, da war ich auch mordsmäßig verkühlt, und weil ich mir oft die Nase putzen musste, aber nicht so schöne Taschentücher gehabt habe, nur die zum Wegwerfen, hab ich die eben in einen Müllcontainer werfen wollen, weil das gehört sich so. Dort waren so Flaschen mit dieser dunklen Flüssigkeit drin, also der, zu der hier alle Kernöl zu sagen, und da, also im Müllcontainer, da war auch eine Flasche Klarfax drin.«

An dieser Stelle biss der Hauptmann seinen Bleistift mittig entzwei.

»Papa verwendet das selber immer als Frostschutzmittel, aber er stellt das in die Garage, wenn die Flasche noch nicht leer und das Verfallsdatum noch nicht erreicht ist. Und im Container, also beim Metzger, da war die Flasche noch ziemlich voll, also eigentlich ganz voll, da hat nur wenig gefehlt, und abgelaufen war es auch noch nicht. Da hab ich mich schon gewundert, warum er die weggeworfen hat, weil das ist ja ganz giftig, so ein Frostschutz, hat Papa gesagt, aber dafür hält er ewig wegen der ganzen Chemie und, und ...«

»Und die Symptome würden stimmen«, beendete der Schuldirektor das jugendliche Gestammel. »Etwa eine halbe Stunde nach Genuss ruft Ethylenglykol Übelkeit, Erbrechen, Herzrasen und manchmal sogar Verwirrtheitszustände hervor. Wobei einige Tropfen genügen. Bereits ein Schnapsglas voll hätte mit großer Wahrscheinlichkeit eine tödliche Wirkung.« Kilian Klöpfer hielt beim Roten Kreuz zweimal jährlich einen Vortrag über die Gefahren von alkoholischen Verbindungen. Seine Lehrtätigkeit am Polytechnikum kam ihm dabei sehr zugute, denn dadurch war er stets auf dem neuesten Stand der Getränkeindustrie.

»Haben wir diesen Fleischer eigentlich vorgeladen?«, wollte van Trott nun wissen, während er die Krümel des Bleistifts vom Tisch fegte.

»Ich fürchte, nein. Ausgerechnet er war nachweislich nicht bei der Messe dabei.« Aber offenbar in alles involviert, dachte Kapplhofer beunruhigt.

»Dann tun Sie das. Aber ein bisschen dalli!«

★★★

Ganz Gfrettgstätten graute bei dem Gedanken, den Herrn Hauptmann in die Geschichte mit der wundertätigen Schweinsblase einweihen zu müssen. Noch hatte niemand etwas gesagt. Selbst Hermine Holzapfel hatte sich mit ihrem Gewissen so weit arrangiert, dass sie den Mund hielt, weil das Wunder letztendlich ohnedies nicht eingetreten war. Und zu Leichen wahrte sie seit der Begebenheit in ihrem Gemüsebeet einen gesunden Abstand.

Dem heiligen Bartholomäus war zwar ein Suchtrupp mitsamt Hundestaffel auf der Spur, aber bislang ohne Erfolg. Eine alte, vermutlich sogar wertvolle Statue zu verlieren, das wäre natürlich schlimm für die Gemeinde, aber eine Statue mitsamt blutiger Schweinsblase ausgehändigt zu bekommen, das wäre um einiges schlimmer. Selbst wenn ein kollektiver Gedächtnisschwund ausbrechen würde, wäre der Weg von der Saublodern zum Saubartl nicht weit. Und der würde bestimmt nicht zum Wohle der Allgemeinheit seinen Kopf hinhalten.

Kapplhofer beschloss, sich bei Gelegenheit zu erkundigen, welches Strafmaß für Heiligenschändung vorgesehen war. Falls der Bartl bis dahin nicht sowieso hinter Schloss und Riegel saß. Aber noch befand sich der Fleischermeister auf freiem Fuß und betrat sogar aus freien Stücken das improvisierte Polizeirevier. Nie hätte der Inspektor gedacht, dass dieser Falott dem Ruf der Obrigkeit so rasch würde Folge leisten. Es war noch keine zwanzig Minuten her, dass er nach ihm geschickt hatte.

»Abend mitternand.« Der Fleischer nahm ungefragt Platz, griff gleichfalls nach einem Bleistift und begann, damit kleine Löcher in die Tischplatte zu bohren.

Wenn das so weiterging, würde er bald mit den Fingern schreiben müssen, dachte der Schuldirektor pikiert und steckte alle Bleistifte ohne Gebrauchs- beziehungsweise Gebissspuren ein, derer er noch habhaft werden konnte.

»Herr Mostburger, Balthasar, geboren am 25. Jänner 1962 im Plutzenberger Landeskrankenhaus, wohnhaft am Blümelhang 41 in Gfrettgstätten, geschieden, keine Kinder, Inhaber der ansässigen Fleischerei«, las van Trott derweil von einem Zettel ab, der Auszüge aus dem Melderegister und Informationen vom Inspektor enthielt. »Ist das korrekt?«

»Ja, aber glauben Sie mir, ich hab eam net abg'murkst, ich hab eam nur eine über den Schädel geben, dass er grad a bissl b'nommen war, aber er hätt' sich gleich wieda da'fangen, und dann war er weg, grad, wie i a weg war.«

Der Hauptmann riss die Augen auf, weil er nichts verstanden hatte.

Klöpfer und Kapplhofer rissen die Augen auf, weil sie fürchteten, nur allzu gut verstanden zu haben.

»Himmel, Bartl! Was willst denn damit sagen?« Der Schuldirektor war derart erregt, dass er seine protokollarische Pflicht vergaß, während Kapplhofer vor Schreck den Bleistift fallen ließ, in den er gerade beißen wollte.

»Was i g'sagt hab, i hab eam ans über'zogn, aber nur ganz leicht, nur mit der Faust, und es is eam net schlecht 'gangen, a bissl weg'treten is er halt, aber nur ganz kurz, und dann hab i ja wegen da g'frorenen Saublodern a wegmüssn.«

Die beiden Einheimischen zuckten zusammen.

»Und wie i wieda daham war, war der Sepp weg. Aber i war's net!«

»Jetzt aber mal langsam.« Gleich morgen würde Polizeihauptmann van Trott einen Antrag auf Versetzung in den Innendienst stellen. Besonders das Aktenarchiv schien ihm eine reizvolle Alternative zu sein. »Sie haben wem wann was getan? Und warum? – Und Sie schreiben gefälligst mit!«, fuhr er den Direktor an. Er hatte keine Ahnung, was der Mensch da meinte, aber offenbar sprach er weder von Kernöl noch von Gift.

»Ich hab eam, also dem Böllinger Sepp natürlich, wem sonst, also dem hab ich mit der Faust eine aufs Hirnkastl geben, aber der hat einen harten Schädl, das war net so schlimm, weil –«

»Und wann genau haben Sie dem verstorbenen Böllinger einen Faustschlag versetzt? Und vor allem, warum?«

»Um halb sechs in der Früh is des g'wesen, so ungefähr, weil um sechs hab ich ja schon in der Kirchn sein müssen wegen der Mess'.«

»Aber ich dachte, Sie hätten der Messe gar nicht beigewohnt?«

Kapplhofer und Klöpfer bekamen es mit der Panik zu tun.

»Also, das können wir bezeugen, er is vorher mit uns in der Kirchen g'wesen, wegen der Vorbereitungen halt. Das ist doch eine große Sache g'wesen, mit viel Leut', und da haben wir halt a kräftige Unterstützung 'braucht«, bestätigte Klöpfer und bat Gott insgeheim um Vergebung für diesen Meineid. Weder er noch Kapplhofer waren an jenem fatalen Morgen persönlich zugegen gewesen. Erst Feyertag hatte sie zu Beginn der Ostermesse bis ins Detail über die schweißtreibende Zeit nach Sonnenaufgang informiert.

»Aber um halb acht war er schon wieder weg und ist nicht mehr 'kommen«, setzte der Inspektor zur besseren Klärung des zeitlichen Ablaufs nach.

Was gleichfalls gelogen war. Der Fleischer hatte die Kapelle um diese Zeit zwar tatsächlich bereits verlassen gehabt, aber das hatte Kapplhofer nicht gesehen, sondern auch nur gehört. Seiner Ansicht nach wog ein zweiter Meineid aber ohnedies nur noch halb so schwer wie der erste.

»Kann das sonst noch jemand bezeugen?«

»Ja, Herr Hauptmann, mein ältester Sohn war auch vor Ort«, meinte Klöpfer und atmete auf, weil zumindest das der Wahrheit entsprach.

Van Trott war überrascht. Hatte dieses Walross doch glatt einen Sohn. Möglicherweise sogar zwei oder drei. Also war dessen immense erotische Nutzfläche wohl doch kein unberührtes Brachland. Er verstand die Frauen nicht – dieses Kaliber erfüllte doch alle Kriterien für einen amourösen Vorruhestand. Gemein. Er war gertenschlank und trotzdem ohne Frau und Kind.

»Na gut. Aber nun zur zentralen Frage des Motivs. Warum haben Sie den Ermordeten misshandelt?«

»Herr Hauptmann, ich hab ihn net misshandelt, nur a ordentliche Watschn gebn. Wirklich. Mit der Faust halt. Aber die hat der locker wegg'steckt, der Sepp war kein Weichei, der hat an harten Schädl g'habt. I hab eam net um'bracht, das müssen S' mir glauben!«

Wollte er in keiner Endlosschleife landen, musste er wohl noch präzisere Fragen stellen, dachte van Trott. »Gut, gut. Aber der Grund für die ordentliche Watschn, der war?«

»Erpressn hat er mich wolln, wegn der Sau, und das hab i mir von dem Schwein net bieten lassen.«

Mittlerweile war bei allen drei Zuhörern ein erkenntnistheoretischer Stillstand eingetreten. Van Trott verordnete eine kurze Pause, schickte den Inspektor los, um vier Leberkässemmeln sowie ein Dutzend Bleistifte zu holen, und versuchte, den Druck seiner Blase zu ignorieren. Er wollte den Fleischer und den Schuldirektor nicht allein in einem Raum lassen, aber auch nicht mit einem von beiden das Pissoir teilen. Also kniff er die Arschbacken zusammen (auch wenn er wusste, dass das anatomisch nicht zielführend war) und versuchte, an etwas anderes zu denken.

Drei Leberkässemmeln und vier angebissene Bleistifte später sah die Sache schon anders, wenngleich nicht besser aus. Der Fleischer, der den Verzehr von derartigen Delikatessen kategorisch verweigert hatte, hatte offenbar überall seine dreckigen Finger drin gehabt. Van Trott war stolz auf sein urinales wie ermittlerisches Durchhaltevermögen. Mostburger hatte mehr gestanden, als er gefragt worden war, und der Hauptmann wusste nun mit protokollarischer Sicherheit, dass der Fleischer zudem das Kernöl für die Bürgermeisterwahl am Kraxnhof vergiftet hatte. Quasi als Racheakt für diese grassierende Gemüsefresserei. Er habe damit beweisen wollen, dass ein Schweinsschnitzel mitsamt Cholesterinschock um vieles gesünder wäre als diese ewigen Körndldiäten.

Dem kleinen Kevin-Karl musste van Trott ein dickes Lob für dessen detektivische Kombinationsgabe aussprechen. Der Bub hatte sich als einzig heller Kopf im ganzen Damischtal erwiesen, und das, obwohl er nicht mal Steirer war. Dieser Nachwuchsschnüffler hatte einen Stein ins Rollen gebracht, der kurz darauf eine kriminalistische Lawine ausgelöst hatte.

Weiter hatte er in Erfahrung gebracht, dass der Bartl seit Monaten Drohbriefe erhalten hatte, in denen er unlauterer Geschäftspraktiken beschuldigt worden war. Dabei hatte der Fleischer zugegeben, einmal, ein einziges Mal, statt einer Mangalitzasau, die ihm leider erkrankt war, eine andere Rasse verwurstet zu haben. Und seitdem hätte man ihn anonym bedroht. Er, der Bartl, wäre überzeugt davon gewesen, dass diese fanatischen Tierschützer dahintersteckten, die bestimmt auch den Hendlbaron auf dem Gewissen hatten, aber da sei er sich jetzt nicht mehr so sicher, weil der Böllinger ihn wegen exakt derselben Sache erpressen wollte, also wegen seiner falsch deklarierten Stelzen. Einen schweinischen Rosstäuscher hätte er ihn genannt und ihm seinen Betrug an den Kunden auf den Kopf zugesagt. Vor lauter Wut habe er, der Bartl, dem Böllinger dann eins drübergezogen.

Aber der Herr Mostburger Balthasar schwörte nach wie vor Stein und Bein, dass er den Niedergeschlagenen in einem relativ guten Gesundheitszustand auf seiner Schlachtbank zurückgelassen hatte. Das Opfer hatte eine Beule am Kopf, eine blutende Nase und wahrscheinlich eine Gehirnerschütterung gehabt, aber mehr nicht. Er hätte dem Sepp befohlen, auf ihn zu warten, weil er gleich zurück gekommen wäre, um den Verletzten dann ins Krankenhaus zu bringen. Aber bezeugen konnte das leider niemand.

Vor lauter Todesängsten, als Mörder verurteilt zu werden, hatte der innerlich gebrochene Mann schlussendlich sogar diese idiotische Idee mit dem Schweinsblasenheiligen ausgeplaudert. Zum großen Entsetzen der beiden anwesenden Einheimischen, die er damit um Kopf und Kragen geredet hatte.

Allein dieser Anblick hatte den Hauptmann für vieles entschädigt. Der Schuldirektor war auf einmal ganz leise geworden, während der Inspektor getobt hatte, er habe es ja gleich gesagt, dass das eine Schnapsidee sei und niemals gut gehen könne, aber auf ihn habe ja keiner gehört. Womit er vermutlich recht hatte, denn der Ordnungshüter gehörte nicht zum Gemeinderat.

Jedenfalls war van Trott unvermutet der glückliche Dritte, der sich an den Streitigkeiten der beiden sehr erfreute. Jetzt hatten diese hirnrissigen Gfrettgstättener endlich mal den Scherm auf, wie die Steirer so zu sagen pflegen.

Nun musste er nur noch den Fleischer verpacken und nach Graz überstellen, denn in diesem Kaff gab es natürlich keine Möglichkeit, einen Untersuchungshäftling gebührend unkomfortabel einzuquartieren. Aber in der Hauptstadt fehlte es nicht an entsprechenden Zellen, wo sich dieser Schlächter in Hinkunft seine Schweinshaxn vertreten konnte.

Frühlingsputz mit bösen Folgen

Zum ersten Mal in der gesamten Geschichte des Damischtals trug der Ostermontag einen blickdichten Trauerflor. Nirgendwo drang die geringste Hoffnung ans Licht, nirgendwo kam bei der Weihfleischjause der richtige Appetit auf. Obwohl die Sonne vom Himmel strahlte, schlichen Plutzenberger wie Gfrettgstättener herum, als hätte es ihnen den gesamten Traubenbestand verhagelt. Weit und breit gab es keinen Grund zum Lachen, und wer dennoch frohen Mutes war, wurde von seinen Mitmenschen mit strengen Blicken in den Keller geschickt.

Nur das Gastgewerbe frohlockte insgeheim, ging diesem verbotenen Gefühl aus Rücksicht auf die tristen Umstände aber auch nur im Weinverlies nach. Nach dem Eklat mit der Statue, der die Krähen mittlerweile das Aussehen einer pointillistischen Plastik verliehen hatten, hatte die teuflische Auferstehungsleiche des Böllingers jeder Aussicht auf einen touristischen Relaunch den Todesstoß verpasst.

Was blieb den Einheimischen also anderes übrig, als ihren Kummer in Alkohol zu ertränken? Damit sie nicht auf ihren Beständen sitzen blieben, war das nahezu erste Bürgerpflicht. Und der kam halb Gfrettgstätten an diesem Ostermontag beim Kirchenwirt nach.

»Jetzt sitzn mir da und schaun blöd aus der Wäsch'«, meinte der Bürgermeister und seufzte.

»Aber die Plutzenberger bestimmt ah«, versuchte der Gemeindediener, die Runde ein wenig aufzuheitern. Doch zum wiederum ersten Mal in der Geschichte des Damischtals war beiden Seiten jegliche Schadenfreude abhandengekommen.

»Sind auch arme Hund«, war alles, was Feyertag dazu sagte.

Dann schwiegen sie eine weitere Runde lang in vereinter Trübsal.

»Das is ja nicht zum Aushalten, diese Begräbnisstimmung«, wagte Kapplhofer nach einiger Zeit zu bemerken. Seine Existenz war von den gegenwärtigen Entwicklungen aber auch am wenigsten gefährdet. Ganz im Gegenteil.

»Sollen mir vielleicht singen vor lauter Freud?«, warf der Feuerwehrkommandant ein, der wegen seiner Einsatzbereitschaft nur recht selten im Wirtshaus anzutreffen war.

Provokant stimmten ein paar den Erzherzog-Johann-Jodler an: »Wo i geh und steh, tut mir mei Herz so weh ...« Das Lied trug allerdings nicht zur Verbesserung der Stimmung bei.

»Also, irgendwie versteh ich das nicht mit dem Böllinger und dem Bartl«, brachte die Bibiana das Thema wieder zum Ausgangspunkt zurück, als die halbherzigen Sänger verstummt waren.

Niemand konnte sich den Sepp als Opfer und den Fleischer als Täter vorstellen. Mit dem Hummelbrunner war das anders gewesen. Dessen Ableben, das der allgemeinen Ansicht nach einer etwas extremen Auffassung von Tierschutz zu verdanken war, hatte jeder verschmerzt und keiner beweint. Aber der Böllinger hatte sich zumindest ein paar nasse Augen verdient. Und der Bartl war zwar ein ausgewachsener Gesellschaftsautist mit einem Hang zu Gesetzesübertretungen, aber bestimmt kein Mörder. Zumindest keiner von Menschen. Wenn man sein ewiges Gegrunze nicht persönlich genommen hatte, war er sogar ein gefälliger Kerl gewesen. Außerdem galt er als kulinarisches Vorzeigeprojekt vom ganzen Damischtal.

»Anonyme Drohbrief hätt' er 'kriegt, der Bartl«, berichtete der Inspektor nun, um seinen Fauxpas mit der Begräbnisstimmung wiedergutzumachen. Damit brach er zwar das Dienstgeheimnis, aber letztendlich war das Lehrerzimmer auch nicht sein Dienstort gewesen. Die gesamten Vernehmungen hatten sich auf Wunsch des Hauptmanns wie auch aus Platzgründen ja in der Hauptschule abgespielt und nicht auf dem Polizeirevier.

»Was, wer? Welche Briefe?«, erschallte es von allen Seiten. Die Neugierde hatte sich flächendeckend über die Trauer gelegt.

»Ganz wie in den alten Krimis habens ausg'schaut, wo man die ausg'schnittenen Worte aufs Papier 'klebt hat.«

»Na, geh!«

Ein Erpresser im Damischtal, das konnte sich keiner vorstellen. Langsam fragten sich selbst die Gfrettgstättener, ob sie bislang hinter dem Mond gelebt hatten. Hier hatte man doch bis vor Kurzem maximal die Sonntagszeitung mitgehen lassen, und nun reihte sich ein Kapitalverbrechen ans andere. Aber im Unterschied zu den heimischen Finanzhaien, die mörderisch viel Kohle dafür bekamen, eine Bank und Tausende Existenzen zu ruinieren, kamen sie die gesammelten Damischtaler Schandtaten teuer zu stehen.

»Und womit habns 'droht?«

»Und warum?«

»Ja, und wer?«

»Den, äh, den Schwanz wolltens ihm abschneiden, und solche Sachen halt. Weil er offenbar mit dem Fleisch a bissl 'panscht hat. Also im Grund Produktfälschung betriebn hat.«

»Na, das stimmt net«, entfuhr es dem Kürbiswirt.

»Woher weißt du denn des?« Der Inspektor war zwar langsam zu Fuß, aber manchmal recht schnell von Begriff.

Nach ein paar Augenblicken peinlichen Schweigens kamen auch die andern nach.

»Na ja, eigentlich kann ich's eh erzählen. Is a schon wurscht, der Bartl sitzt, und wir sind am Boden«, hob der Wirt an und berichtete von den bedrohlichen Schreiben, die sie in geheimer Dreisamkeit, also er, die Buschenschankwirtin und der Höllerer vom Gemischtwarenladen, verfasst hatten, weil der Bartl sie stets mit dem Gewicht vom Fleisch beschissen hatte.

»Aber des stimmt nicht«, empörte sich der Bürgermeister. »Ich hab viermal extra was 'kauft bei ihm und daheim nachg'wogen, und alleweil hat's auf den Deka 'passt.«

»Eppa stimmt mit deiner Waag was nicht«, warf der Feuerwehrler ein.

»Und wie die stimmt! Das is eine Mettler.«

»Der Bürgermeister muss ja immer die Gunst der Wähler abwägen«, meinte der Gemeindediener mit schiefem Grinsen, aber niemand lachte, weil keiner die Pointe verstand. Das Frotzeln war halt dem Böllinger sein Vorrecht gewesen. Das würde ihm so schnell auch keiner mehr nachmachen.

Ratlos starrten sie einander an. Entweder der Bürgermeister log oder der Kürbiswirt. Letzterer konnte sich auf ein paar weitere Zeugen berufen, Alois Feyertag auf seinen Ruf als Gemeindeoberhaupt.

Zwei Schilcherspritzer lang wurde das Dilemma ergebnislos

diskutiert, dann hatte der Pfnaderer Fred von der Feuerwehr eine zündende Idee. »Wir könnten die Zilli fragen, die muss des ja mit'kriegt haben, wenn ihr Chef die Kunden b'schissen hat.«

»Recht hast.«

Auch der Bürgermeister war dafür. »Die arme Haut sitzt bestimmt allein daheim mit ihre Viecher und weiß nichts mit sich anz'fangen.«

Als einzige Angestellte der Mostburger'schen Fleischhauerei waren ihre Zukunftprognosen nun eher düster.

»I geh's holen, i muss mir eh die Füß vertreten, weil ich in Bereitschaft bin«, bot der Feuerwehr-Fred an. Er war nicht ganz so alkoholerprobt wie die meisten im Dorf.

»Nachdem alle daheim sind und saufen, wird heut wohl nicht viel los sein«, beruhigte ihn der Inspektor.

»Pflicht ist Pflicht.« Der Pfnaderer schickte sich bereits zum Gehen an, als dem Kapplhofer noch was einfiel.

»Du, Fred, bevor ich's vergess, sei nicht gar zu streng mit deine zwei Nachwuchskräft.«

»Streng? I? Wie meinst denn des?«

»Na, gestern am Ostersonntag hättest die Berschen aber wirklich nicht zum Autowaschen schicken müssen. Nach der ganze G'schicht noch dazu.«

Jetzt kam der Pfnaderer wieder zurück zum Tisch. »Was soll denn des heißen? Ich hab die zwei gestern nirgends hing'schickt. Wie kommst denn auf den Blödsinn?«

»Ich habs ja g'sehen, wie sie bei der Tankstell wie die Irren umeinander'putzt haben.«

»Was? Die haben unsern Spritzenwagn 'putzt?« Der Feuerwehrmann hatte wieder Platz genommen.

»Und wie! G'schniegelt und g'striegelt haben's ihn.«

»Des versteh ich nicht. Das versteh ich wirklich nicht!«

»Vielleicht ist ihnen der Wagen zu dreckig g'wesen nach der Großspritzaktion in Plutzenberg. Und dann wolltens dir einfach einen G'fallen tun. Weil gut ausg'schaut hat die Kistn gestern ja wirklich nicht.«

»Der Wagen war doch gestern gar nicht im Einsatz.«

»Aber sicher doch. Die ganze Messe lang ist er am Fuß der Stiege g'standen.«

»Unser Löschwagen?« Der Feuerwehrler war evangelisch und daher selbst nicht vor Ort gewesen.

»Ich werd doch wohl noch unsern Löschwagen kennen. Steht eh groß genug ›FF Gfrettgstätten‹ drauf.«

»Was zum Teufel hat ein Löschwagen bei einer Mess' verloren? Das war ja kein Osterfeuer. Wir sind ja bei der Fleischweich auch nicht anmarschiert.«

Der Pfnaderer war überfragt, der Kapplhofer kannte sich auch nicht mehr aus.

»Aber da g'standen is er, wir habn ihn alle g'sehen«, bezeugte der Kürbiswirt.

»Kann man bei euch so einfach einen Einsatzwagen entwenden?«, wollte der Gemeindediener nun wissen.

»Aber geh, natürlich nicht. Die Buam haben aber die Schlüssel g'habt, weil ich g'sagt hab, sie solln übers Wochenend die Reifen wechseln. Bei ihnen daheim. Vom Spaziernfahren war nie die Red' g'wesen. Und vom Waschn sowieso nicht.«

Denen würde er was erzählen. Privatausflüge mit einem Löschfahrzeug, die waren wirklich nicht ganz g'scheit.

Er erhob sich zum zweiten Mal, aber diesmal nicht nur, um seine Beine zu vertreten, sondern auch, um zwei Paar Ohren lang zu ziehen.

★★★

Während die schmerzhaft geschrumpfe Stammtischrunde ihren laienhaften Ermittlungen nachging, fasste Polizeihauptmann van Trott im Kreise der Seinen die von ihm mit Hilfe dicker psychologischer Lexika bis ins Detail studierte Lage gerade zusammen: »Der Täter war eindeutig triebgesteuert, daran gibt es keinen Zweifel. In beiden Mordfällen, der Causa Hendl –, äh, Hummelbrunner und der Causa Böllinger, war das Geschlechtsteil der Opfer auf demütigende Art und Weise entblößt.«

Zur Verdeutlichung der nackten Tatsachen beamte van Trott ein paar Großaufnahmen der beiden Toten an die Wand des Besprechungszimmers.

»Um über die Triebhaftigkeit des Tatvorgangs hinwegzutäuschen, haben uns die Täter bewusst mit falschen Indizien in die Irre gelockt.«

Es folgte eine Großaufnahme des zerschmetterten Hummelbrunner-Hauptes mit blutbeflecktem Wetterhahn.

»Dieser Mann starb nicht an seinen Kopfwunden, wie es aussehen sollte, sondern an inneren Verletzungen, denn er wurde überfahren, nicht erschlagen. Die Schädeldecke wurde ihm erst post mortem zertrümmert. Bitte beachten Sie die Miederhose, die um das fingierte Mordinstrument gewickelt wurde.«

Auf dem nächsten Foto war der Böllinger in seiner vergangenen Pracht zu sehen.

»Hier wiederum weist alles darauf hin, dass der Mann erstochen wurde, aber dem Anschein zum Trotz starb er an einem letalen Schädel-Hirn-Trauma.«

In der Tat sah der Mann obenrum aus, als hätte er unter einem Mühlstein gelegen.

»Und erneut taucht der Fetisch der Miederhose auf. Diesmal ist das Stück jedoch direkt über den Kopf des Opfers gestülpt.«

Die Kollegen studierten angestrengt die Bilder, um sich nur ja kein voreiliges Urteil zu bilden. Bei van Trott musste man stets auf der Hut sein. Hatte man dessen Missfallen erst einmal erregt, war einem ein monatelanger Spießrutenlauf gewiss.

»Ist eines der Opfer, oder auch beide, sexuell missbraucht worden?«, wollte der Jüngste der Runde nun wissen, der mit den internen Gepflogenheiten noch nicht richtig vertraut war.

»Ich bitte Sie! Was für eine unüberlegte Frage. Nein, wurden sie nicht, zumindest nicht, wenn Sie damit eine Penetration meinen. Ich wage sogar zu behaupten, dass die Täter der Anblick der freigelegten Intimteile zu keiner Zeit erregt hat.«

Die These eines Damischtaler Serienmörders aus dem homosexuellen Milieu war in der Tat recht abwegig.

»Um weiteren Fragen dieser Art vorzukommen, hier mein vorläufiges Profil des Mörders. Ich denke an einen Mann, der von den Frauen stets zurückgewiesen wird, dem man vielleicht des Öfteren die Freundin ausgespannt hat und der einen, ich möchte es mal so ausdrücken, gewissen sexuellen Notstand leidet. Bestimmt schon über Jahre. Aus einem triebhaften Impuls heraus hat er eine wohl überlegte Affekthandlung begangen, um sich an seinen Nebenbuhlern zu rächen.«

Ein Grund mehr, sich vor dem Hauptmann in Acht zu nehmen, befand die versammelte Zuhörerschaft. Die Beschreibung des erotisch unterversorgten Racheengels passte perfekt auf ihren Gruppenleiter. Und sein Talent als verbaler Serial-Killer hatte er auch schon ausreichend oft unter Beweis gestellt. Daher wagte es nicht einmal mehr der Jungspund der Truppe, van Trott auf die Unmöglichkeit einer wohl überlegten Affekthandlung hinzuweisen. Aber irgendeine Frage musste man dem Chef dennoch stellen, sonst würde er das gesammelte Schweigen seiner Untergebenen als Desinteresse an seinen Worten werten.

»Aber der verhaftete Fleischer, scheidet der denn als Täter aus?«

»Ganz im Gegenteil, dieser grobschlächtige Mann ist mit größter Wahrscheinlichkeit für beide Taten zur Rechenschaft zu ziehen. Er hat nicht nur kein Alibi, weder für den ersten noch für den zweiten Mord, er verfügt auch über alle soeben angeführten Attribute. Alleinstehend, unattraktiv, von Frau und Freundin verlassen, ein Außenseiter der Gemeinschaft. Zudem trägt er auffallend autistische Züge, um dann wieder in einen hysterischen Redefluss zu verfallen, was gleichfalls symptomatisch für eine grenzlastige Persönlichkeit ist. Laut Arzt handelt es sich beim Mordinstrument im Übrigen um eine ganz banale geräucherte Schinkenkeule. Der für den Fall zuständige Gerichtsmediziner hat eindeutige Spuren von Pökelsalz, Wacholder und Rosmarin im Kopfbereich des erschlagenen Böllinger festgestellt. Die Beweislage ist demzufolge lückenlos, Fingerabdrücke sind in Massen vorhanden, nur der Komplize fehlt uns noch. Selbst wenn mit größter Wahrscheinlichkeit nur der Haupttäter von seinen Trieben gesteuert war, kann er nicht ganz alleine agiert haben, zumindest nicht bei seinem zweiten Mord.«

Dem Hauptmann war klar, dass einer allein nicht in der Lage gewesen wäre, den laut Spurensicherung in der Fleischerei Ermordeten über den beinahe ein Kilometer langen Fußweg bergauf zur Kapelle zu tragen und dann noch drei Meter in die Höhe zu hieven, wo sich der Sockel für die Heiligenstatue befand. Die beiden Männer, also der tote Böllinger und der Fleischhauer, waren annähernd gleich schwer. Und den heiligen Bartholomäus, den hätte der Täter außerdem entsorgen müssen. Auch der hatte angeblich an die siebzig Kilo gewogen. Aber das wusste van Trott nur aus der Chronik der Pfarrgemeinde, denn die Statue war nach wie vor verschollen.

»Dann ist der Fall eh fast geklärt«, warf einer aus den hinteren Reihen ein. Niemand hatte große Lust, weitere Fotos vom haarigen Intimbereich ihrer Geschlechtsgenossen präsentiert zu bekommen.

»Geklärt ja, aber nicht abgeschlossen. Wie gesagt, noch fehlt der Komplize«, gab van Trott etwas widerwillig zu. Aber das war nur eine Frage der Zeit und seines kriminalistischen Intellekts.

Die Truppe applaudierte begeistert, aber nicht überschwänglich, um keine Zugabe zu riskieren, und Hauptmann van Trott beendete zufrieden die Audienz.

★★★

»Um Gottes willen, wenn ich des g'wusst hätt!« Die Grottnik Zilli war in Tränen aufgelöst. Ganz rote Augen hatte sie schon, und vor lauter Geschniefe konnte man sie kaum mehr verstehen. Wenn die noch ein wenig mit dieser Fließkraft weiterheulte, würden ihr bald die Gehirnwindungen austrocknen. »Ich hab doch nur das Beste g'wollt für die Tiere. Weil die halt manchmal auch was G'scheits zum Fressen verdient haben. Und weil ich 'denkt hab, die Leut merken des eh net.«

Der Inspektor und der Bürgermeister sahen sich betreten an. Sollten sie jetzt Mitleid haben oder eine Sauwut? Die Zilli hatte ihnen soeben tränenreich gestanden, dass ihr Chef, der Bartl, gar nichts von den Betrügereien mit dem Gewicht gewusst hatte. Sie allein war das gewesen, die ein paar ausgewählte Kunden beschissen hatte. Aber eh nur die Besserg'stellten, Gott sei ihr Zeuge. Bei den Ärmeren hätt sie oft sogar was draufgelegt, aber da hatte sich nie einer beschwert.

»Ja, aber was hast denn dann g'macht mit dem ganzen G'selchten und die Würst?«, fragte der Inspektor.

Die Zilli war ja Vegetarierin, zumindest hatte ihm der Fleischer das einmal freudestrahlend erzählt. Weil das so ein Glückstreffer sei, eine Angestellte, die ihm während der Arbeit nicht die halbe Wursttheke leer fraß.

»Der Schober Gerli hab ich was ab'geben, für ihre Hund, und dem Tierheim hab ich einmal in der Wochn was raus'bracht, und meine sechs Katzln habn natürlich auch was davon 'kriegt.«

»Aber dir ist schon klar, dass dein Chef jetzt womöglich noch auf freiem Fuß wär, wenn du die Leut' nicht beschissen hättest?« Feyertag tat der Fleischer trotz aller Kontroversen nun doch etwas leid. Wären dem diese Drohbriefe nicht derart an die Nieren gegangen, hätte er am Sonntag bestimmt ganz anders reagiert und dem Böllinger als Antwort auf dessen Erpressungsversuch nur einen Tritt in den Hintern verpasst. Aber so war er halt schon ziemlich fertig gewesen mit den Nerven. Weil wirklich gewalttätig war er eigentlich nie gewesen, zumindest nicht Menschen gegenüber, nur für seine Schimpftiraden hatte man ihn ringsum gefürchtet. Aber mit bösen Worten schlug man niemandem das Hirnkastl ein. Bei all dem konnte es sich nur um das Resultat einer furchtbaren Kurzschlusshandlung handeln. Wäre der Bartl bei klarem Verstand gewesen, hätte er niemals eine seiner kostbaren Selchstelzen derart misshandelt, sondern zu einem Fleischhammer gegriffen. Da war sich der Bürgermeister sicher.

Die Zilli hingegen schien jegliche Sicherheit im Leben verloren zu haben. »Und was soll i jetzt tun?«, röchelte sie leise, und der Inspektor verstand zum ersten Mal, was eine ›gebrochene Stimme‹ war.

»Du gehst heim. Ich werd' schauen, dass ich dem Bartl des irgendwie erklären kann.« Kapplhofer glaubte zwar nicht, dass ihn der Hauptmann in die heiligen Hallen der Untersuchungshaft vorlassen würde, aber wenn sich die Zilli vor lauter Schuldgefühlen um die Ecke heulte, war damit auch niemandem mehr geholfen. Außer der Pflanz-Kathi, die ihre Grabkränze dann auch noch loswerden würde.

★★★

»Ich erwarte eine Erklärung«, donnerte Fred Pfnaderer los, kaum dass die beiden putzwütigen Florianijünger den Raum betreten hatten.

Die beiden Teenager blieben stehen, grinsten blöd und wiegten sich zu den Klängen irgendeines musikalischen Terrorakts aufreizend in den Hüften.

»Und nehmt's auf der Stelle die Kopfhörer ab, wenn ich mit euch red!«

»Was haben S' g'sagt?«, erwiderte Fabian und grinste gleich noch ein wenig blöder.

Damit hatte er sich einen Schritt zu weit vorgewagt, und zudem in die falsche Richtung. Bevor die beiden überhaupt kapierten, dass sie im Gefahrenbereich standen, hatten sie bereits beide eine Ohrfeige sitzen, die ihren Kopf lauter dröhnen ließ als der Techno-Rap aus den Kopfhörern.

Fred Pfnaderer war zeit seines Lebens ein Anhänger der gesunden Watschen gewesen. Damit ließen sich seiner Erfahrung nach weitaus bessere Resultate erzielen als mit diesen neumodernen, pädagogisch zertifizierten Faserschmeichler-Methoden.

»Versteht's mich jetzt?«, meinte er gelassen und riss den beiden Provokateuren zudem die Verkabelung vom Schädel.

»Ja, Herr Pfnaderer.«

Dem würden sie bei Gelegenheit auch noch eins über seine verschrumpelte Rübe ziehen, beschlossen die beiden insgeheim, aber natürlich kam kein Ton über ihre Lippen.

»Also, was habt ihr gestern mit dem Löschfahrzeug getrieben?«

»Wir sind damit heimg'fahren, weil wir ja die Reifen hätten wechseln sollen, aber ...« Dem Felix fiel auf die Schnelle keine passende Ausrede ein, weshalb der Ältere der beiden weitersprach.

»Aber wir haben keinen Inbusschlüssel g'funden, obwohl er doch sonst immer in der Werkstatt g'legen is.« Fabian war geringfügig flotter, wenn's darum ging, die Realität an die aktuellen Bedürfnisse anzupassen. Immerhin hatte er bereits zwei Jahre Jugendstrafvollzug erfolgreich hinter sich gebracht. Daher hatten die beiden Deppen zwar geschrubbt wie die Idioten, aber keine Reifen gewechselt.

»Und was hat der Wagen dann vor der Klachlkapelle zu suchen gehabt?«

»Wir dachten, dass es schon fahrlässig g'wesen is, während der

Mess gar keinen Einsatzwagen in Bereitschaft zu haben. Sie haben ja g'sehen, was in Plutzenberg alles passiert ist.«

»Hier denk nur ich! Ihr seid's zum Folgen da, zum Denken seids z'sammgnommen zu deppert!«

Es gab drei Dinge im Leben vom Pfnaderer, auf die er reagierte wie ein Pferd auf einen Hornissenstich: lauwarmes Essen, liberale Politik und Eigeninitiative seiner Untergebenen.

»Und vor lauter Herumstehen ist der Wagen so dreckig 'worden, dass ihr ihn am Sonntagnachmittag auch noch 'putzt habt, oder wie?«

»Wir wollten Ihnen halt eine Freud' machen«, log nun auch Felix, nachdem er sich versichert hatte, dass sein Nasenpiercing noch an Ort und Stelle war.

»Ihr macht's mir die größte Freud', wenn ihr jetzt einfach und vor allem wortlos verschwindet. Auf ewig und für die nächsten zehn Jahr'!«

»Sehr wohl, Sie aufgeblasenes Arschloch«, erwiderte Fabian, aber sicherheitshalber erst, nachdem er bereits die Tür geöffnet hatte.

Doch der Pfnaderer verspürte ohnedies keine Lust auf eine Verfolgungsjagd durchs ganze Dorf. Gfrettgstätten war klein, und sein Einfluss war groß. Er würde die zwei schon noch auf dem falschen Fuß erwischen, um ihnen eine etwas gewähltere Ausdrucksweise hinter die Löffel zu prügeln. Das war nicht so dringlich. Weitaus eiliger war der Reifenwechsel vom Löschfahrzeug, denn die pralle Hitze tat den porösen Winterrädern gar nicht gut. Er griff nach dem Autoschlüssel, um das Fahrzeug gleich in die Werkstätte zu fahren. Man musste wirklich alles selber machen in diesem Kaff.

★★★

Kapplhofer saß zu Hause bei Tisch und hatte gerade einen besonders gelungenen Erdäpfelknödel aufgespießt, als der Bürgermeister wie eine Windhose in die Küche gefegt kam. Im Vorüberwehen hatte er gleich Messer, Gabel und ein Stück Brot ergriffen, der Mutter aufmunternd auf die Schulter geklopft und dem Inspektor die volle Schüssel entzogen.

»Ferdl, ich sag dir was, ich dreh noch durch«, stöhnte er, und schon war einer der herrlichen Knödel in den bürgermeisterlichen Hamsterbacken verschwunden.

»Sag, kriegst du daheim eigentlich nichts zum Essen, weil du alleweil zur Mittagszeit hier antanzt?«, raffte der Inspektor sich endlich zu einer Art verbalem Widerstand auf. Grad beim Schweinsbraten musste dieser amtliche Allesfresser auftauchen. Hätt er nicht erst morgen kommen können? Da hätt's Eiernockerl gegeben, um die war er weniger neidisch. Aber das getraute er sich nicht zu sagen.

»Jetzt sei net so, vor lauter Rennereien bin ich heut noch gar nicht daheim g'wesen.« Feyertag ließ sich weder den Appetit verderben noch Schuldgefühle einimpfen. Ganz im Gegenteil. Er betrachtete jeden Knödel, den Kapplhofer nicht auf seine Gabel bekam, als gutes Werk im Dienste der Gfrettgstättener Sicherheit. Ein fetter Inspektor machte bestenfalls im Fernsehen eine gute Figur, in einem Dorf wie dem ihrem würde so eine Gestalt nicht einmal einen Zeitungsdieb in die Flucht schlagen. Nicht, dass er Zeitungsdiebstahl als prioritäre Angelegenheit der Verbrechensbekämpfung ansah, aber als Rechtfertigungsstrategie seiner eigenen Gier gefiel ihm diese Vorstellung.

»Was fällt denn immer so Eiliges an?« Der Gesetzeshüter konnte sich nichts weniger vorstellen als Terminstress. Nun ja, vielleicht noch die Weight Watchers. Aber sonst bestimmt nichts.

»Wir müssen zum Feichtinger schauen. Eigentlich sollten mir eh schon dort sein, aber ich hab mir 'dacht, ich hol dich besser ab, dann können mir auf dem Weg noch ein bissl reden.«

Kuno Feichtinger war der Inhaber der örtlichen Autowerkstatt. Kapplhofer konnte sich nicht vorstellen, warum ein Motorschaden oder dergleichen so wichtig sein könnte.

»Der Pfnaderer von der Feuerwehr hat mich grad vorhin ang'rufen, wir sollten uns schnell sein Löschwagen anschauen kommen. Ganz aufgeregt hat er g'klungen.«

»Mhm.«

Kaum hatte der Inspektor das Wort »schnell« vernommen, hatte er seine Nahrungsaufnahme um das Dreifache beschleunigt. Wer den Mund allerdings so voll nahm, konnte natürlich keinerlei konstruktive Kommentare mehr abgeben.

Der Bürgermeister erkannte die strategische Absicht und stellte seinerseits das Reden ein. Eine Zeit lang mampften beide in Rekordgeschwindigkeit vor sich hin, bis auch das letzte Stück vom Braten verschwunden war.

»So, des war wie immer ausgezeichnet, aber jetzt gemmas an.«

Auf dem Rückweg, dachte Kapplhofer, musste er seiner Mutter mal wieder Blumen mitbringen. Er war ihr grad so unendlich dankbar dafür, dass sie kein Wort über den frischen Guglhupf gesagt hatte, der bereits gut zugedeckt auf der Anrichte stand.

★★★

»Und i sag Ihnen, des is Bluat und kein Himbeersaft.« Der Feichtinger Paul stand gebückt im Laderaum des Löschfahrzeugs und zeigte auf einen dunklen Fleck, den die Ankömmlinge von ihrer Position aus allerdings nicht sehen konnten.

Der Pfnaderer gab dem Inhaber der Kfz-Werkstatt aber ungeschaut recht, denn kein Feuerwehrmann würde Himbeersaft trinken, das was wirklich kaum vorstellbar.

Vorsichtig zwängten sich die drei in den Mannschaftsraum des alten Mercedes, um besser im Bild zu sein. Böden, Bänke und Armaturen strahlten, als hätte die Putzfee hier ihre besten Tage zugebracht, dennoch hatte der Feichtinger wohl richtig gesehen. Ganz hinten, wo normalerweise die Atemschutzgeräte, Totmannwarner und Druckluftflaschen angebracht waren, dort war offenbar eine sehr dunkle Flüssigkeit in großer Menge zwischen Boden und Aufbau geflossen. Was man nie bemerkt hätte, hätte Feichtingers junger Mechaniker nicht alles entfernt, weil ihm eine Radmutter davongerollt und genau unter diesem Aufbau verschwunden war. Er hatte den alten Satz Räder wie stets in den Mannschaftsraum gelegt, da Löschfahrzeuge keinen Kofferraum haben, und während er sich mit den wuchtigen Reifen abmühte, war ihm das kleine Missgeschick passiert. Also war dem Lehrling nichts anderes übrig geblieben, als auf dem Boden liegend mit der Hand unter die Haltekonstruktion zu langen. Und dabei waren ihm zwei Dinge aufgefallen: der blitzblank gescheuerte Boden und etwas Kaltes und Feuchtes, in das seine Finger gerade gegriffen hatten. Erschrocken hatte der Mechaniker seine Hand zurückgezogen, weil er dachte, irgendeine chemische Löschsubstanz wäre ausgeflossen und würde ihm möglicherweise die Haut verätzen. Aber die dunkle klebrige Flüssigkeit an seinen Fingern hatte weder gebrannt noch gebissen und sich auch ganz leicht abwaschen lassen. Trotzdem hatte er seinem Chef davon erzählt. Der hatte sich einen Ölmessstab gegriffen, mit einem Stück Küchenrolle umwickelt und war gleichfalls in die Horizontale gegangen. Danach hatte er ausgiebig am Zellstoff geschnüffelt und dem fassungslosen Lehrling erklärt: »Das ist Blut, Michi. Und ziemlich frisches noch dazu.«

Als ehemaliger Nebenerwerbsbauer hatte er oft genug selbst zum Schlachtmesser gegriffen und die ganze Verwandtschaft mit lauwarmen Bluttommerl und dampfender Blunzn beglückt. Es war also nicht der Anblick von Blut, der ihn störte, sondern der Anblick von Blut in einem Feuerwehrauto. Wäre das ein Notarztwagen gewesen oder die Plutzenberger Ambulanz, er hätte mit keiner Wimper gezuckt, aber nicht einmal in ihrem Tal der begrenzten Ressourcen wurden Verletzte mit dem Löschfahrzeug transportiert.

»Des waren diese hundselendigen Halunken, das sag ich euch«, brauste Fred Pfnaderer, der Chef der Florianibrigade auf, »und wenn i die zwa derwisch, dann dreh ich denen die dreckigen Häls so lang um, bis ihnen die Ohrwaschl bei die Nasenlöcher aussi wachsen!«

»Kannst das ein bissl näher erklären?«, wollte Feyertag nun wissen, während sich der Werkstattinhaber bereits einem anderen Mysterium widmete, bei dem es um eine blockierte Benzinleitung ging. In seiner Autowerkstatt herrschte das ganze Jahr über Hochbetrieb, weil der Damischtaler Schilchersuff meist in Geschwindigkeitsrausch ausartete.

Alfred Pfnaderer klärte Feyertag also über Fabian, Felix und deren inakzeptable Sonntagsbeschäftigung auf. »Ich hab's gleich g'wusst, dass die zwa mehr Dreck am Stecken haben als der Bartl unter die Fingernägel.«

Kaum hatte er den Namen des verhafteten Fleischhauers erwähnt, schlug bei Kapplhofer ein Geistesblitz ein. »Du, wart mal, lass mich nachdenken!« Dem Inspektor wurde fast ein wenig schwindlig, so viele Gedanken kreisten ihm auf einmal durch den

Kopf. Und alle viel zu schnell für seine Betriebsgeschwindigkeit.
»Also, du hast gestern g'sagt, die haben eigentlich keinen Grund g'habt, um das Auto zu waschn.«

»Das sag ich heut auch noch.«

»Und zur Klachlkapelle hast sie auch nicht g'schickt.«

»Na, wozu auch? Das habn mir doch schon gestern bered'.«

»Und sie waren immer zu zweit, während der Bartl allein g'wesen ist«, überlegte der blitzgescheite Polizist weiter.

»Was meinst denn damit?«

Nun kannten sich die anderen beiden wieder nicht aus, während es Kapplhofer zunehmend vor seinen messerscharfen Schlussfolgerungen graute. Wenn seine Theorie stimmte, könnte einem richtiggehend schlecht davon werden.

»Ich mein, dass die zwei Halbstarken in der Früh schon in der Kapelle waren. Der eine hat die Schweinsblase sogar eigenhändig an der Statue fixiert. Sie kannten alle Gegebenheiten vor Ort. Und wenns da schon mit dem Löschwagen unterwegs g'wesen sind, während der Bartl ja immer mit dem Traktor fährt, dann könntens weit vor ihm in der Fleischerei g'wesen sein.«

Der Bürgermeister nickte. »Der Fleischer und ich haben den zwein beim Wegfahren sogar noch nachg'schaut. Die haben schon an schönen Vorsprung g'habt, weil wir oben vor der Kapellen noch gemütlich eine g'raucht haben.«

»Aber was hätten die denn am Sonntag in der Früh im Fleischerladen wollen?«

»Einbrechen wahrscheinlich. Viel mehr habens bis jetzt ja noch nicht g'lernt«, gab Pfnaderer zu bedenken, »außerdem haben's g'wusst, dass keiner daheim war.«

»Aber sie haben nicht wissen können, dass der Böllinger im Schlachthaus verletzt auf dem Tisch g'legen ist«, trieb Kapplhofer die Gedankenspinnerei um eine schreckliche Umdrehung weiter. Es schien alles logisch ineinanderzugreifen.

»Ihren Erzfeind, den Sepp, bewegungslos vorzufinden, das muss für die zwa wie Ostern, Weihnacht und Sex auf einmal g'wesen sein.« Der Feuerwehrmann wusste um den von Anfang an schwelenden Hass, den die zwei Rekruten für den Böllinger empfunden hatten.

»Und dann habens ihm mit dem Schinken, den sie eigentlich stehlen wollten, noch ordentlich eins drüber'zogen«, beendete der Bürgermeister das kollektive Kopfkino.

»So muss es g'wesen sein«, waren sich alle drei einig.

Der Mostburger Bartl hatte demnach wirklich die Wahrheit gesagt, als er behauptete, den Böllinger nur niedergeschlagen, aber nicht umgebracht zu haben. Eine unverhoffte Wendung, aber definitiv eine zum Guten.

»So schaut's aus, meine Herren«, konstatierte Feyertag im Brustton der allgemeinen Überzeugung.

Und dann schritten sie mit vereinten Stimmen zur Tat.

Zwei Halbstarke werden schwach

»Einer ist mehr als genug.« Herrisch wies Hauptmann van Trott dem aufgeregt durcheinanderschnatternden Gfrettgstättener Triumvirat die Tür. Was immer ihm diese Störenfriede zu sagen hatten, war mit größter Wahrscheinlichkeit in keinem Fall der Rede wert. Und seine kostbare Zeit schon gar nicht. Aber weil sie den weiten Weg bis in die Hauptstadt nur auf sich genommen hatten, um ihm eine weltbewegende Wende im Mordfall Böllinger mitzuteilen, konnte er sie nicht unerhört nach Hause zurückschicken. Das würde unhöflich wirken und seiner Vorbildfunktion im Kollegium schaden. Also bat er den Inspektor mürrisch herein.

»Ich bin ganz Ohr, lieber Kapplhofer, doch bitte verschwenden Sie meine Zeit nicht über Gebühr.«

Das hatte der Inspektor aber ohnedies nicht vor, denn es drängte ihn selbst schon wieder zurück ins Damischtal, um endlich Gerechtigkeit walten zu lassen. Also legte er los und präsentierte van Trott eine lückenlose Darstellung des Tathergangs.

Der Polizeihauptmann jedoch ließ sich jedes einzelne Wort des Provinzpolizisten dreimal wiederkäuen, weil er nicht glauben konnte, was er da gerade hörte. Entweder hatte der Rinderwahn in Gfrettgstätten neue Mutationsformen hervorgebracht oder dieses Milchgesicht hatte sich dem Suff ergeben. Was ihm der uniformierte Dorftrottel soeben erzählte, das war idiotischer als jeder Blondinenwitz.

Die wahren Täter hätten sie gefunden, hatte Kapplhofer fabuliert, weil diese am Sonntag verbotenerweise ein Feuerwehrauto gewaschen hätten, das immer noch voller Blut sei. Der Fleischhauer hingegen sei unschuldig, zumindest, was den Mord betreffe, während die zwei wirklichen Übeltäter eigentlich nur einen Schinken hätten stehlen wollen.

Das klang verdächtig nach einem geistigen Totalschaden. Möglicherweise war dem verfressenen Inspektor ja ein Hühnerhaxn im Hals stecken geblieben. Er hatte schon oft gehört, dass Erstickungsanfälle zu Wahnvorstellungen führten.

Aber das half ihm alles nicht. Er würde erneut und hoffentlich zum allerletzten Mal für seine kommenden drei Wiedergeburten dieses damische Tal aufsuchen müssen.

★★★

Die zwei Übeltäter saßen zusammen auf der Hollywoodschaukel von Felix' früh verwitweter Mutter und kippten sich ein kühles Blondes hinter die Binde, während das Schicksal in Form von Polizei und Bürgermeister bereits die letzte Kurve vor der Hausauffahrt kratzte.

»Des war einfach megageil«, seufzte Felix, der mit offenen Augen von der mörderischen Heldentat träumte.

»Des schreit nach Fortsetzung, tat ich sagen«, sinnierte Fabian, der sich in Gedanken bereits am Feuerwehrhauptmann verging.

»Buam, da is B'such für euch«, riss sie die Mutter unvermittelt aus ihren Tagträumen.

Van Trott schenkte der unglaublichen Geschichte der drei Laienermittler zwar nach wie vor wenig Glauben und hatte die dicke dunkelrote Flüssigkeit im Löschfahrzeug durch Nasenbluten oder eine kleine Rauferei unter Kollegen zu erklären versucht, aber er musste dieser Spur von Berufs wegen nachgehen, und sei sie kälter als der tote Böllinger. Also bezog der Hauptmann vor den beiden Grünschnäbeln Position, die Hand sichtbar auf den Knauf der Dienstwaffe gelegt, und führte die verdatterten Halbstarken sodann in ihre Rechte ein.

»Und jetzt mitkommen!«, blaffte er sie nach seinem Kurzvortrag an. Die Stelle mit dem Anwalt hatte er ihnen erspart, denn er wusste nicht, wo er in Gfrettgstätten auf die Schnelle einen solchen auftreiben sollte. Zudem hielt er sie ja nicht für die Täter. Aber je genauer er die zwei in Augenschein nahm, desto unsympathischer wurden sie ihm. Er konnte Jugendliche mit bunten Haaren, deren Hosen tief unter dem Arschgeweih saßen, deren Gesichter vor lauter Metall bestimmt nicht durch den Securitycheck am Flughafen kamen und deren bevorzugte Kommunikationsform aus einem deftigen »Leck Oida!« bestand, einfach nicht leiden. Also revidierte er seine Meinung insofern, dass er in Felix und Fabian zunehmend die lang gesuchten Komplizen zu sehen begann.

Träge zogen sich die Mörderbuben aus der Schaukel hoch. Dann schauten sie erst sich, dann Kapplhofer an und beschleunigten unbewusst ihren Bewegungsablauf, denn der Inspektor hatte plötzlich einen Revolver in der Hand, was schlichtweg einzigartig war. Es gab bestimmt niemanden im ganzen Damischtal, der den Dorfpolizisten je mit etwas Bedrohlicherem als einer Jausensemmel gesehen hatte. Also musste wirklich Feuer am Dach sein. Und da sie selbst es gelegt hatten, wurde ihnen nun doch ein wenig mulmig zumute.

Auf dem Weg ins erneut zum Vernehmungszimmer umfunktionierte Lehrerkammerl sprach niemand ein Wort. Nur der Bürgermeister hatte kurz telefoniert, um den Schuldirektor zum Protokollieren dazuzubitten. Die Fahrt dauerte nicht lang. Für die zwei Rabauken war sie jedenfalls zu kurz, um irgendwelche strategischen Rettungsanker zu finden; für van Trott war sie lang genug, um sich in seiner Überzeugung der Täterschaft bestärkt zu fühlen. Einer der beiden, dem spärlichen Bartwuchs nach zu urteilen, offenbar der Ältere, hatte dreimal gerülpst, der Jüngere einen fahren lassen, und keiner hatte sich entschuldigt. Was den Hauptmann dazu bewog, die durch den Jugendschutz eigentlich vorgeschriebenen Samthandschuhe gegen seine eisernen ermittlungstechnischen Fäuste einzutauschen. Offenbar hatten die Jungs ihre Kindheit im Saustall verbracht, da konnten sie nicht erwarten, wie die Prinzessin auf der Erbse behandelt zu werden.

Dennoch zog sich das Verhör über Stunden hin, denn van Trott hatte mit einem schwierigen logistischen Problem zu kämpfen. Einerseits sollten bei den beiden eine Hausdurchsuchung durchgeführt und die Fingerabdrücke abgeglichen werden, was eigentlich nur der Inspektor hätte tun dürfen. Andererseits musste er die zwei räumlich voneinander getrennt befragen, weshalb er einen bewaffneten Mann brauchte, um den zweiten Knaben sicher zu verwahren. Beim Fleischer hatte er da weniger Bedenken gehabt. Der Mann hatte ja nicht nur freiwillig gestanden, er wäre aufgrund seiner massigen Statur auch nicht manövrierfähig genug gewesen, um schnell mal aus dem Fenster zu springen.

Letztendlich hatte der Bürgermeister die rettende Idee gehabt, sich mit der Bitte um Verstärkung an den Jagdaufseher und den Oberförster zu wenden, was der Hauptmann für gut und praktikabel befunden hatte. Wahrscheinlich verfügten langjährige Waidmänner sogar über mehr Treffsicherheit als seine verweichlichten Kollegen aus der Stadt, denen beim Tontaubenschießen bereits die Hand zitterte.

Die ersten Hähne hatten bereits gekräht, als das Verhör endlich zu Ende ging. Nach Stunden blöder Bemerkungen, unterbrochen allein von arrogantem Schweigen oder intensivem Nasenbohren, war Felix auf einmal eingebrochen, was der Rückkehr des Inspektors zu verdanken war. Der hatte bei den beiden daheim ein wenig herumgeschnüffelt, bis er auf dem Dachboden der alten Keuschen, die Fabian mit seinem Großvater bewohnte, auf die mörderische Schinkenkeule gestoßen war. Und die hatte er wie eine Jagdtrophäe vor sich her ins Lehrerzimmer getragen.

Felix war erblasst, hatte den Zeigefinger aus dem Nasenloch gezogen und geschrien: »Damit hab ich nix zu tun, das ist der Fabian g'wesen, die oide Sau!«

Was der Beschuldigte natürlich nicht auf sich hatte sitzen lassen. Letztendlich hatten sich beide unwiderruflich in den Knast geredet.

Selbst die Frage nach dem Verbleib der Statue wurde geklärt. Die zwei gaben unumwunden zu, den heiligen Bartholomäus kurzerhand in die Damisch geworfen zu haben, weil ihnen vor der bluttriefenden Schweinsblase so gegraust habe – ein Kommentar, den der Schuldirektor im Protokoll mit drei entsetzten Rufzeichen versah.

Noch Wochen später sollte sich der fassungslose Pädagoge fragen, ob es nicht gerade ihm hätte auffallen müssen, dass diese Jungs völlig durchgeknallt waren. Immerhin war er seinerzeit ihr Klassenlehrer gewesen. Wobei er sie gar nicht als besonders gewalttätig in Erinnerung hatte, eher als asozial und grottenfaul. Aber das waren andere auch, ohne deshalb gleich zum Mörder zu werden.

Polizeihauptmann van Trott, der die schweren Jungs schließlich unter den wachen Augen der halben Gfrettgstättner Jägerschaft nach Graz eskortierte, hing ähnlich deprimierenden Gedanken nach. Genau genommen hatte er eine Mordswut auf die beiden geständigen Mörder, denn sie hatten seine ganze schöne Theorie einer beziehungsdramatisch motivierten Serientriebtäterschaft durch die Hand eines alternden erotischen Wracks zunichtegemacht. Seinen Ruf als unfehlbarer Ermittler konnte er sich fortan ins spärliche Haupthaar schmieren.

Nicht einmal die Miederhose hatte seine Erwartungen erfüllt. Statt dem Tathergang als Symbol unterdrückter Leidenschaft eine prickelnde Note zu verleihen, hatte sie letztendlich genau die Aufgabe erfüllt, für die sie geschaffen war: Sie hatte die missgestalteten Umstände kaschiert und einem besonders hässlichen Anblick durch ihre fleischfarbene Elastizität einen geringfügig erträglicheren Anschein verliehen. Mehr nicht.

»Wissen's«, hatte Felix ganz ungeniert eingestanden, »i kann ka Bluat sehen, da kommt mir immer die Grausbirn hoch.« Daher habe er das blickdichte Stück aus dem Schlafzimmer seiner Mutter entwendet und dem Böllinger aus Gründen des Selbstschutzes über den Kopf gestülpt.

Die Idee dazu hätte allerdings der Fabian gehabt, weil der die Ermittler damit auf eine falsche Fährte locken wollte. Was ihm ja auch gelungen war. Aber über diese ermittlungstechnischen Fehltritte hatte van Trott ein großes Tuch des Schweigens gebreitet, an dem bis zu seinem Pensionsantritt niemand zu rühren wagte. Und der immer noch ungeklärte Mord am Hummelbrunner Franz, der wurde gleich mit unter das Schandtuch gekehrt.

Ende schlecht, vieles gut

Die Ruhe, die nach diesen stürmischen Wochen über dem Damischtal lag, erinnerte nicht nur wegen der Beisetzung vom Böllinger Sepp an eine stilechte Grabesruhe. Auch die beiden Gemeinden hatten ihre Streitigkeiten in Ermangelung jeglicher Zukunftsperspektiven stillschweigend beigelegt. Stattdessen kämpften sie mit vereinten Kräften gegen die drohende Gemeindefusion. Sogar die Doppler Bibiana hatte ihren drängenden Kinderwunsch vorübergehend begraben, weil sie von ihrem letzten Samenspender statt strammer Chromosomen einen weichen Schanker empfangen hatte. Dafür widmete sie sich wieder verstärkt der Orchideenzucht.

Als Hochwürden Hafernas endlich seinen Krankenhausaufenthalt beenden durfte, gab es zwar ein kleines Fest, aber mordsmäßige Stimmung kam keine dabei auf. Zudem hatte sich der Pfarrer ziemlich verändert. Er trank weniger, sprach weniger und verkehrte bevorzugt in geistlichen Sphären, weshalb Hermine ihm fortan nicht mehr zur Hand gehen musste.

Hubert Ehrenhöfler hingegen befand sich gerade auf gesundheitlicher Rehabilitation und würde wohl noch einige Wochen lang keinen seltsamen Vögeln mehr nachsteigen können. Aber der war noch jung und würde seine Auferstehung bestimmt erleben.

Nur für das qualitätsgeprüfte Gütesiegel des örtlichen Pilgerwegs gab es keine Hoffnung mehr. Das St. Marienburger Wallfahrts- und Pilgerwegnetz-Organisationskomitee hatte kategorisch jede offizielle Stellungnahme zu ihrem vernichtenden Urteil abgelehnt. Aus inoffiziellen Kreisen allerdings erfuhr man bald, dass die höheren Herren keinerlei Wert auf Wege legten, die mit Leichen gepflastert waren.

Die Plutzenberger standen einige Zeit zwar besser da, weil sie mit der weltweit größten gefiederten Skulptur tatsächlich einen Eintrag ins Guinnessbuch der Rekorde geschafft hatten, aber so sicher, wie die Zeit alle Wunden heilt, so zuverlässig trugen die Krähen das Kunstwerk Körnchen für Körnchen ab. Und es würde bestimmt nicht mehr lange dauern, bis nur noch das metallische Skelett an diese handwerkliche Meisterleistung erinnerte.

Im Gegensatz zu Ferdinand Kapplhofer, dem Dorfpolizisten.

Er hatte seine zunehmende Skelettierung erfolgreich abgewendet und trat seine Dienste schon wieder auffallend runderneuert an. Die letzten Tage vor seinem Sommerurlaub verbrachte er wie gewohnt mit geregelten Essens- und festen Ruhezeiten. Zudem hatte er sich auf die Suche nach einem neuen Bürostuhl fürs Revier begeben. Aufgrund der mörderischen Ereignisse im Damischtal war seine Dienststelle nun doch nicht von der allgemeinen Einsparungswelle hinwegrationalisiert worden. Er durfte weiterhin auf seinem Sessel sitzen bleiben und sogar einen zusätzlichen Stuhl auf Staatskosten erwerben. Wobei er insgeheim hoffte, dass bis zu seiner Pensionierung nie wieder irgendjemand darauf Platz nehmen würde. Und schon gar nicht der Bartl. Der saß seine gesammelten Untaten allerdings eh schon anderswo ab. Zumindest bis Weihnachten. Dann würde er die schwedischen Gardinen wieder gegen seine karierten Vorhänge tauschen dürfen.

Mehr Sitzfleisch mussten allein die zwei Mörderbuben beweisen, denn sie hatten je neun Jahre abgefangen. Und danach müssten sie sich auch noch bewähren, wobei alle hofften, dass das nicht im Damischtal der Fall sein würde.

Die Großwetterlage in den ersten Tagen nach diesen betrüblichen Geschehnissen war dementsprechend trüb. Der einzige wirkliche Lichtblick in dieser grantigen und grauen Zeit war Kevin-Karl, der große Held. Mit seiner kriminalistischen Kombinationsgabe hatte dieses aufgeweckte deutsche Touristenkind mehr zur Lösung des Falls beigetragen als die geballte Elite der Polizei. Als er vor versammelter Einwohnerschaft das goldene Verdienstkreuz des Damischtals am grün-weißen Bande erhielt, strahlten seine Sommersprossen wie Sternschnuppen.

Sogar der Polizeihauptmann hatte seine Vorsätze, nie wieder einen Fuß auf südweststeirisches Territorium zu setzen, für eine gute halbe Stunde vergessen, um dem Buben persönlich die Hand zu schütteln. »Junger Mann, du kannst mit vollem Recht stolz auf dich sein. Und wir sind es auch.« Mit diesen Worten heftete er dem Buben einen glänzenden Orden des Bundespolizeikommandos an den Kragen des blassblauen Poloshirts.

Dann spielten die beiden Musikkapellen des Damischtals mit

vereinten Lungen noch einen doppelten Tusch, während sich Rüdiger und Hildegund Bartenstein gerührt in die Arme fielen.

»Mensch, Rüdiger, guck doch mal, wie er strahlt, unser Sohnemann. Ist das nicht toll?«

Und ausnahmsweise widersprach der stolze Vater nicht.

Epilog

Wir befinden uns im Jahre 2015 nach Christus. Ganz Österreich erbebt unter neuen Belastungen, alten Schulden und unveränderlichen politischen Systemen. Doch während das Land verzweifelt seiner finanziellen Gesundung hinterherhetzt, verläuft das Leben in einem kleinen südweststeirischen Tal erneut in eher gemächlichen Bahnen.

Über die mörderischen Begebenheiten ist endlich das erste Gras gewachsen und das ernüchternde Überholverbot zwischen Buschenschank und Schrottfriedhof gewinnt wieder an Bedeutsamkeit. Also beginnen die Damischtaler pünktlich zum Frühlingserwachen ihre traditionelle Aufrüstung um die Vorherrschaft im alljährlichen Blumenschmuckwettbewerb. »Denn jedem Anfang wohnt ein Zauber inne«, wie es bei Hesse so schön heißt und nun auch wieder aus dem Mund des Schuldirektors erklingt.

Nur der Andriç Luis aus Plutzenberg denkt nicht mehr ans Anfangen, weil er endlich aufhören darf. Seit mehr als vierzig Jahren hat er brav seinen Dienst bei der Müllabfuhr geschoben und in seinem Berufsleben bestimmt Trillionen Tonnen an Abfall zur Sammelstelle gekarrt. Doch seit im Vorjahr dieser schreckliche Unfall passiert ist, hat ihm sein Job so gar keine Freude mehr bereitet. Und das alles nur wegen diesem depperten Hendlbaron. Aber was hatte der sturzbesoffene Hummelbrunner auch im Stockdunkeln gegen die Restmülltonne pinkeln müssen? Der Container war schwarz, die Straße ebenso, und der Depp war auch noch dunkel angezogen gewesen. Luis hatte hinten nun mal keine Augen, und beim Reversieren sah er ohnedies schon seit Längerem ein wenig schlecht. Aber sein Gehör war noch gut genug. Den dumpfen Schlag, als er rücklings gegen den Container gefahren war, den würde er sein ganzes restliches Leben nicht mehr vergessen. Auf der Stelle tot war er gewesen, der Franz, weil er durch die Wucht des Aufpralls mit dem Kopf auf den Bordstein gedonnert war. Vor Schreck hätte sich der Luis beinahe in die Hosen gemacht und wäre am liebsten auf und davon gerannt. Aber das hätte niemandem genützt. Der Franz, wie er mit offener Hose auf dem Gehsteig daniederlag, der hatte nichts mehr zu verlieren gehabt, nicht einmal mehr einen guten Ruf.

Er aber hatte viel zu verlieren. Er besaß eine Frau, drei Kinder, den Hund, einen laufenden Kredit und die Chance, sich endlich mal so richtig auszuschlafen. Daher hatte er ganz fest an seine familiären Pflichten gedacht, die Leiche ein wenig umarrangiert, zwecks Irreführung der Behörden Hermis Miederhose von der Leine genommen und der Leiche mit dem stolzen Gockel noch rasch eins über die Rübe gezogen. Dass die alte Anstandsdame um diese Uhrzeit im Pfarrhof ihren religiösen Pflichten nachkam, das hatte er schon lange gewusst. Also war Gott allein sein Zeuge gewesen. Aber der verriet ihn nicht. Und der Luis hielt natürlich auch seinen Mund.

Kleines steirisches Kulinarium
(Alle Mengenangaben beziehen sich auf vier Personen.)

Klachlsuppe mit Heidensterz
(keinesfalls ein Suppengang)

Zutaten Klachlsuppe:
1 Kilo Klachln, also Schweinshaxen (vom Fleischer in kleine Scheiben schneiden lassen), eventuell auch Schwanzl
2 Knoblauchzehen
1 Bund Suppengemüse
2–3 Karotten
½ Sellerieknolle
½ Stange Lauch
grüne Erbsen
1 Speckschwarte
Lorbeerblätter
Pfefferkörner, Knoblauch, Kümmel
etwas Essig oder säuerlicher Weißwein
2–3 EL Mehl
Majoran, Liebstöckel, Petersilie
Zitronenzeste
Salz

Zubereitung:
Kümmel und Pfefferkörner mit der flachen Messerklinge zerdrücken. Die gewaschenen Haxl, Schwartl, Schwanzl, Lauch, Suppengemüse, Zitronenzeste und Gewürze (Lorbeerblätter, Knoblauchzehen etc.) in einem großen Topf mit Wasser auffüllen und einmal aufkochen lassen. Danach Hitze reduzieren und zwei bis drei Stunden auf kleiner Flamme köcheln lassen.
Nach etwa halber Garzeit Erbsen und Karotten zugeben, bei Bedarf den Schaum abschöpfen. Zuletzt mit Essig und Salz abschmecken und Schwarte sowie Zitronenzeste (sofern noch erkennbar) entfernen. Wer sich die Finger beim Essen nicht schmutzig machen will, kann nun das fertig gegarte Fleisch vom Knochen lösen. Das

Mehl in etwas kaltem Wasser gut verrühren, der Suppe beimengen und noch einmal langsam aufkochen lassen. Nach Geschmack mit Liebstöckel, Majoran und Petersilie dekorieren.

Zutaten Sterz:
300 g Heidenmehl (Buchweizenmehl, idealerweise grob gemahlen)
Salz
Schmalz
Grammeln (Wer keine Grammeln findet, kann auch würfelig geschnittenen fetten Speck nehmen)

Zubereitung:
Wasser salzen und aufkochen lassen, dann das gesamte Mehl auf einmal ins Wasser schütten, damit ein großer Knödel entsteht. Den Knödel etwa eine Viertelstunde kochen lassen, dann mit einer Gabel anstechen, umdrehen und nochmals kochen lassen. Wasser abgießen und beiseitestellen, den Sterzknödel mit einer Gabel in kleine Stücke zerbröseln, bei Bedarf etwas vom Kochwasser dazugeben und fünfzehn Minuten nachquellen lassen. Nun Schmalz erhitzen, die Grammeln darin anrösten und den Sterz damit übergießen.

Ritschert
(nichts für Hungerkünstler)

Zutaten:
200 g Bohnen
200 g Rollgerste
400 g Selchfleisch oder Ripperl
1 Zwiebel
Schwarte
1 EL Schmalz
1-2 Knoblauchzehe
eine Handvoll Wurzelgemüse
Pfefferkörner, Majoran, Thymian, Petersilie, Liebstöckl
etwas Mehl

Zubereitung:
Rollgerste und Bohnen über Nacht einweichen. Am nächsten Tag Schwarte und Selchfleisch/Ripperl kochen. Danach fein gehackte Zwiebel und das Wurzelwerk in Schmalz anrösten, mit Selchsuppe langsam aufgießen und Gerste, Bohnen, Gewürze sowie zerdrückten Knoblauch zugeben. Langsam ein bis zwei Stunden köcheln lassen, bis ein dicklicher Brei entsteht. Etwas Mehl in wenig Schmalz anrösten und das Ritschert damit binden. Fleisch in mundgerechte Stücke schneiden, abschmecken und gehackte Petersilie unterrühren.

Backhendl mit Erdäpfel-Vogerlsalat
(der Klassiker der steirischen Fleischeslust)

Zutaten Backhendl:
1 ehemals glückliches Maishendl (etwa 1,5 kg)
Salz
Eier
Milch
Mehl
Semmelbrösel
grob geriebene Kürbiskerne
einige Zitronenspalten

Zubereitung:
Huhn zerteilen, Gelenke einschneiden oder ganz entfernen, salzen und mit Mehl, Milch, Eiern und einer Brösel-Kürbiskernmischung panieren, dabei gut andrücken. In reichlich Öl langsam goldgelb backen, danach auf Küchentuch legen und abtropfen lassen, mit einer Zitronenspalte servieren.

Zutaten Erdäpfel-Vogerlsalat:
½ Kilo fest kochende Erdäpfel
Zwiebel
Vogerlsalat oder Löwenzahnsalat
Kernöl
Apfelessig
Knoblauch
Schnittlauch
Salz, Pfeffer, Zucker

Zubereitung:
Erdäpfel kochen, schälen und noch warm in Scheiben schneiden. Mit Essig und Kernöl anmachen, gehackte Zwiebel, Salz, Pfeffer und eine Prise Zucker untermengen und mit etwas Schnittlauch abschmecken. Den Salat gleichfalls durch die Marinade ziehen und in einer mit Knoblauch ausgeriebenen Schüssel servieren. Schmeckt besonders gut, wenn der Erdäpfelsalat lauwarm ist.

Bluttommerl
(für Blutrünstige)

Zutaten:
½ Liter frisches Schweineblut
Milch
80 g Mehl
Knoblauch
Majoran, Thymian, Muskatnuss, Salz, Pfeffer
Schmalz
1 Zwiebel

Zubereitung:
Fein gehackte Zwiebel und Knoblauch goldgelb anrösten, derweil Blut, Milch und Mehl zu einer Schmarrenteig-ähnlichen Masse verrühren, gut würzen, über die Zwiebel gießen und auf einem Backblech im Rohr sehr heiß (220–250 Grad) etwa zehn bis fünfzehn Minuten backen, bis die Oberfläche knusprig ist.

Kernöleierspeis
(für Insider: Kernölschmölzi)

Zutaten:
6 Eier
1 Zwiebel
4 EL Kernöl
Öl, Salz, Pfeffer, Schnittlauch
1 Handvoll Kürbiskerne
etwas geriebener Kren (Meerrettich)

Zubereitung:
Die Zwiebel (länger) und die Kürbiskerne (ganz kurz) im Öl anrösten, Eier versprudeln, würzen, in die heiße Pfanne geben und stocken lassen. Ist das Schmölzi fertig, langsam Kernöl und Kren darüber geben. Nach Geschmack mit Schnittlauch dekorieren.
Achtung: Kürbiskernöl darf nie zu sehr erhitzt werden, sonst schmeckt es nicht mehr nussig, sondern ranzig!

Verhackert
(unverzichtbar vor, mit und nach dem Schilcher)

Zutaten:
500 g luftgetrockneten fetten Schweinsspeck ohne Schwarte
Schmalz
Salz, Pfeffer, Knoblauch, Majoran
Emailletopf oder Steingutform

Zubereitung:
Speck durch den Fleischwolf drehen, salzen und in einen mit Schmalz ausgeriebenen Topf geben. Masse andrücken, mit dem erhitzten Schmalz übergießen und drei bis vier Wochen an einem kühlen Platz reifen lassen. Danach erneut gut durchmischen und würzen. Schmeckt am besten auf Schwarzbrot, garniert mit Zwiebelringen. Und einem Glas Schilcher.

Wuchteln
(auch Buchteln genannt)

Zutaten:
½ Kilo Mehl (halb griffig, halb glatt oder universal)
60 g Zucker
120 g Butter
20–25 g Germ
1 Ei und 1 Dotter
abgeriebene Zitronenschale
300 ml Milch
Salz, Vanillezucker, Rum, Marmelade, Staubzucker

Zubereitung:
Germ in einem Drittel der lauwarmen Milch auflösen, mit ganz wenig Zucker und einem Esslöffel Mehl verrühren, zudecken und an einem warmen Ort gehen lassen, bis sich die Menge in etwa verdoppelt hat. Danach Mehl, den Rest der lauwarmen Milch, flüssige Butter, Eier, Zucker, Salz, Vanillezucker, Rum und Zitronenschale gut verrühren und das Dampfl (Vorteig) unterheben. Mit Knethaken kneten oder einem Kochlöffel schlagen, bis der Teig glatt ist, sich gut von den Haken, dem Kochlöffel oder dem Schüsselboden löst und Blasen wirft. Danach noch einmal mit einem Tuch zudecken und an einem warmen Ort etwa dreißig Minuten rasten lassen.
Dann: Teig noch einmal durchkneten, auf einer bemehlten Unterlage mit dem Nudelholz etwa fingerdick ausrollen und in gleichmäßige Quadrate schneiden. Etwas Marmelade in die Mitte der einzelnen Stücke geben, gut zusammendrücken, mit flüssiger Butter bepinseln und in eine mit Butter ausgefettete Auflaufform geben und erneut etwas gehen lassen. Etwa dreißig Minuten bei 180 Grad im vorgeheizten Rohr backen und vor dem Servieren mit Staubzucker bestreuen.

Weinstrauben
(Knabbergebäck für weinselige Zeiten)

Zutaten:
5 Eier
5 EL Schilcher (oder einen ähnlich säurehältigen Wein)
480 g Mehl
4–5 EL Sauerrahm
1 Prise Salz
Butterschmalz zum Herausbacken
Staubzucker zum Bestreuen

Zubereitung:
Schnee steif schlagen und vorsichtig die restlichen Zutaten (das Mehl erst nach und nach zum Schluss dazugeben) unterheben. Der Teig darf nicht zu flüssig sein. Die Masse nun eine gute halbe Stunde ruhen lassen, durchkneten, dünn (etwa 2–3 mm) ausrollen und in kleinere Rechtecke schneiden. Diese werden beidseitig oder in der Mitte ein wenig eingeschnitten und in heißem Fett goldgelb herausgebacken.

Lebkuchenherzen
(fürs Happy End)

Zutaten:
½ Kilo Mehl (Weizen- oder Roggen)
½ Kilo Honig
80 g Zucker
Lebkuchengewürz (Zimt, Kardamom, Piment, Ingwer, etc.)
100 g zerlassene Butter
100 g Zitronat oder Orangeat oder geriebene Mandeln oder Aranzini oder Ähnliches
100 ml Milch
Rum
abgeriebene Zitronenschale
zwei Messerspitzen Natron
eventuell Ei zum Bestreichen und/oder Mandelsplitter zum Garnieren

Zubereitung:
Honig erwärmen, Natron in Milch geben und mit Honig vermengen. Danach flüssige Butter, Honig, Gewürze und die restlichen Zutaten zu einem gleichmäßigen mittelfesten Teig vermengen und zumindest über Nacht ruhen lassen. Am nächsten Tag nicht zu dünn ausrollen, Herzen ausstechen und auf ein mit Backpapier ausgelegtes Blech geben. Etwa zehn bis fünfzehn Minuten auf der mittleren Schiene (ca. 180 Grad) backen.

Glossar der Austriazismen und Dialektausdrücke

aufhussn – aufhetzen

Badewaschl – Bademeister

Bankert – uneheliches Kind

Bissgurn – verbal zuschnappende unholde Weiblichkeit

blad – fettleibig, wampert

blunzenfett – Die Blunzen ist eine Blutwurst, doch der Begriff wird gern auch als Schmähung für XXXL-Frauen verwendet; blunzenfett hingegen ist man, wenn man einen sitzen hat, also stockbesoffen ist.

Breinwurst – steirische Wurstspezialität aus gekochtem Schweinefleisch

brunzen – proletarische Art der Blasenentleerung

Buschenschank – Weinbaubetrieb, wo der Winzer neben seinem Wein auch kalte Speisen serviert, wie etwa die berühmten Brettljausen

Butsch, Fadl – Rohstofflieferanten für den Schinkenspeck

damisch – verrückt, geistig etwas minderbegabt

Dampfl – Gemenge aus Hefe, Milch und meist ein wenig Mehl; Vorteig

Depp, Fetzenschädl, Pleampel, Wabbler – Idiot

Falott – Betrüger, Gauner

Fotzhobl, Quetschen, Sauzechen – Mundharmonika, Akkordeon und Klarinette

Funzen, Funsen – unholde Weiblichkeit mit verschwindend geringer Ähnlichkeit zum schwachen Geschlecht

Gattihose – zeltartige großmütterliche Unterhose

Glumpert – unnützes Zeug, Krempel

Gfrast – Nichtsnutz, nervendes Kind, meistens in der Mehrzahl, daher die Gfraster

Gfrettgstätten, Plutzenberg – hier handelt es sich nicht nur um fiktive Ortsnamen, sondern auch um Anspielungen auf deren Bewohner; im steirischen Dialekt ist ein Plutzer ein Synonym für Kürbis beziehungsweise einen Wasserkopf; ein Gfrett entspricht einer ärgerlichen Situation

Grantscherm – Mensch, der leidenschaftlich gern das Schlechte in allem und jedem sieht und zum Lachen stets in den Keller geht

Grausbirnen – schwer verdauliche Gemütszustände, bei denen einem die Haare vor Abscheu und Ekel zu Berge stehen

Gschrapp, Rotzpippn – ungezogenes Kind, siehe auch »Gfrast«

G'selchtes – Räucherfleisch

Gusch! – Nur im Imperativ verwendet, also: Maul halten!

Haderlump – Taugenichts

Häferlkaffee – ein großer Becher Filterkaffee

hiefeln – traditionelle, mittlerweile fast ausgestorbene Technik, um Heu zum Trocknen aufzuhängen

hinig – kaputt, defekt; der Mensch kann am ganzen Körper hinig sein, dann ist er tot oder zumindest schwer erschöpft, oder man ist hinig in der Marille, was einem geistigen Totalschaden nahe kommt

Jakobitag – wird am 25. Juli gefeiert

Kapazunder – Koryphäe, besonders fähiger Mensch

Keusch(e)n – kleines, oft etwas abgewohntes Bauernhaus

Klapotetz – eine windradartige Vogelscheuche

(einen) Klescher haben – entweder besoffen sein oder geistig naturtrüb

Krachlederne, Lodenjanker, Gamsbart – typische Steirertracht

Krenwurzn – Meerrettich

Kukuruz – Maispflanzen, unverzichtbar für die Polenta

Lebzelterei – Lebkuchenmanufaktur

Mieselsucht – Miesmacherei, Kritiksucht; wer wie die meisten Österreicher mieselsüchtig ist, der sudert/matschgert/motzt unentwegt, siehe auch Grantscherm

Mugel, Kogel – Anderswo nur Hügel genannt, zeichnen sich die landschaftlichen Erhebungen der Südweststeiermark besonders durch schlechte Straßenschilder und beste Weinhänge aus.

Nackerbatzerl, Nackerpatzl – nackter Mensch

Oaschkrätzn – besonders lästiger Mensch

Pappn – Mund. Besonders beliebt in der Formulierung: Halt die Pappn/Pappen

pitzlig - pedantisch

Plutzer (auch: Blutzer) – liebevoller Kosename für Kürbisse, die man im Übrigen auspatzeln muss, um an die wertvollen Kerne zu kommen; weniger liebevoll für Menschen mit Wasserkopf

Puffn – Handfeuerwaffe, meist Pistole; im Unterschied zur Krochn, dem Gewehr

Ritschert – vor allem bei Kärntnern und Steirern sehr beliebter und hoch kalorischer Eintopf

Saubartl – dreckiger Mensch, bei dessen Anblick einem die Grausbirn aufsteigt

Schas – Furz oder Schwachsinn, je nach Notwendigkeit

Schilcher – berühmter Roséwein (blauer Wildbacher), den es nur in der Steiermark gibt und der im Frühstadium seiner Gärung als Schilchersturm angeboten wird

Steirerblut ist kein Himbeersaft – literarische Anspielung auf das wohl berühmteste Werk über die Steiermark, das »Aus dem Leben Hödlmosers« von Reinhard P. Gruber

Stelzn – Schweinehaxe

Sterz – Speise aus einem mit Buchweizenmehl, Maismehl oder Grieß zubereiteten Teig, der in Schmalz gebacken oder in heißem Wasser gegart und dann in kleine Stücke zerteilt wird; wer häufig Polenta isst, wird auch als Gelbfüßler bezeichnet

Sterzkoch – Brei aus Maisgrieß

Sumpfwachtel – zickige Tussi

Tschick – Zigarette

tummeln, hudeln – Tempo all jener, denen für Eile mit Weile die Zeit fehlt

wampert – bierfassförmige Körpermitte, siehe »blad«

vulgo – alter Hausname, der in ländlichen Gebieten heute noch mehr gilt als die Namen der eigentlichen Bewohner

Zwiderwurzn – geborener Schwarzseher, der gern sudert und einen Grantscherm aufhat